LA FRANC
Le français langue maternelle majoritaire
Le français langue maternelle d'une minorité importante
Langues officielles
Le français est la seule langue officielle
Le français est une des langues officielles du pays ou de l'état
Le français est la langue de culture ou des affaires pour une partie importante de la population
LE ROYAUME-UNI
LA MER DU NORD
LES PAYS-BAS (m. pl.)
LA BELGIQUE
la Wallonie
LE LUXEMBOURG
LA MANCHE
Dunkerque
Calais
Boulogne
Lille
LA PICARDIE
Amiens
Dieppe
Cherbourg
Le Havre
Rouen
Charleville-Mézières
LA CHAMPAGNE
Reims
Verdun
Metz
LA LORRAINE
Nancy
Strasbourg
L'ALSACE (f.)
L'ALLEMAGNE (f.)
LES VOSGES
Colmar
Caen
la Seine
Paris
L'ÎLE-DE-FRANCE (f.)
Versailles
St. Malo
LA NORMANDIE
Brest
le Mont-St. Michel
Chartres
Fontainebleau
Troyes
LA BRETAGNE
Rennes
Le Mans
Orléans
la Loire
Blois
Angers
Tours
Nantes
la Loire
Dijon
la Saône
Besançon
LA TOURAINE
Bourges
LA BOURGOGNE
LA SUISSE
LA VENDÉE
Poitiers
LE POITOU
LA FRANCE
LE JURA
La Rochelle
Limoges
Clermont-Ferrand
Lyon
le Val d'Aoste
L'OCÉAN ATLANTIQUE (m.)
L'AUVERGNE (f.)
Grenoble
L'ITALIE (f.)
Bordeaux
Rocamadour
LES ALPES
la Garonne
LE MASSIF CENTRAL
le Rhône
LE DAUPHINÉ
Moissac
Albi
Nîmes
Avignon
Montpellier
LA PROVENCE
Nice
Cannes
Arles
Aix-en-Provence
Marseille
Biarritz
Toulouse
MONACO
LE PAYS BASQUE
Lourdes
Carcassonne
LE LANGUEDOC
LES PYRÉNÉES (f. pl.)
Perpignan
LA MER MÉDITERRANÉE
la Corse
L'ANDORRE (f.)
L'ESPAGNE (f.)
0 50 100 MILLES
0 50 100 150 KILOMÈTRES

LE MONDE
À L'ÉQUATEUR
0 1,000 2,000 MILLES
0 1,000 2,000 3,000 KILOMÈTRES
LE GROENLAND
L'OCÉAN ARCTIQUE (m.)
LA FÉDÉRATION RUSSE
l'Alaska (m.) (LES ÉTATS-UNIS)
le Yukon
les Territoires du Nord-Ouest (m.)
LE CANADA
la Colombie Britannique
l'Alberta (m.)
la Saskatchewan
le Manitoba
l'Ontario (m.)
le Québec
Terre-Neuve (f.)
Saint-Pierre-et-Miquelon (LA FRANCE)
le Nouveau-Brunswick
la Nouvelle-Écosse
le Maine
le New-Hampshire
le Vermont
le Massachusetts
le Rhode Island
le Connecticut
L'AMÉRIQUE DU NORD (f.)
LES ÉTATS-UNIS (m. pl.)
la Louisiane
Les Îles Hawaii (m. pl.) (LES ÉTATS-UNIS)
LE MEXIQUE
LE BELIZE
L'AMÉRIQUE CENTRALE (f.)
LES CARAÏBES (m. pl.)
L'OCÉAN ATLANTIQUE (m.)
LE GUATEMALA
LE SALVADOR
LE HONDURAS
LE NICARAGUA
LE PANAMA
LE COSTA RICA
LE VENEZUELA
LA COLOMBIE
la Guyane française (LA FRANCE)
LA GUYANA
LE SURINAM
L'ÉQUATEUR (m.)
LE PÉROU
L'AMÉRIQUE DU SUD (f.)
LA BOLIVIE
LE BRÉSIL
LE PARAGUAY
LE CHILI
L'ARGENTINE (f.)
L'URUGUAY (m.)
VANUATU (m.)
Wallis-et-Futuna (LA FRANCE)
TUVALU
KIRIBATI
LES SAMOA (f.pl.)
LA POLYNÉSIE FRANÇAISE
FIDJI (m.)
TONGA (m.)
la Nouvelle-Calédonie (LA FRANCE)
L'OCÉAN PACIFIQUE (m.)
LA NOUVELLE-ZÉLANDE

Langues maternelles

- Le français langue maternelle majoritaire
- Le français et un créole français langues maternelles
- Créole français langue maternelle majoritaire
- Le français langue maternelle d'une minorité importante

Langues officielles

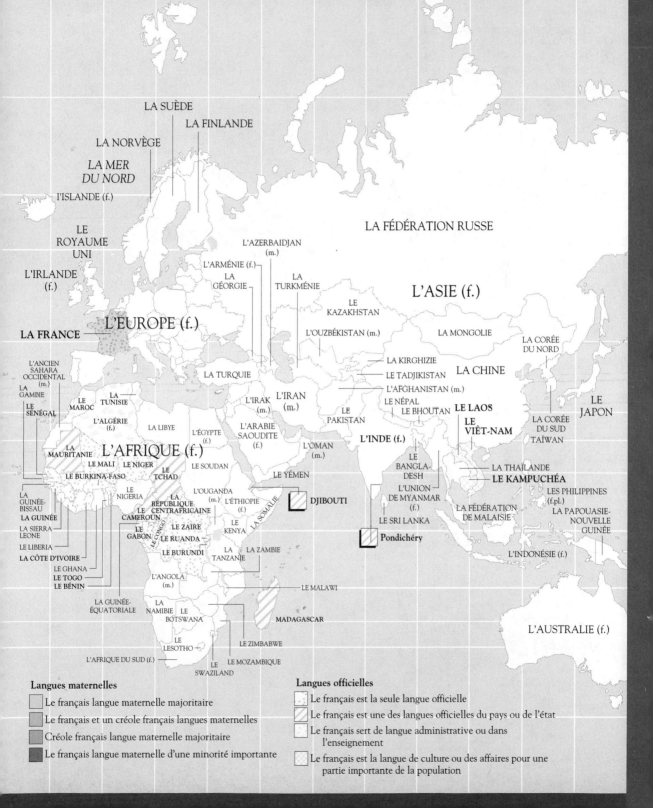

- Le français est la seule langue officielle
- Le français est une des langues officielles du pays ou de l'état
- Le français sert de langue administrative ou dans l'enseignement
- Le français est la langue de culture ou des affaires pour une partie importante de la population

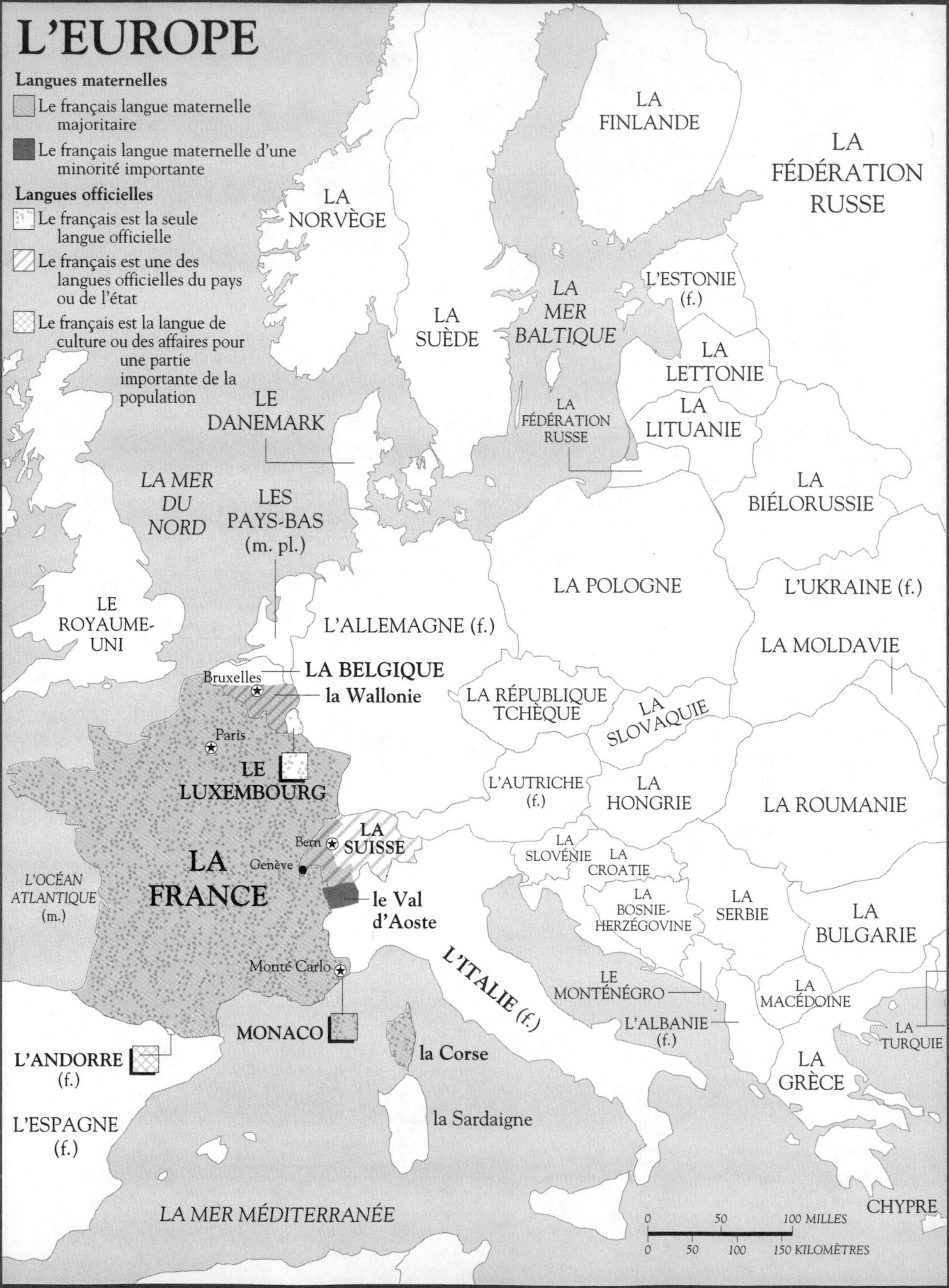

L'EUROPE
Langues maternelles
Le français langue maternelle majoritaire
Le français langue maternelle d'une minorité importante
Langues officielles
Le français est la seule langue officielle
Le français est une des langues officielles du pays ou de l'état
Le français est la langue de culture ou des affaires pour une partie importante de la population
LA FINLANDE
LA FÉDÉRATION RUSSE
LA NORVÈGE
LA SUÈDE
LA MER BALTIQUE
L'ESTONIE (f.)
LA LETTONIE
LA LITUANIE
LA FÉDÉRATION RUSSE
LE DANEMARK
LA MER DU NORD
LES PAYS-BAS (m. pl.)
LA BIÉLORUSSIE
LA POLOGNE
L'UKRAINE (f.)
LE ROYAUME-UNI
L'ALLEMAGNE (f.)
LA MOLDAVIE
Bruxelles
LA BELGIQUE
la Wallonie
LA RÉPUBLIQUE TCHÈQUE
LA SLOVAQUIE
Paris
LE LUXEMBOURG
L'AUTRICHE (f.)
LA HONGRIE
LA ROUMANIE
Bern
LA SUISSE
Genève
LA FRANCE
LA SLOVÉNIE
LA CROATIE
L'OCÉAN ATLANTIQUE (m.)
le Val d'Aoste
LA BOSNIE-HERZÉGOVINE
LA SERBIE
LA BULGARIE
Monté Carlo
L'ITALIE (f.)
LE MONTÉNÉGRO
LA MACÉDOINE
MONACO
L'ALBANIE (f.)
LA TURQUIE
L'ANDORRE (f.)
la Corse
LA GRÈCE
L'ESPAGNE (f.)
la Sardaigne
LA MER MÉDITERRANÉE
CHYPRE
0 50 100 MILLES
0 50 100 150 KILOMÈTRES

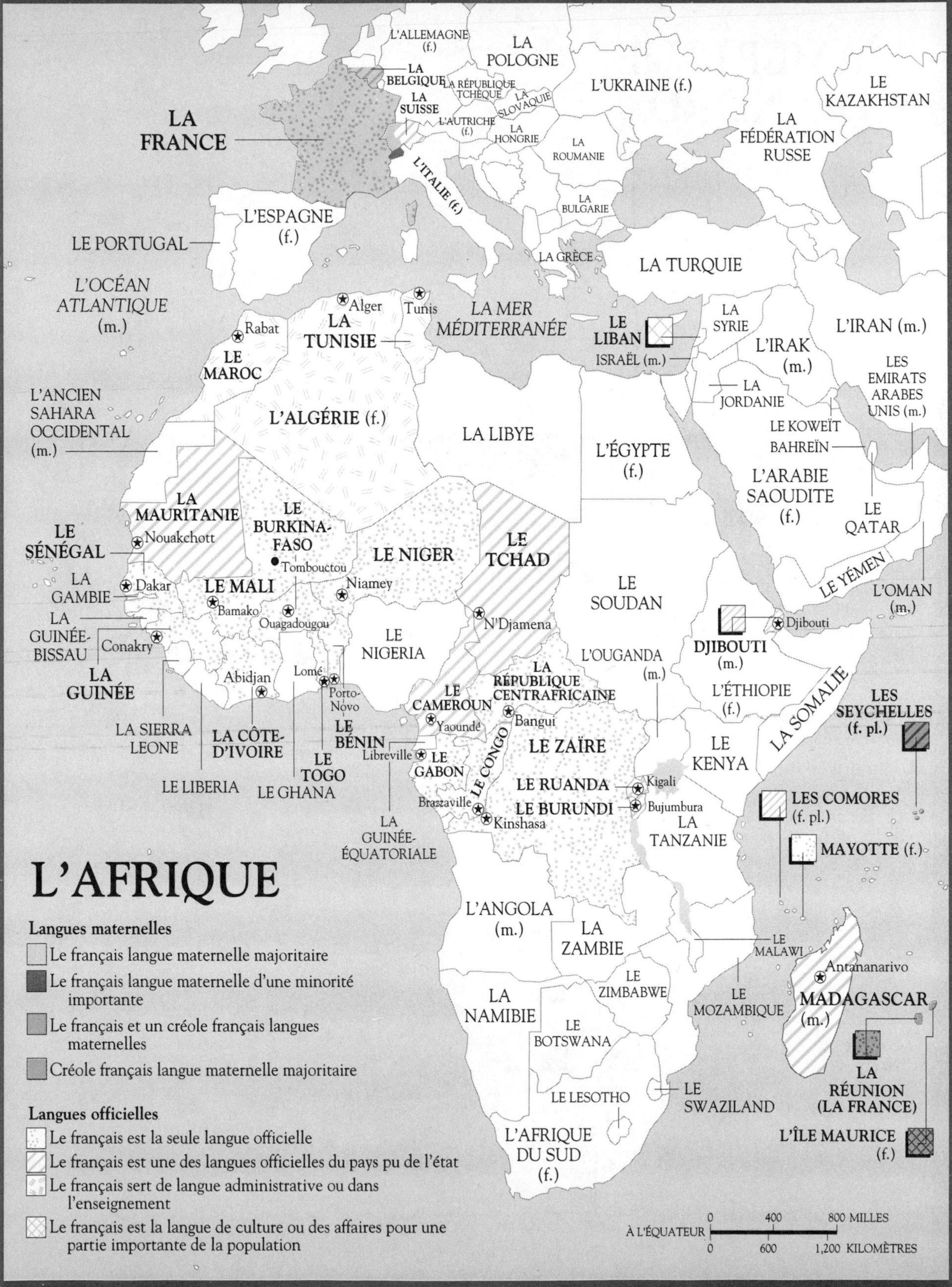
L'AFRIQUE
Langues maternelles
Le français langue maternelle majoritaire
Le français langue maternelle d'une minorité importante
Le français et un créole français langues maternelles
Créole français langue maternelle majoritaire
Langues officielles
Le français est la seule langue officielle
Le français est une des langues officielles du pays pu de l'état
Le français sert de langue administrative ou dans l'enseignement
Le français est la langue de culture ou des affaires pour une partie importante de la population
À L'ÉQUATEUR
0 400 800 MILLES
0 600 1,200 KILOMÈTRES
L'ALLEMAGNE (f.)
LA POLOGNE
LA BELGIQUE
LA RÉPUBLIQUE TCHÈQUE
LA SLOVAQUIE
L'UKRAINE (f.)
LE KAZAKHSTAN
LA SUISSE
L'AUTRICHE (f.)
LA HONGRIE
LA FRANCE
LA ROUMANIE
LA FÉDÉRATION RUSSE
L'ITALIE (f.)
LA BULGARIE
L'ESPAGNE (f.)
LE PORTUGAL
LA GRÈCE
LA TURQUIE
L'OCÉAN ATLANTIQUE (m.)
Alger
Tunis
LA MER MÉDITERRANÉE
Rabat
LA TUNISIE
LE LIBAN
LA SYRIE
L'IRAN (m.)
LE MAROC
ISRAËL (m.)
L'IRAK (m.)
LES EMIRATS ARABES UNIS (m.)
L'ANCIEN SAHARA OCCIDENTAL (m.)
L'ALGÉRIE (f.)
LA JORDANIE
LA LIBYE
LE KOWEÏT
L'ÉGYPTE (f.)
BAHREÏN
L'ARABIE SAOUDITE (f.)
LA MAURITANIE
LE BURKINA-FASO
LE QATAR
LE SÉNÉGAL
Nouakchott
Tombouctou
LE NIGER
LE TCHAD
LE YÉMEN
LA GAMBIE
Dakar
LE MALI
Niamey
LE SOUDAN
L'OMAN (m.)
Bamako
Ouagadougou
LA GUINÉE-BISSAU
N'Djamena
Djibouti
Conakry
LE NIGERIA
DJIBOUTI (m.)
L'OUGANDA (m.)
LA GUINÉE
Abidjan
Lomé
LA RÉPUBLIQUE CENTRAFRICAINE
L'ÉTHIOPIE (f.)
Porto-Novo
LE CAMEROUN
Bangui
LES SEYCHELLES (f. pl.)
LA SOMALIE
Yaoundé
LA SIERRA LEONE
LA CÔTE-D'IVOIRE
LE BÉNIN
LE ZAÏRE
LE KENYA
Libreville
LE GABON
LE TOGO
LE CONGO
LE RUANDA
Kigali
LE LIBERIA
LE GHANA
LES COMORES (f. pl.)
LE BURUNDI
Bujumbura
Brazzaville
Kinshasa
LA TANZANIE
LA GUINÉE-ÉQUATORIALE
MAYOTTE (f.)
L'ANGOLA (m.)
LA ZAMBIE
LE MALAWI
Antananarivo
LE ZIMBABWE
LA NAMIBIE
LE MOZAMBIQUE
MADAGASCAR (m.)
LE BOTSWANA
LA RÉUNION (LA FRANCE)
LE LESOTHO
LE SWAZILAND
L'AFRIQUE DU SUD (f.)
L'ÎLE MAURICE (f.)

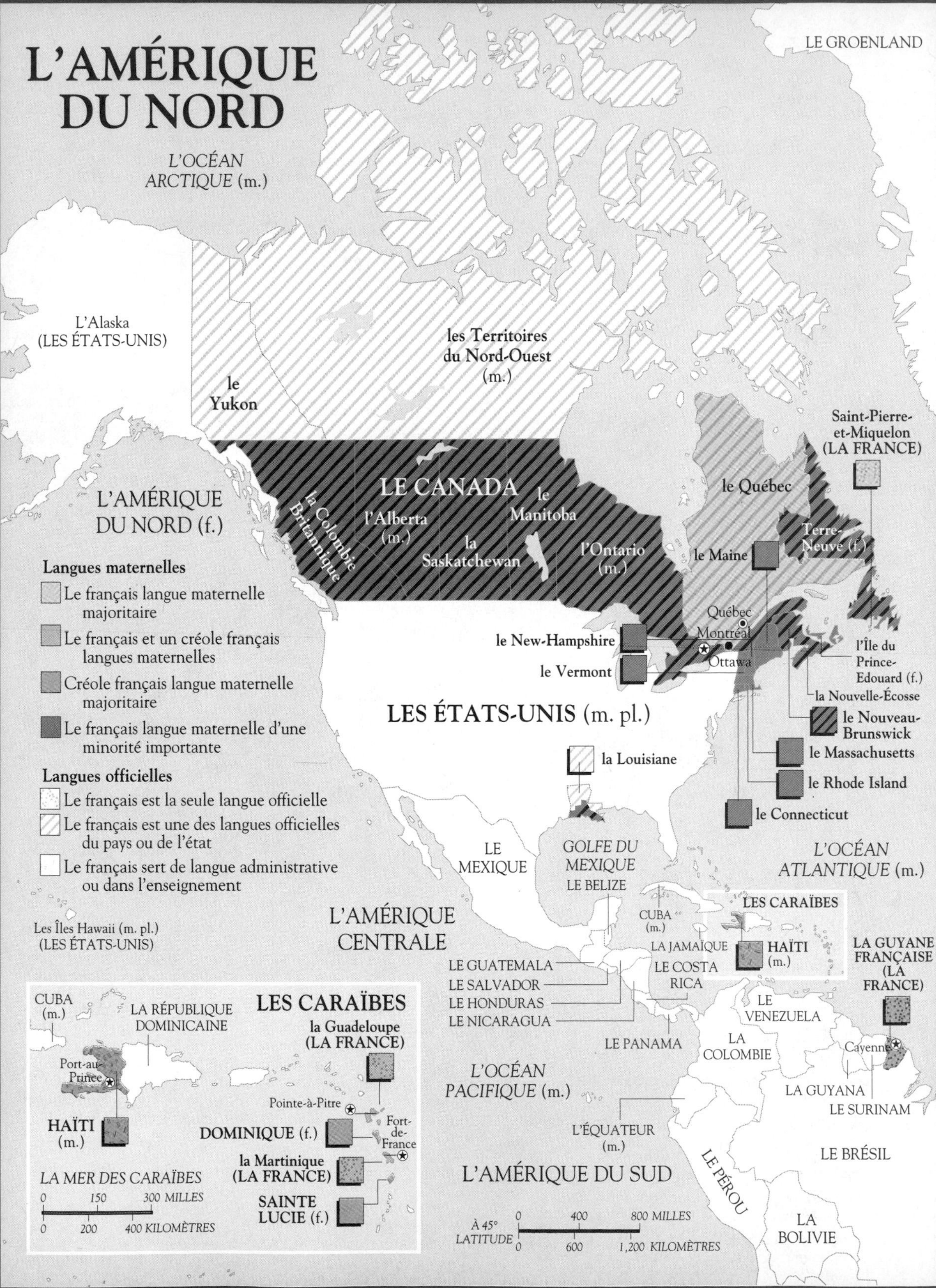
L'AMÉRIQUE DU NORD
LE GROENLAND
L'OCÉAN ARCTIQUE (m.)
L'Alaska (LES ÉTATS-UNIS)
les Territoires du Nord-Ouest (m.)
le Yukon
Saint-Pierre-et-Miquelon (LA FRANCE)
LE CANADA
la Colombie Britannique
l'Alberta (m.)
la Saskatchewan
le Manitoba
l'Ontario (m.)
le Québec
Terre-Neuve (f.)
le Maine
Québec
Montréal
Ottawa
le New-Hampshire
le Vermont
l'Île du Prince-Edouard (f.)
la Nouvelle-Écosse
le Nouveau-Brunswick
le Massachusetts
le Rhode Island
le Connecticut
L'AMÉRIQUE DU NORD (f.)
Langues maternelles
Le français langue maternelle majoritaire
Le français et un créole français langues maternelles
Créole français langue maternelle majoritaire
Le français langue maternelle d'une minorité importante
Langues officielles
Le français est la seule langue officielle
Le français est une des langues officielles du pays ou de l'état
Le français sert de langue administrative ou dans l'enseignement
LES ÉTATS-UNIS (m. pl.)
la Louisiane
LE MEXIQUE
GOLFE DU MEXIQUE
L'OCÉAN ATLANTIQUE (m.)
LE BELIZE
CUBA (m.)
LES CARAÏBES
LA JAMAÏQUE
HAÏTI (m.)
LA GUYANE FRANÇAISE (LA FRANCE)
Les Îles Hawaii (m. pl.) (LES ÉTATS-UNIS)
L'AMÉRIQUE CENTRALE
LE GUATEMALA
LE SALVADOR
LE HONDURAS
LE NICARAGUA
LE COSTA RICA
LE PANAMA
LE VENEZUELA
LA COLOMBIE
Cayenne
LA GUYANA
LE SURINAM
L'OCÉAN PACIFIQUE (m.)
L'ÉQUATEUR (m.)
LE BRÉSIL
LE PÉROU
LA BOLIVIE
L'AMÉRIQUE DU SUD
À 45° LATITUDE
0 400 800 MILLES
0 600 1,200 KILOMÈTRES
CUBA (m.)
LA RÉPUBLIQUE DOMINICAINE
LES CARAÏBES
la Guadeloupe (LA FRANCE)
Port-au-Prince
Pointe-à-Pitre
HAÏTI (m.)
DOMINIQUE (f.)
Fort-de-France
la Martinique (LA FRANCE)
LA MER DES CARAÏBES
0 150 300 MILLES
0 200 400 KILOMÈTRES
SAINTE LUCIE (f.)

ENSEMBLE

Grammaire

SIXIÈME ÉDITION

ENSEMBLE

Grammaire

SIXIÈME ÉDITION

Raymond F. Comeau

Harvard University

Normand J. Lamoureux

College of the Holy Cross

Holt, Rinehart and Winston
Harcourt Brace College Publishers

Fort Worth Philadelphia San Diego New York Orlando Austin
San Antonio Toronto Montreal London Sydney Tokyo

Publisher Christopher Carson
Marketing Strategist Kenneth S. Kasee
Project Editor G. Parrish Glover
Art Director Sue Hart
Production Manager James McDonald

Cover image: Robert Delaunay, *Formes circulaires*, 1912, Kunstmuseum, Bern, Switzerland.

ISBN: 0-03-021369-X
Library of Congress Catalog Card Number: 98-87998

Address for Orders
Holt, Rinehart and Winston, 6277 Sea Harbor Drive, Orlando, FL 32887-6777
1-800-782-4479

Address for Editorial Correspondence
Holt, Rinehart and Winston, 301 Commerce Street, Suite 3700, Fort Worth, TX 76102

Web Site Address
http://www.hbcollege.com

Printed in the United States of America

9 0 1 2 3 4 5 6 7 039 9 8 7 6 5 4 3 2

Holt, Rinehart and Winston
Harcourt Brace College Publishers

Contents

Preface

Ensemble : Grammaire is a review grammar text that integrates grammar study and thematic vocabulary. For example, most of the grammar exercises in Chapter 3, which reviews nouns and articles and presents the theme of the family, use vocabulary related to family issues. The integration of grammar and theme, which *Ensemble : Grammaire* pioneered in 1977, encourages students to express themselves more fully by using grammar in meaningful contexts. Although *Ensemble : Grammaire* has been designed for the intermediate level of language study, it has been used successfully in more advanced courses as well.

Since one of the goals of intermediate language programs is to improve reading skill, most classes use a reader or readers in conjunction with a review grammar. *Ensemble : Grammaire* can be used most effectively with its three companion readers, *Ensemble : Culture et Société*, *Ensemble : Littérature*, and *Ensemble : Histoire*, which include the same chapter-by-chapter themes.

Format of *Ensemble : Grammaire*

Ensemble : Grammaire has eleven chapters. Chapter 1 is devoted primarily to review, since intermediate students need a rapid yet comprehensive review of basic points of grammar at the beginning of a semester. This mini-review consists of two graded groups of exercises that stress key grammatical structures. It should be noted that no answers are given to these exercises. Instead, students are given specific page references indicating where the particular points are treated in the text. In this way the mini-review provides a lesson in the use of the grammar text as a reference tool. The first lesson also includes a review of the literary past tense, the *passé simple*, and guidelines for writing compositions.

The remaining chapters (2 through 11) have the following format:

Chapter at a glance is a capsule preview composed of model exercises treating all the grammar points in the chapter. Answers to these exercises can be found at the end of the book. A preliminary self-diagnostic test for students, *Chapter at a glance* will indicate to both student and instructor how much time and effort should be spent on a given chapter or grammar point. This section can also be used as a study guide for quizzes and exams.

The *Vocabulaire du thème* lists the thematic vocabulary of the chapter. *Mise en scène*, which presents two dialogue completions per chapter, and *Situations*, a series of short questions and imaginary situations, have been designed to help students familiarize themselves with this vocabulary, which will be used subsequently in the grammar examples and exercises.

The *Grammar presentations*, in English, have been made as clear and concise as possible. Special attention has been given to grammar points that normally present the most difficulty to English-speaking students.

The *Exercices* allow students to practice each point of grammar in context. The exercises are comprehensive and varied, ranging from creative completions and imaginary activities to translations and substitution drills. They are often playful, contextualized, personalized, or communicative. The icon has been placed next to any exercise that can lend itself to a dialogue, either between the instructor and a student, or between two students.

The *Exercices d'ensemble* are a series of varied exercises that constitute a final review and synthesis of all the grammar points in the chapter.

The *Sujets de discussion ou de composition* contain stimulating discussion and composition topics related to the theme of the chapter. They are intended to encourage students to use the thematic vocabulary in extended personalized contexts.

The *Cahier de laboratoire* is a lab manual/workbook, containing exercises based on the *Cassettes* that accompany *Ensemble: Grammaire.* The first chapter presents a review of pronunciation; the other ten chapters are composed of lively pattern practice drills, comprehension exercises, and *dictées.* These activities are intended to reinforce important points of grammar, develop oral expression, review thematic vocabulary, and improve pronunciation.

Note to the Sixth Edition

This sixth edition of *Ensemble: Grammaire* has been improved in four ways. First, the examples and exercises have been carefully reviewed for naturalness to ensure that students are exposed to French as it is actually spoken. Second, the vocabulary has been augmented, especially in the area of technology, to allow students to discuss topics of current interest. Third, to offer students a truer portrait of the diversity and modernity of France and the French-speaking world, nearly half of the photos in the fifth edition were replaced and updated. Finally, the grammar exercises have been revised for clarity and conciseness in order to facilitate learning. These improvements are intended to make *Ensemble : Grammaire* an even more useful and attractive tool for the learning of French.

R.F.C.

About the *Ensemble* series

The four books that make up the *Ensemble* series—*Ensemble : Grammaire, Ensemble : Culture et Société, Ensemble : Littérature* and *Ensemble : Histoire*—can each stand alone; but, more important, they fit together to form an "ensemble." The review grammar and the workbook with cassettes integrate grammar and theme by incorporating thematic vocabulary in the examples and exercises. The three readers, in turn, treat the same chapter themes in their selections and exercises. The first program of its kind in French, *Ensemble*'s integrated approach encourages lively and meaningful student participation and fosters a mature treatment of the subject.

For most intermediate classes it is recommended that instruction begin with a chapter in the grammar text and proceed to the same chapter in whichever readers are adopted. Instructors may wish to vary the reading selections within a given chapter by alternating between readers. An instructor teaching an advanced course may wish to assign the grammar as outside work and spend class time on readings and oral activities. Since the four texts are thematically coordinated, a lesson may even begin with the reading or activity and end with a rapid grammar review.

Acknowledgments

We are grateful to the following reviewers, whose comments and suggestions helped shape this edition of *Ensemble : Grammaire:* Dorothy M. Betz, Georgetown University; Glenda Brown, University of Northern Colorado; Patrice Caux, University of Houston; Dominick DeFilippis, Wheeling Jesuit College; Françoise Gebhart, Ithaca College; Martine Goddeyne, Western Michigan University; and Mary Lou Wolsey, University of Saint Thomas.

We wish to express our appreciation to the staff of Holt, Rinehart and Winston, in particular, to Nancy Siegel for her thoughtful guidance through the development process and her careful reading of the manuscript, to Sue Hart for her cooperative attitude regarding the cover design, and to Susan Marshall and G. Parrish Glover for their concerned supervision. We also thank Diane Ratto of Michael Bass and Associates for shepherding the project through its final stages, Charlotte Jackson for her thorough copyediting, and Jeanne Pimentel for her meticulous and informed proofreading.

We owe special thanks to Marie-Paule Tranvouez, our coauthor of *Ensemble : Culture et Société*, for her many useful suggestions and her loyalty to the project. Finally, we thank our wives, Jean Comeau and Priscilla Lamoureux, for their unfailing moral support, their endless patience, and their willingness to make the many personal sacrifices that a project of this kind requires.

R.F.C./N.J.L.

1

Mini-review, *Passé Simple*, and Composition

Les Jeunes

Vocabulaire du thème : Les Jeunes

Les Distractions des jeunes

la **jeunesse** youth
l' **ami** *m*, l'**amie** *f* friend, boyfriend, girlfriend
le **copain,** la **copine** *(fam)* friend, chum
le **petit ami,** la **petite amie** boyfriend, girlfriend

avoir rendez-vous avec to meet
sortir (seul, à deux, en bande) to go out (alone, as a couple, in a group)
sortir en boîte to go out to a club
aller au cinéma, au théâtre, au café to go to the movies, to the theater, to the café
aller à une soirée, une fête to go to a party
écouter la radio, une cassette, un disque compact (CD) to listen to the radio, a cassette, a compact disc (CD)
rigoler *(fam)* to laugh
bavarder to talk, to chat
faire la grasse matinée to sleep late
faire du sport to play sports
faire du ski, skier to ski
jouer au tennis, au golf, aux cartes, à des jeux vidéo to play tennis, golf, cards, video games
l' **ordinateur** *m* computer
l' **Internet** *m*, le **net** the internet, the net
surfer sur le net to surf the net
le **site** site
bien s'amuser to have a good time
gaspiller, perdre son temps to waste one's time
gagner de l'argent to earn money
économiser to save
avoir le cafard to feel blue
travailler à mi-temps, à plein temps to work part-time, full-time

Les Jeunes à l'université

se **spécialiser en** to major in
faire ses études to go to college
suivre un cours to take a course
assister à un cours, à une conférence to attend a class, a lecture
sécher un cours *(fam)* to skip a class
obtenir son diplôme to graduate

les **matières** *f* subjects
le **commerce** business
l' **anglais** *m* English
l' **anthropologie** *f* anthropology
la **biologie** biology
la **chimie** chemistry
le **français** French
la **géographie** geography
l' **informatique** *f* computer science
la **littérature** literature
les **mathématiques** *f* mathematics
la **philosophie** philosophy
la **psychologie** psychology

les **sciences *f* économiques** economics
les **sciences *f* politiques** political science

la **salle de classe** classroom
la **bibliothèque** library
l' **emploi *m* du temps** schedule
le **cours facultatif** elective course
le **cours obligatoire** required course
les **devoirs *m*** homework
le **cancre** bad student, dunce
la **grosse tête** *(fam)* nerd, brain

passer un examen to take an exam
la **note** grade
étudier to study
bûcher *(fam)* to cram
réussir à un examen to pass an exam
échouer à un examen to fail an exam
tricher to cheat
le, la **camarade de chambre** roommate
la **résidence (universitaire)** dormitory
curieux, curieuse curious
sage well-behaved
indépendant independent
génial(e) *(fam)* great
intelligent intelligent
travailleur, travailleuse hard-working
enthousiaste enthusiastic
gâté spoiled
égoïste selfish
bête stupid
paresseux, paresseuse lazy
ennuyeux, ennuyeuse boring
insupportable unbearable

EXERCICES

[1] A. **Mise en scène.** Complétez en employant une ou plusieurs expressions du *Vocabulaire du thème,* puis jouez les dialogues.

1. Un cancre : Moi, je m'appelle...
Une grosse tête : Et moi, je m'appelle...
Un cancre : J'aime le rock. Et toi ?
Une grosse tête : J'aime...
Un cancre : Je sors souvent en boîte avec mes copains.
Une grosse tête : Moi, je...
Un cancre : (nom), tu es... !
Une grosse tête : Et toi, (nom), tu es... !

2. Professeur : (nom), pourquoi est-ce que vous avez échoué à votre examen de français ?
Etudiant(e) : Parce que je... hier soir.
Professeur : Comment ?
Etudiant(e) : Et je... aussi.
Professeur : (nom), je voudrais vous parler après le cours !

[1] Exercises preceded by this icon lend themselves to dialogues and paired activities.

Dans une salle de conférence

B. **Situations.** Répondez en employant une ou plusieurs expressions du *Vocabulaire du thème.*

1. Complétez les phrases suivantes en employant les adjectifs de la page 3.
   a. J'aime les gens...
   b. Je n'aime pas les gens...
   c. Mon professeur de français est...
2. Serge, une grosse tête, aime certaines choses en particulier. A votre avis, qu'est-ce qu'il aime faire et qu'est-ce qu'il n'aime pas faire ?
3. Qu'est-ce que Pierre, un grand paresseux, va probablement faire dimanche matin ?
4. Où allez-vous si vous voulez voir : une pièce de théâtre ? un bon film ? vos amis le samedi soir ?

Mini-review

Révision de grammaire

The following two groups of grammar exercises are intended as a rapid review of some essential points of grammar. The exercises in Group I are more basic than the ones in Group II. References in parentheses indicate where the grammar points are treated in the text. No answers are given.

EXERCICES : I

A. Transformez les phrases selon le modèle. (pp. 26–30, 94–95)

MODELE Je joue aux cartes. (nous)
Nous jouons aux cartes.

1. Je travaille à mi-temps (nous, tu, mes copains, vous, mon camarade de chambre, on, je)
2. Je réussis toujours. (vous, tu, les grosses têtes, on, cet athlète, nous, je)
3. Je réponds au téléphone. (vous, Bruno, tu, nous, mes parents, on, je)
4. J'ai un cours facile ! (tu, nous, ces joueurs de football, vous, on, cette étudiante paresseuse, je)
5. Je vais au café. (nous, vous, ma grand-mère, on, le professeur et les étudiants, tu, je)
6. Je sais la réponse ! (tu, cet étudiant paresseux, nous, vous, on, les grosses têtes, je)
7. Je m'amuse en classe. (nous, vous, on, tu, le professeur, je, les cancres)
8. Je fais la grasse matinée. (nous, tu, Françoise, vous, mes camarades de chambre, on, je)
9. Je suis égoïste. (nous, vous, mon petit frère, tu, les enfants gâtés, on, je)
10. Je veux gagner de l'argent. (nous, tu, Marie et Sylvie, vous, M. Dupont, on, je)

B. Répondez affirmativement ou négativement selon le modèle. (pp. 26–30, 94–95, 137–138)

MODELE Est-ce que vous êtes sage ?
Oui, je suis sage.
ou : Non, je ne suis pas sage !

1. Est-ce que vous êtes original(e) (gâté[e], insupportable, sincère) ?
2. Est-ce que vous faites la grasse matinée ?
3. Est-ce que vous choisissez vos parents ?
4. Est-ce que vous surfez sur le net ?
5. Est-ce que vous voulez être riche (célèbre, utile, respecté[e]) ?
6. Est-ce que vous vous spécialisez en français (en psychologie, en histoire) ?
7. Est-ce que vous travaillez à mi-temps ?
8. Est-ce que vous économisez votre argent ?
9. Est-ce que vous allez sortir ce soir ?
10. Est-ce que vous avez le cafard ?

C. En employant **l'impératif** dites à un(e) autre étudiant(e)... (pp. 37–38, 97)

1. d'aller à la porte.
2. de regarder le professeur.
3. de se lever.
4. de ne pas rigoler.

5. de ne pas gaspiller son temps.
6. de ne pas se reposer.

D. Répondez par une phrase complète en employant **le, la, les, lui** ou **leur.** (pp. 41–42)

1. Aimez-vous les sports (la vie, le rock, le rap) ?
2. Souriez-vous à vos parents (aux étrangers, aux dentistes, aux snobs) ?
3. Répondez-vous au professeur (à Mimi la chatte, à Serge le criminel) ?
4. Détestez-vous le français (les mathématiques, les hypocrites) ?
5. Séchez-vous les cours ?
6. Faites-vous la grasse matinée ?
7. Parlez-vous aux étrangers (aux cancres) ?

E. Remplacez les tirets *(dashes)* par **les** ou **des.** (p. 78)

1. ____________ étudiants sont généralement sérieux.
2. Avez-vous ____________ cours intéressants ?
3. On a trouvé ____________ insectes dans la résidence universitaire !
4. Notre professeur n'aime pas ____________ étudiants paresseux et insupportables.

Ça va ?

F. En employant l'inversion, demandez à un(e) autre étudiant(e)... (pp. 125–126)

1. s'il (si elle) fait du ski.
2. s'il (si elle) perd son temps.
3. si sa vie est ennuyeuse (intéressante).
4. s'il (si elle) a passé un examen hier.
5. s'il (si elle) a travaillé hier.
6. s'il (si elle) a surfé sur le net hier.

G. Mettez les **adjectifs** au féminin. (pp. 157–158)

1. paresseux
2. sportif
3. curieux
4. beau
5. français
6. travailleur
7. formidable
8. bon

H. Mettez les adjectifs à la position convenable *(appropriate)* en faisant l'accord *(agreement)*, s'il y a lieu *(if necessary)*. (p. 160)

MODELE (vaniteux) Quelle fille !
Quelle fille vaniteuse !

1. (génial) C'est une soirée !
2. (actif) Quelle fille !
3. (beau) C'est une voiture !
4. (bon) C'est une étudiante !
5. (ennuyeux) Quelle conférence !

I. Composez une phrase comparative en employant **plus... que, moins... que** ou **aussi... que.** Faites l'accord de l'adjectif s'il y a lieu. (p. 175)

MODELE l'Amérique ; la France ; grand
L'Amérique est plus grande que la France.

1. le ski ; le golf ; dangereux
2. une bibliothèque ; un bar ; vivant
3. une fête ; un examen ; agréable
4. le français ; l'anglais ; facile
5. l'argent ; l'amour ; utile
6. la psychologie ; la géographie ; intéressant

J. Complétez la phrase avec l'adverbe qui correspond à l'adjectif. (p. 167)

MODELE Un étudiant naïf pense ________ .
Un étudiant naïf pense naïvement.

1. Un professeur généreux note *(grades)* ________ .
2. Un étudiant brillant réussit ________ .
3. Un étudiant sérieux bûche ________ .
4. Un enfant adorable sourit ________ .
5. Un skieur courageux skie ________ .

K. Répondez en employant **bon** ou **bien** selon le modèle. (pp. 177–178)

MODELE Pourquoi êtes-vous un bon joueur ?
Parce que je joue bien !

Pourquoi jouez-vous bien ?
Parce que je suis un bon joueur !

1. Pourquoi êtes-vous un bon chanteur ?
   Pourquoi chantez-vous bien ?
2. Pourquoi êtes-vous un bon danseur ?
   Pourquoi dansez-vous bien ?
3. Pourquoi êtes-vous un bon skieur ?
   Pourquoi skiez-vous bien ?
4. Pourquoi êtes-vous un bon nageur ?
   Pourquoi nagez-vous bien ?

L. Formulez une phrase en employant les pronoms **qui** ou **que** selon le modèle. (p. 211)

MODELE Voilà un étudiant. Il étudie toujours.
Voilà un étudiant qui étudie toujours.

Voilà un livre. Je vais le lire.
Voilà un livre que je vais lire.

1. Voilà un étudiant. Il rigole toujours.
2. Voilà une jeune fille. Elle gaspille son temps !
3. Voilà un professeur. Je vais l'aimer.
4. Voilà un bonbon. Je vais le manger !
5. Voilà un livre. Je vais l'acheter.
6. Voilà un étudiant. Il travaille à plein temps.
7. Voilà un jeune homme. Je le vois partout.
8. Voilà une étudiante. Elle se spécialise en informatique.

M. Remplacez **le, la, l'** ou **les** par l'adjectif démonstratif **ce, cet, cette** ou **ces.** (pp. 223–224)

1. les soirées
2. les jeunes
3. la note
4. l'examen
5. le cours
6. le sport
7. l'emploi du temps
8. les devoirs
9. la résidence

N. Transformez les phrases en employant le temps **futur.** (pp. 187–188)

1. Je travaillerai ce week-end. (nous, vous, le président, tu, les artistes, on, je)
2. Je dormirai en classe. (on, tu, les étudiants paresseux, le cancre, nous, vous, je)
3. Je répondrai au téléphone. (tu, nous, M. Bavard, vous, mes copains, on, je)

O. Mettez les infinitifs suivants au **futur.** (pp. 188–189)

1. avoir dix ans (tu, nous)
2. être sage (je, mes frères)
3. aller à Paris (vous, Gigi)
4. faire la grasse matinée (Denis et Didier, on)
5. s'amuser (je, Brigitte)
6. obtenir un diplôme (tu, ma mère)

On assiste à un cours.

P. Qu'est-ce que vous ferez dans les situations suivantes ? Répondez au **futur.** (pp. 187–189)

1. Vous voulez étudier le français.
2. Vous êtes en vacances sur la Côte d'Azur.
3. Vous êtes à une fête avec vos amis.
4. Vous avez un examen important demain.
5. Vous allez voir un film très amusant.
6. Vous voulez faire un voyage à Paris, mais vous n'avez pas assez d'argent.

Q. Remplacez **le, la, l'** ou **les** par l'adjectif possessif **mon, ma** ou **mes.** (pp. 270–271)

1. la composition
2. le CD
3. le cours
4. l'université
5. les copains
6. le professeur
7. les devoirs
8. l'emploi du temps
9. la note

R. **Les Nombres** (pp. 319–320)

1. Comptez de 1 à 20.
2. Complétez : 10, 20,... 100.
3. Exprimez en français : 21, 35, 61, 80, 81, 99, 100, 120.
4. Traduisez en français : *first, fifth, twentieth, forty-fifth, one hundredth.*
5. Traduisez en français en employant le suffixe **-aine :** *about twenty, about thirty, about fifty, about one hundred.*

S. **Les Dates et le Temps** (pp. 321–322)

1. Quels sont les jours de la semaine ?
2. Quels sont les mois de l'année ?
3. En quel mois êtes-vous né(e) ?
4. Quel temps fait-il en hiver ? au printemps ?
5. Quel temps fait-il à Nice en été ?

T. **Quelle heure est-il ?** (pp. 322–323)

1. 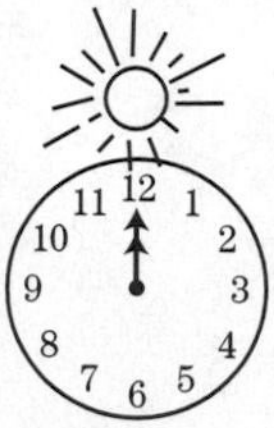

2. 

3. 

4. 

5. 

6. 

EXERCICES : II

A. Indiquez le genre (**masculin** ou **féminin**) sans consulter le dictionnaire. (pp. 61–62)

1. télévision
2. tableau
3. classicisme
4. gentillesse
5. librairie
6. gouvernement
7. Californie
8. papier
9. cigarette

B. Répondez en employant **y** ou **en.** (pp. 43–45)

MODELE Allez-vous à la residence ?
Oui, j'y vais.
ou : *Non, je n'y vais pas.*

Avez-vous de la patience ?
Oui, j'en ai.
ou : *Non, je n'en ai pas.*

1. Allez-vous au cinéma (à la bibliothèque, au café) ?
2. Avez-vous des cours faciles (des enfants, de bons amis) ?
3. Est-ce que vous vous intéressez à la politique (aux sports, à l'amour, à la philosophie, à la musique) ?

4. Combien de bicyclettes (de livres de français, de télés, de disques compacts, d'amis) avez-vous ?
5. Combien de cours suivez-vous ce semestre ?
6. Jouez-vous à des jeux vidéo ?

C. Remplacez les tirets par **du, de la, de l', des,** ou par **de (d')** tout seul. (pp. 76–78)

1. Charlot a beaucoup __________ petites amies !
2. Cet étudiant n'a pas __________ copains.
3. Le professeur a __________ patience.
4. Cette étudiante va réussir parce qu'elle a __________ idées originales.
5. Mon camarade de chambre gagne __________ argent.
6. Frédéric aime faire __________ ski.

D. Complétez au **passé composé.** (pp. 102–104)

1. **bavarder** : j'ai bavardé, tu __________, il (elle, on) __________, nous __________, vous __________, ils (elles) __________.
2. **grossir** : j'ai grossi, tu __________, il (elle, on) __________, nous __________, vous __________, ils (elles) __________.
3. **vendre** : j'ai vendu, tu __________, il (elle, on) __________, nous __________, vous __________, ils (elles) __________.
4. **avoir** : j'ai eu, tu __________, il (elle, on) __________, nous __________, vous __________, ils (elles) __________.
5. **être** : j'ai été, tu __________, il (elle, on) __________, nous __________, vous __________, ils (elles) __________.
6. **aller** : je suis allé(e), tu __________, il (elle, on) __________, nous __________, vous __________, ils (elles) __________.
7. **s'amuser** : je me suis amusé(e), tu __________, il (elle, on) __________, nous __________, vous __________, ils (elles) __________.

E. Demandez à un(e) autre étudiant(e) ou au professeur... (pp. 125–127)

1. s'il (si elle) a acheté un nouvel ordinateur.
2. s'il (si elle) a fait ses études en France.
3. à quelle heure il (elle) s'est couché(e) hier soir.
4. s'il (si elle) est allé(e) à la bibliothèque hier.
5. s'il (si elle) a travaillé cette semaine.
6. s'il (si elle) a séché un cours ce semestre.

F. Complétez à **l'imparfait.** (p. 108)

1. **parler** : je parlais, tu __________, il (elle, on) __________, nous __________, vous __________, ils (elles) __________.
2. **finir** : je finissais, tu __________, il (elle, on) __________, nous __________, vous __________, ils (elles) __________.

3. **perdre** : je perdais, tu __________, il (elle, on) __________, nous __________, vous __________, ils (elles) __________.
4. **avoir** : j'avais, tu __________, il (elle, on) __________, nous __________, vous __________, ils (elles) __________.
5. **être** : j'étais, tu __________, il (elle, on), __________, nous __________, vous __________, ils (elles) __________.

G. Lisez l'histoire suivante, puis mettez-la au passé en employant **l'imparfait** ou le **passé composé.** (pp. 109–111, 112–113)

1. Hélène se réveille à sept heures.
2. Elle se lève,
3. se lave
4. et s'habille.
5. Mais Hélène a le cafard

Deux étudiantes

6. parce qu'elle est seule.
7. A huit heures elle décide de faire une promenade.
8. Il fait beau
9. et il y a du soleil
10. mais Hélène est toujours triste
11. parce qu'elle est toujours seule.
12. Pendant qu'elle se promène,
13. elle voit Philippe.
14. Philippe sourit à Hélène
15. et Hélène sourit à Philippe.
16. Ils vont ensemble au café.
17. Hélène n'est plus triste
18. parce qu'elle n'est plus seule !

H. Formulez une question en employant les adverbes **comment, où** ou **pourquoi.** (pp. 128–129)

MODELE Je vais au café.
Où allez-vous ?

1. Je fais mes études à Paris.
2. François est formidable !
3. Je travaille parce que j'ai besoin d'argent.
4. Francine habite dans la résidence.
5. Je bûche parce que j'ai un examen demain.
6. La classe est ennuyeuse !

I. Transformez les phrases en employant **le conditionnel présent.** (pp. 187–189, 194–195)

1. Je voudrais obtenir mon diplôme. (tu, vous, Nathalie, nous, ces étudiants, on, je)
2. Si j'étais riche, je rigolerais toujours ! (vous, on, le cancre, nous, tu, ces étudiants, je)

J. Complétez avec imagination en employant le **conditionnel présent.** (pp. 194–195)

1. Si j'étais un cancre, je...
2. Si j'étais un petit chat, je...
3. Si j'étais à la montagne, je...
4. Si j'étais le président des États-Unis, je...
5. Si j'étais le professeur de français, je...
6. Si j'étais à Paris, je...
7. Si j'étais dans un café, je...
8. Si j'étais une grosse tête, je...

K. Qu'est-ce que les personnes suivantes devraient faire dans les situations suivantes, et qu'est-ce qu'elles ne devraient pas faire ? Répondez selon le modèle. (pp. 198–199)

MODELE un étudiant dans une classe de français
Il devrait parler français.
Il ne devrait pas parler anglais !

1. un étudiant à la bibliothèque
2. un étudiant qui passe un examen
3. un étudiant qui veut avoir des amis
4. un étudiant qui veut comprendre la pensée de Sartre
5. un étudiant qui veut obtenir son diplôme

L. Remplacez les tirets par **c'est** ou **il est.** (pp. 228–229)

1. Comment est mon emploi du temps ? __________ formidable !
2. Un « D » ? __________ une mauvaise note !
3. Quelle est la profession de votre père ? — __________ avocat.
4. Où est ton camarade de chambre sympathique ? — __________ en classe.
5. Allons au cinéma. — Oui, __________ une bonne idée.

M. Complétez au **présent du subjonctif.** Mettez **il faut que** devant chaque forme du verbe : **il faut que je parle,** etc. (pp. 242–245)

1. **parler** : il faut que je parle, tu __________, il (elle, on) __________, nous __________, vous __________, ils (elles) __________.
2. **finir** : il faut que je finisse, tu __________, il (elle, on) __________, nous __________, vous __________, ils (elles) __________.
3. **perdre** : il faut que je perde, tu __________, il (elle, on) __________, nous __________, vous __________, ils (elles) __________.
4. **avoir** : il faut que j'aie, tu __________, il (elle, on) __________, nous __________, vous __________, ils (elles) __________.
5. **être** : il faut que je sois, tu __________, il (elle, on) __________, nous __________, vous __________, ils (elles) __________.
6. **aller** : il faut que j'aille, tu __________, il (elle, on) __________, nous __________, vous __________, ils (elles) __________.
7. **faire** : il faut que je fasse, tu __________, il (elle, on) __________, nous __________, vous __________, ils (elles) __________.
8. **savoir** : il faut que je sache, tu __________, il (elle, on) __________, nous __________, vous __________, ils (elles) __________.

N. Que faut-il que je fasse... ? Répondez en employant « **Il faut que vous...** » + **subjonctif.** (pp. 250–251)

1. si je veux faire mes études à Québec ?
2. si je veux devenir avocat(e) ?

Au Centre Pompidou

3. si je veux trouver un(e) petit(e) ami(e) ?
4. si j'ai besoin d'argent ?
5. si je veux obtenir mon diplôme ?
6. si je veux devenir homme (femme) politique ?
7. si je veux aller en France ?

O. Remplacez les tirets par la préposition **à** ou **de,** s'il y a lieu. (pp. 284–285)

1. J'ai enfin réussi ____________ obtenir mon diplôme !
2. Je n'ai jamais essayé ____________ faire du ski.
3. Il faut ____________ suivre ce cours.
4. J'hésite ____________ acheter un nouvel ordinateur.
5. Marie veut ____________ assister à la conférence de M. Barthes !

Passé Simple

Students who plan to read French literature should be aware of the **passé simple** or *past definite,* a literary past tense that is often used in literature but is almost never used in conversation. The **passé simple** is generally translated in English in the same way as the **passé composé** or *compound past;* **j'ai parlé,** *I spoke;* **je parlai,** *I spoke.* The **passé simple** is formed by dropping the ending of the infinitive and adding the following endings for regular verbs:

-er verbs		**-ir** and **-re** verbs			
parler		**finir**		**perdre**	
je	parl**ai**	je	fin**is**	je	perd**is**
tu	parl**as**	tu	fin**is**	tu	perd**is**
il / elle / on	parl**a**	il / elle / on	fin**it**	il / elle / on	perd**it**
nous	parl**âmes**	nous	fin**îmes**	nous	perd**îmes**
vous	parl**âtes**	vous	fin**îtes**	vous	perd**îtes**
ils / elles	parl**èrent**	ils / elles	fin**irent**	ils / elles	perd**irent**

avoir and **être**			
avoir		**être**	
j'	**eus**	je	**fus**
tu	**eus**	tu	**fus**
il / elle / on	**eut**	il / elle / on	**fut**
nous	**eûmes**	nous	**fûmes**
vous	**eûtes**	vous	**fûtes**
ils / elles	**eurent**	ils / elles	**furent**

The **passé simple** forms of **avoir** and **être** are also shown above. These forms and the **passé simple** of other common irregular verbs may be found in the verb charts in the Appendix.

EXERCICE

Voici un extrait *(selection)* du *Petit Prince,* le célèbre roman d'Antoine de Saint-Exupéry. Venu d'un autre monde, le protagoniste explore l'univers en visitant une série de planètes.

Identifiez les verbes au **passé simple** et mettez-les au passé composé.

La planète suivante était habitée par un *buveur.* Cette visite fut très courte mais elle plongea le petit prince dans une grande mélancolie :

— Que fais-tu là ? dit-il au buveur, qu'il trouva installé en silence devant une collection de *bouteilles* vides et une collection de bouteilles pleines.

— Je bois, répondit le buveur, *d'un air lugubre.*

— Pourquoi bois-tu ? lui demanda le petit prince.

— Pour oublier, répondit le buveur.

— Pour oublier quoi ? *s'enquit* le petit prince qui déjà le *plaignait.*

— Pour oublier que *j'ai honte, avoua* le buveur en *baissant* la tête.

— Honte de quoi ? *s'informa* le petit prince qui désirait le *secourir.*

— Honte de boire ! *acheva* le buveur qui *s'enferma* définitivement dans le silence.

Vocabulaire

le **buveur** drinker
la **bouteille** bottle
d'un air lugubre = *tristement*
s' **enquit** (**s'enquérir**) = *demanda*
plaindre = *avoir pitié de*
avoir honte to be ashamed
avouer to confess
baisser to lower
s' **informa** = *demanda*
secourir = *aider*
acheva = *conclut*
s' **enfermer** to shut oneself up

Composition

A well-organized composition has an *introduction, transitions,* and a *conclusion.* Study the following examples, which will be helpful in preparing compositions and oral reports.

1. Introductions

Dans cette composition (dissertation) je vais discuter (décrire, examiner, traiter)...
In this composition I am going to discuss (describe, examine, treat) . . .

On dit souvent que...
It is often said that . . .

Je vais diviser mes remarques en deux parties : d'abord... et ensuite...
I am going to divide my remarks into two parts: first . . . and then . . .

2. Transitions

d'une part... d'autre part *on one hand . . . on the other hand*

d'ailleurs *besides*
de plus *furthermore, in addition, moreover*
en plus de *in addition to*

en ce qui concerne *concerning*
quant à *as for*

par contre *on the other hand*
au contraire *on the contrary*
cependant, pourtant *however*

mais *but*
tandis que *whereas*

par exemple *for example*

3. Conclusions

en conclusion *in conclusion*
donc *therefore*
par conséquent *consequently*
à mon avis *in my opinion*
bref, en résumé *in short*

EXERCICE

Remplacez les tirets dans cette composition par **tandis que, par exemple, mais, donc, je vais examiner, par contre** ou **en conclusion.**

Dans cette dissertation __________[1] le fossé *(gap)* entre les générations. Je pense que les jeunes et les adultes doivent avoir des idées différentes parce qu'ils mènent des vies différentes.

Les jeunes passent beaucoup de temps à l'université où ils pensent à leurs études et à leurs copains. L'université est un monde fermé et protégé où les responsabilités sont réduites (__________[2], les étudiants ne sont pas toujours obligés de faire la cuisine !). Je ne dis pas que les étudiants n'ont pas de responsabilités, __________[3] leurs responsabilités sont limitées. Puisqu'ils ne sont pas encore dans la vie active, ils ont tendance à être idéalistes et impatients. Ils veulent réformer la société en un jour !

Les adultes, __________[4], ont beaucoup d'expérience. Ils sont obligés de faire face aux réalités de la vie. Ce sont eux, __________[5], qui doivent payer les frais d'inscription *(tuition)* de leurs enfants ! Quand ils étaient jeunes, eux aussi ont voulu réformer la société, __________[6] quand ils ont essayé de le faire, ils n'ont pas toujours réussi. Ils sont __________[7] devenus réalistes.

__________[8], on peut dire que les adultes acceptent de vivre dans un monde qui n'est pas parfait __________[9] les jeunes rêvent d'un monde meilleur.

Sujets de discussion ou de composition

Employez au besoin *(as needed)* les termes d'introduction, de transition et de conclusion qu'on vous a donnés ci-dessus *(above).*

1. Décrivez un rendez-vous extraordinaire que vous avez eu. (Etait-il bizarre, désastreux, formidable, amusant ? Avec qui êtes-vous sorti[e] ? Où êtes-vous allé[e] ?, etc.)

2. Quelles distractions préférez-vous et lesquelles n'aimez-vous pas ? Pourquoi ?
3. Au début d'une année scolaire les étudiants doivent prendre beaucoup de décisions. Par exemple, ils doivent choisir leurs cours, leurs profs, une résidence universitaire ou un appartement, des clubs ou des organisations, etc. Parlez des décisions que vous avez prises en indiquant les raisons de vos choix.
4. Ecrivez un dialogue entre les personnes suivantes et présentez-le avec un(e) autre étudiant(e) devant la classe.
   a. un professeur et un cancre
   b. un(e) étudiant(e) qui veut aller à la bibliothèque et un(e) autre qui veut s'amuser
   c. un(e) étudiant(e) qui parle avec sa petite amie (son petit ami) au téléphone
   d. un(e) étudiant(e) qui veut tricher à un examen et un(e) étudiant(e) qui essaie de l'en dissuader
   e. un(e) étudiant(e) qui se dispute avec son (sa) camarade de chambre

2

Present Tense, Imperative, and Personal Pronouns

Les Femmes

Chapter 2 at a Glance

The present tense

I. Complétez **au présent.**

1. vous (flirter)
2. nous (finir)
3. vous (mentir)
4. ils (répondre)
5. je (boire)
6. ils (aller)
7. ils (craindre)
8. nous (mettre)
9. vous (apprendre)
10. nous (divorcer)
11. tu (acheter)
12. elles (employer)

II. Quelle traduction n'est pas correcte ?

1. Elle cherche une situation.
   a. *She is looking for a job.*
   b. *She had been looking for a job.*
   c. *She does look for a job.*
   d. *She looks for a job.*
2. Il est en train de terminer son travail.
   a. *He is finishing his work on the train.*
   b. *He is busy finishing his work.*
   c. *He is in the act of finishing his work.*
3. Elle est mariée depuis seize ans.
   a. *She has been married for sixteen years.*
   b. *She got married at sixteen.*

III. Remplacez les mots entre parenthèses par **depuis quand** ou **depuis combien de temps.**

1. *(Since when)* Christine flirte-t-elle avec mon petit ami ?
2. *(How long)* sortez-vous avec Alain ?

IV. Traduisez en français en employant l'expression **venir de.**

1. Brigitte has just found a house.
2. They just got married.

The imperative

V. Traduisez en français.

1. Choose a career!
2. Answer now!
3. Let's do the dishes.
4. Let's go on a diet.

VI. Mettez au négatif en employant **ne... pas.**

1. Allons au cinéma !
2. Faites votre lit !

VII. Remplacez les tirets par **Tiens** ou **Voyons.**

1. __________ ! J'ai une bonne idée !
2. __________ ! Vous n'êtes pas vraiment sérieuse !
3. __________ ! Il pleut !

Personal pronouns

VIII. Remplacez les mots en italique par un **pronom** et mettez le pronom à la place convenable.

1. Louise déteste *les machos !*
2. Elle ne parle jamais *de son mariage.*
3. Elles veulent habiter *à Paris.*
4. Ne parlez pas *à mon petit ami !*

IX. Remplacez les mots en italique par deux **pronoms** et mettez les pronoms à la place convenable.

1. Robert donne *des cadeaux à Babette.*
2. Laure a annoncé *son mariage à ses amies.*

X. Traduisez en français en employant un **pronom disjoint** *(disjunctive).*

1. Je suis sûr que Madeleine est amoureuse de __________ *(him) !*
2. __________ *(You and I)*, nous sommes toujours en retard.

XI. Complétez en employant le pronom **le (l').**

1. Votre sœur est-elle indépendante ? — Oui, __________ *(she is).*
2. Hélène et Barbara sont-elles ambitieuses ? — Non, __________ *(they aren't).*

Vocabulaire du thème : *Les Femmes*

Le Mariage

le **mari** husband
la **femme** wife
la **femme au foyer** housewife
se **marier avec, épouser (quelqu'un)** to marry (someone)
se **marier** to get married
marié married
passer la lune de miel to honeymoon
le **couple** couple
être enceinte to be pregnant
avoir, élever des enfants to have, to bring up children
partager to share
fidèle faithful
tromper to cheat on, to deceive
jaloux, jalouse jealous
divorcer (d'avec quelqu'un) to divorce (someone)

L'Amour

flirter to flirt
être, tomber amoureux, amoureuse de to be (to fall) in love with
embrasser to kiss
coquet, coquette coquettish
séduisant attractive, sexy
doux, douce sweet
tendre tender
la **liberté sexuelle** sexual freedom
la **limitation des naissances** birth control
l' **avortement** *m* abortion

Les Travaux ménagers

les **travaux** *m* **ménagers** household chores
faire la cuisine to do the cooking, to cook
faire le lit to make the bed
passer l'aspirateur to vacuum
faire la vaisselle to do the dishes
faire les courses to do the shopping
faire le ménage to do the housework

La Libération des femmes

le, la **féministe** feminist
refuser les rôles féminins traditionnels to refuse the traditional feminine roles
l' **égalité** *f* equality
égal equal
indépendant independent
libéré liberated
la **crèche** day-care center

chercher, trouver une situation, un emploi to look for, to find a job
poursuivre une carrière to pursue a career
réussir professionnellement to succeed professionally

le **machisme** chauvinism
la **discrimination** discrimination
le **stéréotype féminin** feminine stereotype
le **macho** male chauvinist
autoritaire overbearing
le **harcèlement sexuel** sexual harassment

L'Apparence

grossir to get fat
maigrir to lose weight, to slim down
suivre un régime to be on a diet
faire des manières to put on airs
impressionner to impress

EXERCICES

[1] A. **Mise en scène.** Complétez en employant une ou plusieurs expressions du *Vocabulaire du thème.*

[1] Exercises preceded by this icon lend themselves to dialogues and paired activities.

1. **A:** Comment Nathalie peut-elle aimer Jacques ?
   B: Je ne sais pas. Il...
   A: Oui, et il... aussi !
   B: L'autre jour je l'ai vu au café. Il...
   A: Pauvre Nathalie ! Elle est folle !
2. **A:** Le ménage, le ménage, le ménage ! Comme je déteste faire le ménage !
   B: Tu es si... , (nom) ! Qu'est-ce qu'il y a ?
   A: Les travaux ménagers, comme je les déteste ! Je ne veux plus... Je ne veux plus...
   B: Tu ne voudrais plus... ?
   A: Non !
   B: Et tu ne voudrais plus... ?
   A: Non plus !
   B: Bravo, (nom), tu es finalement libéré(e) !

B. **Situations.** Répondez en employant une ou plusieurs expressions du *Vocabulaire du thème.*

1. Complétez le monologue suivant. « Je m'appelle Simone. Je suis féministe. J'aime... Je déteste... » Complétez le même dialogue avec Philippe le macho et Coco la coquette.

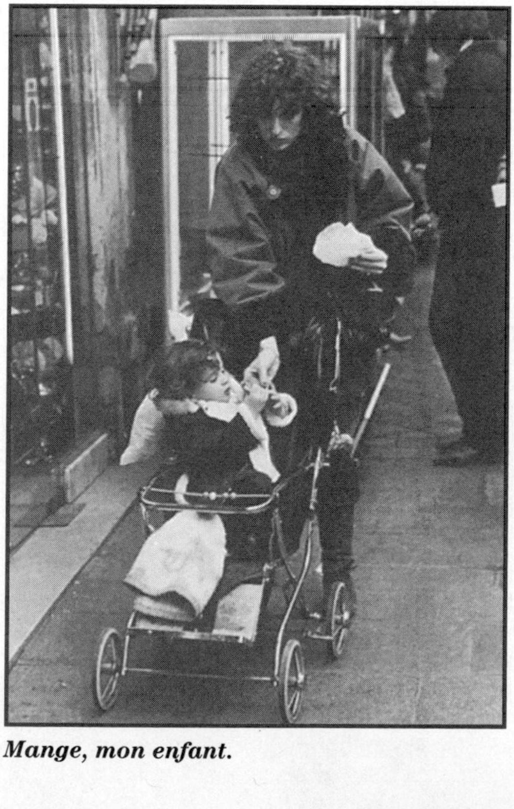

Mange, mon enfant.

2. Claire a divorcé parce que, selon elle, son mari était un « mauvais mari ». Selon vous, quelles sont les caractéristiques d'un « mauvais mari » ?

The Present Tense

Formation of the Present

Regular formations

Regular verbs can be classified in three major groups according to the ending of the infinitive.

1. Group 1: infinitives ending in **-er**

aimer (stem, **aim-**)

j'	aim**e**	nous	aim**ons**
tu[1]	aim**es**	vous	aim**ez**
il / elle / on[2]	aim**e**	ils / elles	aim**ent**

2. Group 2: infinitives ending in **-ir**

   a. Verbs like **finir.**

finir (stem, **fin-**)

je	fin**is**	nous	fin**issons**
tu	fin**is**	vous	fin**issez**
il / elle / on	fin**it**	ils / elles	fin**issent**

Most verbs ending in **-ir** are conjugated like **finir.**

[1]Remember that **tu,** the familiar form, is used in addressing members of one's family, close friends, children, and animals; otherwise, the more formal **vous** is used. Young people today use **tu** freely among themselves.

[2]**On** is an indefinite pronoun, meaning *one* or, in the indefinite sense, *we, you, they,* or *people,* depending on the context. It always takes a singular verb.

b. Verbs like **mentir.**

mentir (stems: **men**-[*sing.*], **ment**-[*pl.*])

je	men**s**	nous	ment**ons**
tu	men**s**	vous	ment**ez**
il / elle / on	men**t**	ils / elles	ment**ent**

Common verbs like **mentir** are **dormir, partir, sentir, servir,** and **sortir.** Note that there is no **-iss-** in the plural, and that the consonant before the **-ir** ending is dropped in the singular but retained in the plural: **je mens,** but **nous mentons.**

3. Group 3: infinitives ending in **-re**

répondre (stem, **répond**-)

je	répond**s**	nous	répond**ons**
tu	répond**s**	vous	répond**ez**
il / elle / on	répond	ils / elles	répond**ent**

The verbs **rompre** and **interrompre** add an unpronounced **t** in the third person singular: **il rompt, elle interrompt.**

EXERCICES

A. Transformez les phrases selon le modèle.

MODELE Je déteste la discrimination ! (les féministes)
Les féministes détestent la discrimination !

1. Je grossis trop ! (nous, tu, la petite Sylvie, vous, on, Justin, je)
2. Je flirte avec tout le monde. (vous, on, ces coquettes, nous, tu, cet homme macho, je)
3. Je sors tous les soirs. (tu, on, cette femme d'affaires, mes frères, vous, nous, je)
4. J'attends un autre enfant. (tu, nous, Mme Petit, vous, on, mes parents, je)

B. Formulez une phrase originale au présent en employant un sujet de la première colonne, un verbe de votre choix de la deuxième colonne, et une expression de la troisième colonne.

1. Isabelle et Jean-Luc	aimer	professionnellement
2. Les féministes	travailler	dans une crèche
3. Nous	sortir avec	un bébé
4. Ce couple charmant	détester	les travaux ménagers
5. Les hommes libérés	étudier	souvent
6. Je	mentir	les stéréotypes féminins
7. Cette jeune fille coquette	attendre	les machos
8. Cette femme compétente	respecter	les femmes
	réussir	flirter avec tout le monde
	partager	le harcèlement sexuel
	impressionner	

C. Répondez par une phrase complète.

1. Admirez-vous les féministes (les machos, les femmes au foyer) ?
2. Répondez-vous au professeur en français, en anglais ou en chinois ?
3. Grossissez-vous en hiver ?
4. Mentez-vous à votre petit(e) ami(e) (à vos parents, au professeur) ?
5. Cherchez-vous un emploi ?

Voici votre paquet.

D. **Dialogue.** Frédéric et sa petite amie Sabine sont à une soirée. Quand Sabine remarque que Frédéric flirte avec une autre jeune fille, une petite blonde assez jolie, elle se fâche et veut une explication. Furieuse, elle lui dit qu'elle déteste les hommes qui flirtent. Quand Frédéric lui dit qu'il ne flirtait pas, elle l'accuse de mentir. Comment cette dispute finit-elle ? A vous de décider ! Préparez le dialogue et jouez-le avec un(e) camarade de classe.

Irregular formations

1. Verbs with irregular present tenses must be learned individually (see Appendix). Verbs with similar formations may be organized into groups.

   a. Common verbs

aller	boire	dire	falloir[2]	plaire	rire
s'asseoir	courir	être	lire	prendre	savoir
avoir	devoir[1]	faire	mourir	recevoir	valoir

   b. Common verb groups

battre, mettre	offrir, ouvrir, souffrir
connaître, paraître	plaire, taire
croire, voir	pouvoir, vouloir, pleuvoir[2]
cueillir, accueillir	tenir, venir
écrire, vivre, suivre	

   verbs ending in **-indre :** craindre, joindre, peindre, etc.
   verbs ending in **-uire :** construire, détruire, séduire, etc.

   Note that compounds derived from these verbs are conjugated in the same way: **apprendre, comprendre,** and **surprendre** like **prendre ; devenir, revenir,** and **se souvenir** like **venir;** etc.

2. Some common **-er** verbs undergo spelling changes.

   a. Verbs ending in **-cer** and **-ger: c** changes to **ç** (**c cédille**) and **g** to **ge** before the ending **-ons.**

   commencer : je commence but **nous commençons**
   nager : je nage but **nous nageons**

[1] See Chapter 7 for the use of **devoir.**
[2] These verbs are used only in the third person singular: **il faut, il pleut.**

Other such verbs:

avancer	lancer	divorcer
changer	manger	partager

b. Verbs ending in **-yer: y** changes to **i** before endings in mute **e: -e, -es, -ent.**

nettoyer : nous nettoyons, vous nettoyez but **je nettoie, tu nettoies, elle nettoie, ils nettoient**

Other such verbs:

ennuyer	employer	essayer
essuyer	payer	envoyer

Verbs ending in **-ayer** may retain the **y: ils paient, ils payent.**

c. Verbs ending in **e** + *consonant* + **er: e** changes to **è** (**e accent grave**) before endings in mute **e.**

lever : nous levons, vous levez but **je lève, tu lèves, il lève, ils lèvent**

Other such verbs:

mener	promener
élever	peser

Verbs ending in **-eler** or **-eter** are exceptions. They double the **l** or **t**, respectively, before endings in mute **e.**

appeler : nous appelons, vous appelez but **j'appelle, tu appelles, elle appelle, ils appellent**

jeter : nous jetons, vous jetez, but **je jette, tu jettes, elle jette, ils jettent**

The verbs **acheter** and **geler,** however, change **e** to **è** before endings in mute **e: j'achète, il gèle.**

d. Verbs ending in **é** + *consonant* + **er: é** (**e accent aigu**) changes to **è** (**e accent grave**) before endings in mute **e.**

suggérer : nous suggérons, vous suggérez but **je suggère, tu suggères, elle suggère, ils suggèrent**

Other such verbs:

considérer	espérer	posséder
préférer	répéter	exagérer

EXERCICES

A. Transformez les phrases.

1. Je fais la vaisselle tous les soirs. (Cendrillon, tu, on, Jules et Jim, vous, nous, je)
2. Je veux réussir professionnellement. (nous, vous, cette vedette de cinéma, tu, on, Babette et Brigitte, je)
3. Je vais à la crèche. (vous, nous, la petite Sylvie, tu, on, M. et Mme Enfantin, je)
4. Je suis contre la discrimination. (tu, nous, Zelda, les hommes libérés, vous, on, je)

B. Complétez au présent.

1. (craindre) je, nous
2. (savoir) il, vous
3. (aller) tu, elles
4. (découvrir) je, nous
5. (pleuvoir) il
6. (faire) tu, vous
7. (voir) je, vous
8. (venir) il, ils
9. (commettre) tu, vous
10. (devoir) je, nous
11. (séduire) elle, nous
12. (pouvoir) je, nous
13. (écrire) tu, ils
14. (être) je, ils
15. (boire) je, nous
16. (avoir) tu, ils
17. (falloir) il
18. (croire) je, vous
19. (recevoir) elle, elles
20. (vouloir) je, nous
21. (rire) tu, nous
22. (plaire) elle, elles
23. (valoir) je, vous
24. (accueillir) je, ils

C. Répondez aux questions suivantes.

1. Imaginez que vous êtes une femme enceinte. Voulez-vous un garçon ou une fille ?
2. Imaginez que vous êtes une femme au foyer. Qu'est-ce que vous savez faire ?
3. Imaginez que vous êtes un(e) jeune marié(e). Qu'est-ce que vous allez faire ?
4. Imaginez que vous êtes dans un café. Qu'est-ce que vous buvez ? Qu'est-ce que vous ne buvez pas ?
5. Imaginez que vous êtes un macho. Qu'est-ce que vous faites ?
6. Imaginez que vous êtes très riche. Qu'est-ce que vous pouvez faire ?
7. Imaginez que vous grossissez. Qu'est-ce que vous devez faire ?

D. Transformez les phrases.

1. J'achète une nouvelle maison. (nous, on, tu, ce couple, mes parents, je)
2. J'appelle toujours la police. (vous, ma voisine, nous, on, la femme de l'inspecteur Clouseau, je)
3. Je préfère les femmes coquettes. (tu, Aldo, nous, vous, les hommes frustrés, on, je)

On dresse une contravention.

E. Complétez au présent.

1. (divorcer) nous, je
2. (étudier) ils, vous
3. (manger) nous, tu
4. (payer) elle, nous
5. (élever) tu, vous
6. (acheter) vous, elle
7. (appeler) nous, je
8. (préférer) je, nous
9. (posséder) vous, tu
10. (essayer) nous, ils
11. (envoyer) ils, vous
12. (espérer) tu, nous
13. (mener) nous, il
14. (partager) elles, vous
15. (considérer) je, nous

F. Demandez à un(e) autre étudiant(e)...

1. s'il (si elle) exaspère ses parents (ses amis, le professeur).
2. s'il (si elle) est timide (autoritaire, antiféministe, tendre).
3. s'il (si elle) fait souvent la cuisine (la vaisselle, le ménage).
4. quelle sorte de jeune fille (jeune homme) il (elle) préfère.
5. s'il (si elle) élève des enfants.
6. s'il (si elle) partage les travaux ménagers. Si oui, avec qui ?
7. s'il (si elle) mène une vie normale (aventureuse, ennuyeuse).
8. s'il (si elle) tutoie le professeur (ses amis, ses parents, les animaux).
9. s'il (si elle) fait des manières.

G. **Dialogue.** La veille de *(the day before)* son mariage, Jean-Paul avoue *(confesses)* à sa fiancée Chantal qu'il ne fait ni la cuisine ni la vaisselle ni le ménage ni les courses, et qu'en fait il refusera absolument de les faire quand ils seront mariés ! Cette confession étonne Chantal, une jeune femme libérée. Préparez le dialogue entre Chantal et Jean-Paul et jouez-le avec un(e) camarade de classe.

Use of the Present

The single form of the French present tense corresponds to several possible variations in English.

j'aime
- *I love*
- *I do love*
- *I am loving*
- *I have been loving*

The precise English equivalent of the French present tense depends on the use of the verb in the sentence.

Uses that correspond to the English present

Like the English present tense, the French present is used to indicate present or customary actions, and general truths.

Comment ! Bruno flirte avec ma petite amie ?
What! Bruno's flirting with my girlfriend?

Paul bavarde au téléphone tous les après-midi.
Paul gossips on the phone every afternoon.

L'amour idéal n'existe pas.
Ideal love doesn't exist.

The English progressive present

The French present tense is used to express the English progressive present: *I am walking.*

Que fait Nadine ? — Elle cherche une situation.
What is Nadine doing? — She's looking for a job.

The expression **être en train de** + *infinitive (to be busy, or in the act or process of doing something)* is used to stress the progressive nature of the present.

Silence ! Je suis en train de travailler !
Quiet! I'm busy working!

La femme moderne est en train de se créer une nouvelle image.
Modern woman is in the process of creating a new image for herself.

With *depuis, il y a... que, voici... que, voilà... que, ça fait... que*

The French present is used with **depuis, il y a... que, voici... que, voilà... que,** and **ça fait... que** to express an action that began in the past and is still going on in the present (the English present perfect tense).

Charles et Emma sortent ensemble depuis longtemps.
Il y a longtemps que Charles et Emma sortent ensemble.
Voici (Voilà) longtemps que Charles et Emma sortent ensemble.
Ça fait longtemps que Charles et Emma sortent ensemble.
Charles and Emma have been going out together for a long time.

Note that the verb precedes **depuis,** but follows the other expressions.

Il y a meaning *there is (are)* or *ago* should not be confused with **il y a... que.**

Il y a deux crèches en ville.
There are two day-care centers in the city.

Ils se sont mariés il y a deux ans.
They got married two years ago.

Il y a deux ans qu'elle suit un régime !
She has been on a diet for two years!

The immediate future

The French present can also be used with a future temporal expression to indicate an action in the immediate future.

Elle vient dans une heure.
She's coming in an hour.

Je vous téléphone demain.
I'll telephone you tomorrow.

EXERCICES

A. Récrivez les phrases suivantes en employant le temps présent avec **depuis.**

1. Voilà six mois que ma femme est enceinte.
2. Ça fait deux ans que je suis divorcé.
3. Il y a un mois que je suis au régime.
4. Voici quatre heures que Valérie fait la cuisine !
5. Ça fait longtemps que Normand cherche un emploi.
6. Il y a deux heures que je fais le ménage.
7. Voici une heure que je vous attends !

B. Qu'est-ce que les personnes suivantes sont probablement en train de faire ?

MODELE Amélie est dans une discothèque.
Elle est en train de danser
(de bavarder avec ses amies, etc.).

1. Anne-Marie est à la bibliothèque.
2. Micheline est à l'hôpital.
3. Georges est dans la cuisine.
4. Charles est au café.
5. Dorine et Marc sont à la piscine.
6. Sylvie et Louise sont au restaurant.
7. Jean-Pierre est au zoo.
8. Hélène et Thérèse sont à une soirée.
9. Florence est dans le parc.

C. Traduisez en français.

1. Jeanne is smart, attractive, and very liberated.
2. She has been married for four years.
3. A true feminist, she refuses the traditional feminine roles.
4. She and her husband Louis share the household chores.
5. Louis, for example, is raising their two children.
6. He also does the shopping, the cooking, and the housework.
7. He's so tired that he's losing weight!
8. And Jeanne? She is busy pursuing a career in business *(dans les affaires)*.
9. She is going to succeed professionally.
10. Oh, yes. She does the dishes from time to time *(de temps en temps)*.

Related Expressions

depuis quand... ? and *depuis combien de temps... ?* + present tense

1. **Depuis quand... ?** *(Since when . . . ?)* is used to ask a question concerning the point of origin of an action. The answer will usually indicate a specific point in time: a year, day of the month or week, hour of the day, etc.

   Depuis quand êtes-vous marié ? — Je suis marié depuis 1980.
   Since when have you been married? — I've been married since 1980.

2. **Depuis combien de temps... ?** *(How long . . . ?)* is used to ask a question concerning the duration of an action. The answer will usually indicate a length of time.

   Depuis combien de temps êtes-vous divorcé ? — Je suis divorcé depuis sept ans.
   How long have you been divorced? — I've been divorced for seven years.

venir de + infinitive

The present tense of **venir de** + *infinitive* indicates that an action has just been completed.

Elle vient d'avoir un bébé.
She has just had a baby.

Elle vient de trouver une situation.
She just found a job.

Note that the English equivalents do not use the present tense.

EXERCICES

A. Formulez des phrases originales en employant les expressions dans la colonne de gauche, l'expression **parce que je viens de,** et les expressions dans la colonne de droite.

1. Je suis triste
2. Je suis bête
3. Je suis fatigué(e)
4. Je suis dans les nuages *(clouds)*
5. Je suis nerveux (nerveuse)
6. Je suis content(e)
7. J'ai peur
8. Je suis furieux (furieuse)

- trouver une bonne situation
- faire le ménage
- me marier
- faire la connaissance d'un macho
- embrasser mon ami(e)
- tromper mon ami(e)
- divorcer
- perdre mon emploi
- avoir un enfant
- tomber amoureux (amoureuse)
- passer une lune de miel splendide

B. Traduisez en français.

1. Annie just lost her boyfriend.
2. They have just gone shopping.
3. Simone just got married.
4. Jean-Paul just found a job!
5. Marguerite and Guy have just had a baby.

C. Traduisez en français, puis jouez les dialogues.

1. **A:** How long have you been looking for a job?
   B: For four years.
   A: ! ! !
2. **A:** How long have you been pregnant, Miss?
   B: Since when have you been so indiscreet, Sir?
3. **A:** How long have you been married, *(nom) ?*
   B: For 40 years.
   A: How long have you been in love?
   B: For 40 years.
   A: *(un sourire)*
4. **A:** Since when have you been cooking, *(nom) ?*
   B: Since 6:00 A.M.
   A: But it's noon!
   B: Do you want a good meal or not?
5. **A:** How long have you been on a diet, *(nom) ?*
   B: For 22 years.
   A: But you're 22 years old!

Une ouvrière

The Imperative

The imperative mood expresses a command or a request. In French, it has three forms: the second person singular, and the first and second person plural.

Regular Imperatives[1]

The imperatives of most verbs have the same form as the present indicative without the subject pronouns.

[1] The imperative of reflexive verbs will be treated in Chapter 4.

Present indicative	**Imperative**
Tu attends. *You are waiting.*	Attends ! *Wait!*
Tu fais ton lit. *You make your bed.*	Fais ton lit ! *Make your bed!*
Vous suivez un régime. *You are on a diet.*	Suivez un régime ! *Go on a diet!*
Nous faisons le ménage. *We're doing the housework.*	Faisons le ménage ! *Let's do the housework!*

The negative imperative

The negative imperative is formed by placing **ne** before the verb and **pas** after it.

Ne trompez pas Robert !
Don't cheat on Robert!

Ne faisons pas cela.
Let's not do that.

The second person singular of *-er* verbs

The second person singular of **-er** verbs (and of verbs like **offrir, ouvrir,** and **souffrir,** which conjugate like **-er** verbs) does not take **-s** except when followed by **y** or **en.**

Reste à la maison. *Stay home.*	BUT:	Reste**s**-y. *Stay there.*
Va à la crèche. *Go to the day-care center.*	BUT:	Va**s**-y. *Go (there).*
Mange des légumes. *Eat some vegetables.*	BUT:	Mange**s**-en. *Eat some.*

Irregular Imperatives

The verbs **avoir, être, savoir,** and **vouloir** have irregular imperatives.

avoir	**être**	**savoir**	**vouloir**
aie	sois	sache	veuille
ayons	soyons	sachons	veuillons
ayez	soyez	sachez	veuillez

Aie de la patience !
Have patience!

Sachez la leçon par cœur.
Know the lesson by heart.

Ne soyons pas idiots !
Let's not be silly!

Ne sois pas autoritaire.
Don't be overbearing.

Veuillez is a formal, polite form of *please.*

Veuillez vous asseoir, Mme Deslauriers.
Please be seated, Mrs. Deslauriers.

EXERCICES

A. Imaginez que vous êtes le conseiller (la conseillère) de Brigitte, une jeune fille de 16 ans. Répondez en employant l'impératif affirmatif ou négatif à la deuxième personne du pluriel, selon le modèle.

MODELE Qu'est-ce que vous allez dire à Brigitte si elle sort avec un macho ?
Cherchez un autre petit ami !
ou : *Ne sortez plus avec cet imbécile !*
ou : *Trouvez un jeune homme libéré !*

Qu'est-ce que vous allez dire à Brigitte...

1. si elle flirte avec tout le monde ?
2. si elle veut devenir présidente ?
3. si elle maigrit trop ?
4. si elle veut quitter l'école ?
5. si son petit ami est autoritaire ?
6. si elle grossit trop ?

B. Répondez en employant l'impératif à la première personne du pluriel selon le modèle.

MODELE Invitez un(e) ami(e) à étudier.
Etudions !

Invitez un(e) ami(e)...

1. à aller à Nice avec vous.
2. à regarder la lune.
3. à commander une pizza.
4. à suivre un régime.

C. **Dialogue.** Janine, une jeune fille libérée de 22 ans, vient de trouver son premier emploi comme secrétaire dans une grande entreprise. Sa mère décide de lui donner des conseils. Elle lui dit de respecter ses collègues, d'être polie et attentive, et de bien travailler, bien sûr, mais surtout d'être douce et charmante pour trouver un mari. A vous d'imaginer la réaction de Janine! Préparez le dialogue et jouez-le avec un(e) camarade de classe.

D. Traduisez en français.

1. Let's lose weight.
2. Don't listen to the feminists!
3. Look for a job!
4. Be independent.
5. Don't put on airs, Brigitte!
6. Don't be overbearing *(sing.)*.
7. Choose *(sing.)* your friends with prudence.
8. Do *(sing.)* the cooking tonight, Jean-Pierre.
9. Let's spend our honeymoon in Paris!
10. Don't do the dishes!

Related Expressions

Some imperatives have become commonplace in the spoken language and are often used as interjections.

tiens (from *tenir*)

Tiens expresses surprise.

Tiens ! J'ai une bonne idée !
Hey! I've got a good idea!

Tiens ! Le voilà !
Look—there he is!

voyons (from *voir*)

Voyons expresses disapproval or disbelief.

Voyons ! Vous savez que c'est impossible !
Come on! You know that's impossible!

Voyons ! Elle grossit, oui, mais après tout elle est enceinte !
Come now! She's putting on weight, all right, but after all she's pregnant!

EXERCICE

Remplacez les tirets par **Tiens** ou **Voyons** selon le cas.

1. ____________ ! Je viens d'avoir une idée exceptionnelle !
2. ____________ ! Vous êtes beau, oui, mais vous n'êtes pas Roméo !
3. ____________ ! Tu ne vas pas vraiment sortir avec ce macho !
4. ____________ ! Elle sait la réponse !
5. ____________ ! Voilà Maurice !
6. ____________ ! Elle a obtenu une bonne situation ? C'est formidable !
7. ____________ ! Pierre s'est marié ? Ce n'est pas possible !
8. ____________ ! Ils sont finalement arrivés !
9. ____________ ! Catherine est fidèle. Elle ne trompe pas Bernard !

Personal Pronouns

A pronoun is a word that replaces a noun. In French, a pronoun has the same gender and number as the noun it replaces.

Connaissez-vous les Giroud ? — Oui, je les connais.
Do you know the Girouds? — Yes, I know them.

Condamnez-vous le divorce ? — Non, je ne le condamne pas.
Do you condemn divorce? — No, I don't condemn it.

Parle-t-il avec Adèle ? — Oui, il parle avec elle.
Is he speaking with Adele? — Yes, he's speaking with her.

Direct and Indirect Object Pronouns; *y* and *en*

A direct object receives the action of the verb directly.

Il embrasse Françoise.
He kisses Françoise.

Il l'embrasse.
He kisses her.

An indirect object receives the action of the verb indirectly—that is, through the preposition **à** (*to* in English), expressed or understood.

Elle donne la bague à son fiancé.
She gives the ring to her fiancé.

Elle lui donne la bague.
She gives him the ring.

Direct object pronouns

me	me	**nous**	us
te	you	**vous**	you
le	him, it	**les**	them
la	her, it		

Je la traite comme une égale.
I treat her as an equal.

Je te vois demain.
I'll see you tomorrow.

The pronouns **me, te, le,** and **la** adopt the elided forms **m', t', l'** before verbs beginning with a vowel or mute **h.**[1]

Je l'aime beaucoup.
I love her (him, it) very much.

Je t'attends depuis une heure !
I've been waiting for you for an hour!

BUT:

Ils me haïssent !
They hate me!

Indirect object pronouns

me	to me	**nous**	to us
te	to you	**vous**	to you
lui	to him to her	**leur**	to them

[1]There are two kinds of **h**'s in French, the mute **h** and the aspirate **h.** In pronunciation, both are silent. Elision occurs before a word beginning with a mute **h (l'heure),** but not before a word beginning with an aspirate **h (le héros).** Words beginning with an aspirate **h** are marked with an asterisk in most French dictionaries, as in the end vocabulary of this book.

Sa femme lui parle tendrement.
His wife speaks tenderly to him.

Il me donne son chèque.
He gives me his check.

Keep in mind that some common French verbs followed by **à** (e.g., **téléphoner à, plaire à, offrir à, demander à, dire à**) require an indirect object in French, but are often not introduced by *to* in English.

Ce roman plaît-il à Ophélie ? — Oui, il lui plaît beaucoup !
Does this novel please Ophelia? — Yes, it pleases her a lot!

Téléphones-tu à Pierre ? — Oui, je lui téléphone.
Are you phoning Peter? — Yes, I'm phoning him.

Il m'a offert sa bague.
He offered me his ring.

EXERCICES

A. Comment trouvez-vous les personnes et les choses suivantes ? Répondez en employant **le, la** ou **les,** et un adjectif de la colonne de droite selon le modèle.

MODELE Comment trouvez-vous les féministes ?
Je les trouve intéressantes (intelligentes, amusantes, courageuses, etc.)

Comment trouvez-vous...

1. votre vie ?	triste
2. votre chambre ?	beau
3. les vins français ?	romantique
4. le président ?	idiot
5. la musique de Mozart ?	sale
6. les films comiques ?	autoritaire
7. les tableaux de Renoir ?	intéressant
8. la poésie ?	fascinant
9. vos professeurs ?	ridicule
10. le mariage ?	amusant
11. le divorce ?	bizarre
12. le harcèlement sexuel ?	sublime
13. le machisme ?	petit
14. votre ami(e) ?	bon
	tendre
	intelligent
	bête
	difficile
	ennuyeux
	insupportable

B. Qu'est-ce que vous donnez aux personnes suivantes ? Répondez en employant **lui** ou **leur** selon le modèle.

MODELE Qu'est-ce que vous donnez à un ami qui a soif ?
Je lui donne de l'eau (de la limonade, de la bière, etc.).

Qu'est-ce que vous donnez à vos chats ?
Je leur donne du lait (des sardines, du jambon, etc.).

1. Qu'est-ce que vous donnez à un pauvre clochard dans la rue ?
2. Qu'est-ce vous donnez à votre petit(e) ami(e) pour son anniversaire ?
3. Qu'est-ce vous donnez aux enfants quand ils ont faim ?
4. Qu'est-ce vous donnez à un(e) ami(e) qui décide de suivre un régime ?
5. Qu'est-ce que vous donnez aux végétariens ?

C. Répondez en employant **lui** ou **leur.**

1. Téléphonez-vous au professeur (au président de l'université, au père Noël, à la femme du président) ?
2. Qu'est-ce que vous ne donnez pas aux végétariens (aux alcooliques, aux petits enfants) ?
3. Téléphonez-vous souvent à vos parents (à votre meilleur ami, à vos ennemis) ?
4. Qu'est-ce que vous dites à vos amis quand vous les quittez dans la rue (quand vous les rencontrez dans la rue, quand vous êtes fâché[e] avec eux) ?

D. Traduisez en français.

1. They are lying to us!
2. Her boyfriend is cheating on her.
3. He offers me a happy life if I marry *(épouser)* him.
4. When I speak to her, she doesn't hear me!
5. Our parents write us often.
6. Her new position pleases her.

y as an adverb and pronoun

1. As a pronoun, **y** refers to things or ideas, whether singular or plural. It is used as the object of verbs and expressions ending in **à. Y** is not used to refer to persons.

Pensez-vous à la soirée ? — Oui, j'y pense.
Are you thinking about the party? — Yes, I'm thinking about it.

S'intéresse-t-elle aux mouvements qui s'opposent à la discrimination entre les sexes ? — Oui, elle s'y intéresse énormément !
Is she interested in the movements against sexual discrimination? — Yes, she's very much interested in them!

2. As an adverb, **y** means *there.* It refers to a previously mentioned noun preceded by a preposition of place such as **à, dans,** or **chez.** It is almost always expressed in French, though often it need not be translated in English.

   J'ai vu Sylvie chez Bernard. Elle y est toujours.
   I saw Sylvia at Bernard's. She's always there.

   Allez-vous à Paris ? — Oui, j'y vais.
   Are you going to Paris? — Yes, I'm going.

   If a place has not been previously mentioned, **là** is used instead of **y.**

   Mettez-vous là, s'il vous plaît.
   Sit there, please.

   Où est-elle ? — Là, dans la cuisine.
   Where is she? — There, in the kitchen.

   The adverb **y** is not used with the verb **aller** in the future and conditional tenses because the two juxtaposed *i*- sounds cannot be easily pronounced: **j'y vais,** but **j'irai** and **j'irais; nous y allons,** but **nous irons** and **nous irions.**

en as an adverb and pronoun

1. As a pronoun, **en** usually refers to things or ideas, whether singular or plural. It replaces nouns in expressions formed with **de:** the partitive (**de l'argent, du pain,** etc.); objects of expressions of quantity (**assez de, beaucoup de,** etc.); and objects of verbs and expressions ending in **de** (**parler de, être capable de,** etc.). Its English equivalents are *some, any, of it,* or *of them,* expressed or understood.

   A-t-elle des vêtements élégants ? — Oui, elle en a.
   Does she have any elegant clothes? — Yes, she has (some).

   A-t-elle beaucoup d'ambition ? — Oui, elle en a beaucoup.
   Does she have a lot of ambition? — Yes, she has a lot.

   Parle-t-elle de son divorce ? — Oui, elle en parle.
   Does she talk about her divorce? — Yes, she talks about it.

   Est-elle capable de réussir professionnellement ? — Oui, elle en est très capable.
   Is she capable of succeeding professionally? — Yes, she's very capable of it.

   En also replaces nouns modified by numbers.

   Combien de pièces y a-t-il dans l'appartement ? — Il y en a huit.
   How many rooms are there in the apartment? — There are eight (of them).

   En may replace persons with numbers and expressions of quantity, and with indefinite plural nouns.

   Combien d'enfants avez-vous ? — J'en ai deux.
   How many children do you have? — I have two (of them).

   Combien d'amis ta femme a-t-elle ? — Elle en a beaucoup.
   How many friends does your wife have? — She has a lot (of them).

A-t-elle des ennemis aussi ? — Non, elle n'en a pas.
Does she also have enemies? — No, she doesn't (have any).

To avoid confusing **y** and **en,** remember that **y** (one letter) is associated with **à** (one letter), whereas **en** (two letters) is associated with **de** (two letters).

2. As an adverb, **en** means *from there*, expressed or understood.

Viennent-ils d'Allemagne ? — Oui, ils en viennent.
Do they come from Germany? — Yes, they come from there.

Revient-elle de Paris ce soir ? — Non, elle en revient demain.
Is she coming back from Paris tonight? — No, she's coming back (from there) tomorrow.

EXERCICES

A. Répondez en employant **y** ou **en.**

1. Allez-vous à la bibliothèque (en prison, au restaurant, au café, au bureau, à la plage, chez le dentiste) aujourd'hui ?
2. Est-ce que vous vous intéressez à la peinture (aux travaux ménagers, au mariage, à la politique, aux sports, à la religion, à la philosophie) ?
3. Combien de bicyclettes (de professeurs de français, de cours, de problèmes, de voitures, de nez) avez-vous ?
4. Avez-vous des idées originales (des dettes, du courage, de la patience, de l'ambition, des opinions bizarres) ?
5. Jouez-vous au golf (au tennis, aux cartes) ?

B. Posez les questions suivantes à un(e) autre étudiant(e) qui y répondra en employant **y** ou **en** selon le modèle.

MODELE Professeur : Brigitte, demandez à Philippe s'il pense à l'amour.
Brigitte : Pensez-vous à l'amour ?
Philippe : Oui, j'y pense souvent !
ou : Non, je n'y pense jamais.
ou : Oui, j'y pense de temps en temps.

Demandez à un(e) autre étudiant(e)...

1. s'il (si elle) pense au mariage (au choix d'une carrière, aux vacances).
2. s'il (si elle) a peur du mariage (de la discrimination).
3. s'il (si elle) a besoin d'argent (d'imagination, de courage, de patience).
4. s'il (si elle) va au bar (à la bibliothèque, à l'hôpital) aujourd'hui.
5. combien de télévisions en couleur il (elle) a.
6. s'il (si elle) parle de son emploi (de la libération des femmes, du machisme, du harcèlement sexuel).
7. s'il (si elle) répond tout de suite aux questions du professeur (au téléphone).

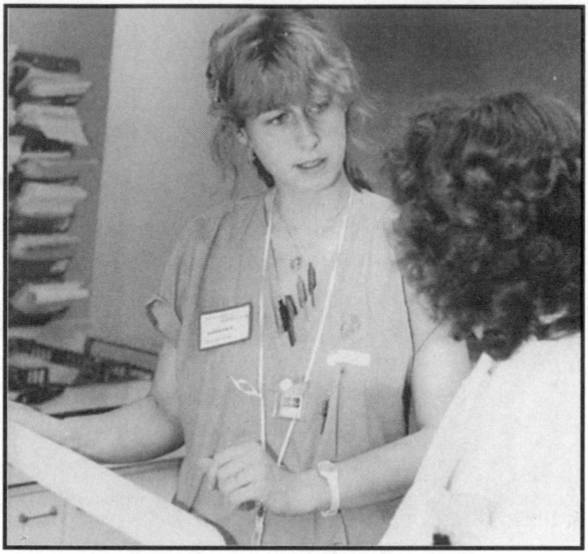

Dans un hôpital

C. Remplacez les tirets par **y** ou **en,** puis jouez les dialogues.

1. **A:** Est-ce que tu obéis toujours au code de la route ?
   B: J' ____________ obéis toujours... quelquefois !
2. **A:** Pourquoi est-ce que tu cherches toujours des disputes ?
   B: Mais je n' ____________ cherche jamais.
   A: Si, tu ____________ cherches !
   B: Tu dis des bêtises !
   A: Mais non, c'est toi qui ____________ dis !
3. **A:** Maman (Papa), est-ce que les féministes achètent du parfum ?
   B: Mais oui, Babette (Pierrot), ta tante Léonie est une féministe enragée, et elle ____________ achète, n'est-ce pas ?
4. **A:** (Nom), pourquoi est-ce que tu penses toujours à ton régime ? Tu es obsédé(e). Il me semble que tu ne penses qu'à ça !
   B: J' ____________ pense parce que ça m'intéresse. Il faut que je perde des kilos !
5. **A:** (Nom), as-tu répondu à la lettre de ton frère ?
   B: Non, papa, pas encore.
   A: Et pourquoi est-ce que tu n' ____________ réponds pas ?
   B: Parce que Raymond me demande toujours de l'argent !

Position of pronouns

1. Except in the affirmative imperative, **y** and **en** and the other object pronouns directly precede the verb. If there is more than one pronoun with a verb, the order is as follows:

me										
te		**le**		**lui**						
nous	before	**la**	before	**leur**	before	**y**	before	**en**	before	*verb*
vous		**les**								
se[1]										

Me donnez-vous ces fleurs ? — Oui, je vous les donne.
Are you giving me these flowers? — Yes, I'm giving them to you.

Mettez-vous le vase sur cette table ? — Oui, je l'y mets.
Are you putting the vase on this table? — Yes, I'm putting it there.

This order is also observed with infinitives and negative imperatives.

Je vais les leur donner.
I am going to give them to them.

Il veut nous y envoyer.
He wants to send us there.

Ne le lui montrez pas !
Don't show it to him (her)!

Ne m'en donne pas.
Don't give me any.

2. In the affirmative imperative, however, the pronouns follow the verb and are joined to it by hyphens. If there is more than one pronoun with a verb, the order is as follows:

verb	before	*direct object*	before	*indirect object*	before	**y**	before **en**

Donnez-les-leur.
Give them to them.

Envoyons-les-y.
Let's send them there.

The pronouns **me** and **te** change to **moi** and **toi** in final position.

Si vous avez un secret, dites-le-moi.
If you have a secret, tell it to me.

Explique-toi !
Explain yourself!

Note that when **me, te, le,** or **la** elide with **y** or **en,** the hyphen between them disappears.

Achetez-m'en !
Buy me some!

EXERCICES

A. Imaginez que le professeur vous offre les choses suivantes. Les voulez-vous ou préférez-vous qu'il les donne à votre voisin(e) de droite ou de gauche ? Répondez selon le modèle.

[1] The reflexive pronoun **se** is treated in Chapter 4.

MODELE Voici un bonbon délicieux !
Donnez-le-moi !

Voici un serpent dangereux !
Ne me le donnez pas !

1. Voici un escargot.
2. Voici un oignon.
3. Voici un petit chat.
4. Voici un gros rat.
5. Voici une cigarette.
6. Voici une rose.
7. Voici la clé d'une nouvelle voiture.
8. Voici une pizza.

B. Répondez aux questions suivantes en employant les pronoms **lui** et **en** selon le modèle.

MODELE Donneriez-vous des fleurs au professeur ?
Oui, je lui en donnerais.
ou : *Non, je ne lui en donnerais pas !*

Donneriez-vous...

1. du whisky à une femme enceinte ?
2. de l'argent à un pauvre ?
3. du caviar à un chat ?
4. des bananes à King Kong ?
5. des bombes à un terroriste ?
6. des perruques *(wigs)* à Marie-Antoinette ?
7. du chocolat à quelqu'un qui est au régime ?
8. des vêtements à Tarzan ?

C. Répondez en employant les pronoms **leur** et **en** selon le modèle.

MODELE Parlez-vous de l'avortement à vos parents ?
Oui, je leur en parle.
ou : *Non, je ne leur en parle pas.*

1. Parlez-vous de votre vie intime à vos parents ?
2. Donnez-vous du bifteck (des carottes) aux végétariens ?
3. Donnez-vous du café (du café décaféiné) aux insomniaques ?
4. Donnez-vous des cigarettes (des bonbons) aux enfants ?
5. Donnez-vous du whisky (du lait) aux alcooliques ?
6. Offrez-vous des cadeaux (des fleurs) à vos parents ?

D. Qu'est-ce que vous aimez faire et qu'est-ce que vous n'aimez pas faire ? Répondez en employant le pronom approprié selon le modèle.

MODELE regarder la télévision
J'aime la regarder.
ou : *Je n'aime pas la regarder.*

1. manger des sardines (de la pizza)
2. aller à la bibliothèque (au cinéma, au musée)
3. faire la cuisine (le ménage)
4. critiquer les féministes (les stéréotypes, le président)
5. faire le lit (le ménage)
6. mentir au professeur (à vos amis)

Disjunctive Pronouns

Disjunctive pronouns are personal pronouns that do not form a word group with the verb (hence the name *disjunctive*).

moi	**nous**
toi	**vous**
lui	**eux**
elle	**elles**
soi	

Lui and **eux** are masculine; **elle** and **elles** are feminine. **Soi** is reflexive and indefinite, corresponding to the English *oneself* or *itself.*

Use of disjunctive pronouns

1. To respond directly to a question without using a verb:

   Qui frappe à la porte ? — Moi !
   Who's knocking at the door? — I am!

2. After a preposition:

   Il part sans elle.
   He leaves without her.

   Elle va arriver avant vous.
   She's going to arrive before you.

   But the disjunctive pronoun is used with **à** only after reflexive verbs ending in **à** (e.g., **s'intéresser à, s'habituer à, se fier à**) and a small group of expressions such as **faire attention à, penser à,** and **songer à.** In most cases **à** + *person* is replaced by an indirect object pronoun.

   Je pense à lui.
   I am thinking of him.

   Je m'intéresse à elle.
   I'm interested in her.

   BUT:

   Je lui parle.
   I'm speaking to him (to her).

   Je leur obéis.
   I obey them.

   When replacing persons after verbs or verbal expressions ending in **de** (e.g., **avoir besoin de, parler de, avoir peur de, être content de,** etc.), a disjunctive pronoun is usually used for definite nouns.

Avez-vous peur de votre mari ? — Non, je n'ai pas peur de lui !
Are you afraid of your husband? — No, I'm not afraid of him!

Etes-vous content de votre secrétaire ? — Oui, je suis content de lui (d'elle).
Are you happy with your secretary? — Yes, I'm happy with him (her).

Avez-vous besoin de Valérie et Louis ? — Oui, j'ai besoin d'eux.
Do you need Valérie and Louis? — Yes, I need them.

3. To emphasize the subject:

Toi, tu flirtes toujours !
<u>You</u> are always flirting!

Moi, je suis pour la tradition.
<u>I</u> am for tradition.

Both a disjunctive and a subject pronoun are used, except in the third person, where a disjunctive pronoun may be used alone.

Lui ne part pas !
<u>He's</u> not leaving!

Eux ne vont jamais l'accepter !
<u>They</u> will never accept it!

4. In compound subjects:

Toi et moi ferons le ménage ensemble.
Toi et moi, nous ferons le ménage ensemble.
You and I will do the housework together.

Hélène et moi faisons la vaisselle.
Hélène et moi, nous faisons la vaisselle.
Helen and I do the dishes.

In compound subjects the disjunctive pronouns are often summed up by a personal pronoun (**nous** in the above examples). If both disjunctive pronouns are of the third person, however, they are generally not summed up.

Lui et elle travaillent ensemble.
He and she work together.

5. With comparisons and the expression **ne... que** *(only)* :

Sa sœur est plus autoritaire que lui.
His sister is more overbearing than he.

Elle est si amoureuse qu'elle ne voit que lui !
She is so in love that she sees only him!

6. After **ni:**

Elle n'impressionne ni lui ni moi.
She impresses neither him nor me.

7. After **c'est** and **ce sont:**

C'est moi.
It is I.

C'est lui.
It is he.

Ce sont eux.
It is they.

Note that **ce sont** is used only with the third person plural: **ce sont elles, ce sont eux,** but **c'est nous, c'est vous.**

8. To express the emphatic *myself* (*yourself*, etc.):

Je le fais moi-même.
I do it myself.

Elles l'ont réparé elles-mêmes.
They repaired it themselves.

In this case the disjunctive pronoun is joined by a hyphen to **même,** which takes **-s** in the plural.

9. With indefinite subjects:

The indefinite disjunctive **soi** is used after prepositions in sentences with indefinite subjects like **on, chacun,** and **tout le monde;** after impersonal verbs; and in fixed indefinite expressions such as **chacun pour soi, en soi,** and **de soi.**

Chacun travaille pour soi.
Each is working for himself/herself.

Il faut être content de soi.
One must be content with oneself.

Le divorce est-il condamnable en soi ?
Is divorce to be condemned in itself?

EXERCICES

A. Remplacez les mots anglais par les **pronoms disjoints** *(disjunctive)* convenables.

1. Je m'intéresse tellement à __________ *(her) !*
2. Je n'aime que __________ *(you).*
3. __________ *(I)* ne vais jamais mentir !
4. Elles n'ont pas confiance en __________ *(themselves).*
5. On a tendance à parler de __________ *(oneself).*
6. __________ *(Paul and she)* rêvent d'une vie heureuse.
7. Elle et __________ *(I)*, nous allons nous marier l'année prochaine.
8. __________ *(It is they)* qui m'ont menacé !
9. Je pense à __________ *(her).*
10. Sa femme est plus forte que __________ *(he) !*
11. Tu tombes amoureuse de lui __________ *(yourself).*
12. Elle n'impressionne ni __________ *(them)* ni __________ *(me).*
13. Pour élever mes enfants, chérie, je n'ai que __________ *(you).*
14. __________ *(I)* dénonce la discrimination ; __________ *(you)* l'approuves !
15. Tu es moins naïve qu' __________ *(she).*
16. Marc n'a pas besoin d'Anne, mais André a besoin d' __________ *(her).*

B. Répondez en employant des **pronoms disjoints** selon le modèle.

MODELE Dînez-vous avec Georges le clochard ?
Non, je ne dîne pas avec lui.
ou : *Oui, je dîne avec lui.*

1. Est-ce que vous pensez à votre mère (au marquis de Sade, à Roméo et Juliette) ?
2. Jouez-vous avec les enfants (les terroristes, les athlètes professionnels) ?
3. Est-ce que vous vous moquez de vos parents (du professeur, du président, de la femme du président, des machos) ?
4. Est-ce que vous vous méfiez des hommes d'affaires (des criminels, des agents de police, des féministes) ?
5. Dînez-vous avec le président (le professeur) ?

C. Répondez en employant un **pronom disjoint, y** ou **en,** selon le modèle.

MODELE Avez-vous peur de l'amour ?
Oui, j'en ai peur.
ou : Non, je n'en ai pas peur.

Avez-vous peur de votre mère ?
Oui, j'ai peur d'elle.
ou : Non, je n'ai pas peur d'elle.

1. Avez-vous peur des fanatiques (des femmes coquettes, du professeur, des étrangers) ?
2. Parlez-vous de la discrimination (du harcèlement sexuel, de votre vie intime) ?
3. Avez-vous besoin de patience (d'argent, de liberté, de vos parents) ?
4. Etes-vous content(e) de vos cours (de votre vie, de vos notes, de vos camarades de classe) ?

Related Expressions

The neuter pronoun *le*

Pronouns generally replace nouns. The invariable neuter pronoun **le,** however, is used to replace an adjective or an entire phrase or clause. It is the equivalent of *it* or *so* in English, but often is not translated.

Mon frère est indépendant mais mes sœurs ne le sont pas.
My brother is independent but my sisters aren't.

Est-ce qu'elles vont réussir ? — Oui, je le crois.
Are they going to succeed? — Yes, I think so.

EXERCICES

A. Posez une question à un(e) autre étudiant(e) selon le modèle.

MODELE ambitieux
Etudiant(e) A : Es-tu ambitieux (ambitieuse) ?
Etudiant(e) B : Oui, je le suis.
ou : Non, je ne le suis pas.

1. frustré
2. autoritaire
3. critique
4. amoureux
5. doux
6. sentimental
7. libéré
8. coquet
9. modeste
10. honnête

B. Traduisez en français les mots entre parenthèses.

1. Est-ce que cet homme est autoritaire ? — Non, ____________ *(he isn't).*
2. Est-ce que votre fiancée est heureuse ? — Oui, ____________ *(she is).*
3. Les femmes sont-elles quelquefois sentimentales ? — ____________ *(They are)* quelquefois, mais les hommes ____________ *(are)* aussi.
4. Est-elle toujours jalouse ? — Non, ____________ *(she isn't).*
5. Voulez-vous que j'épouse un homme riche ? — ____________ *(I do and I don't).*

Exercices d'ensemble

I. Répondez en remplaçant les mots en italique par un pronom.

MODELE Etes-vous *mariée ?*
Je le suis.
ou : *Je ne le suis pas.*

1. Aimez-vous partager *les travaux ménagers ?*
2. Faut-il accepter ou refuser *les rôles féminins traditionnels ?*
3. Qui fait *la cuisine* chez vous ?
4. Voulez-vous avoir *des enfants ?* Si oui, combien ?
5. Aimez-vous *les hommes qui flirtent ?*
6. Caractérisez-vous ! Etes-vous *doux ? séduisant ? jaloux ? original ? indépendant ? autoritaire ? fidèle ?*
7. Avez-vous l'intention *de poursuivre une carrière ?*
8. Approuvez-vous *la limitation des naissances ?*
9. L'avortement est-il *immoral ?*
10. Impressionnez-vous *les féministes ?*
11. Respectez-vous *les clochards ?*
12. Les femmes et les hommes sont-ils *égaux* aux Etats-Unis ?
13. Qui fait *le ménage* chez vous ?
14. Avez-vous jamais envie *de tromper votre ami(e) ?*
15. Avez-vous peur *de votre professeur ?*
16. Discutez-vous *vos problèmes personnels* avec *votre ami(e) ?*
17. Rêvez-vous quelquefois *d'un amour idéal ?*
18. Connaissez-vous *des couples heureux ?*
19. Avez-vous *des amis fidèles ?*
20. Détestez-vous *les féministes ?*

II. Traduisez en français.

1. My husband and I are equal; we share the household chores.
2. Let's avoid feminine stereotypes because they aren't true.
3. She's just found a job.
4. Don't go out with him if he flirts!
5. Let's do the cooking together tonight.
6. Jean-Louis wants to get married and have a family.
7. Janine refuses traditional feminine roles.
8. How long has she been going out with David?
9. Impress me, please.
10. He's angry *(fâché)* because his girlfriend doesn't treat him like an equal.
11. That young woman wants to pursue a career and succeed professionally.
12. Renée is pregnant, but I'm not.

III. En employant l'impératif, reliez *(link)* un verbe de la première colonne à une expression de la deuxième colonne et formulez des phrases en suivant le modèle.

MODELE condamner l'avortement
Condamnons l'avortement.
Condamnons-le.
Ne le condamnons pas.

1. abolir
2. craindre
3. condamner
4. encourager
5. avoir peur de
6. décourager
7. recommander
8. dénoncer
9. défendre

la fidélité
le divorce
l'avortement
le machisme
la coquetterie des femmes
l'égalité des sexes
le harcèlement sexuel
les unions libres
la naïveté des jeunes filles
le mariage
le mouvement de libération des femmes
la chasteté
les vices des jeunes
les bébés
la famille

IV. En employant les deux colonnes de l'exercice III, reliez un verbe de la première colonne à une expression de la deuxième colonne et formulez des phrases en suivant le modèle.

MODELE recommander le mariage
Recommandez-vous le mariage?
Oui, je le recommande.
Non, je ne le recommande pas.

Sujets de discussion ou de composition

1. Une féministe essaie de convertir à sa cause une femme au foyer traditionaliste. Imaginez les arguments qu'elle va employer.
2. Imaginez que vous êtes parent et que votre fille sort régulièrement avec un jeune homme qu'elle veut épouser. Quels conseils allez-vous lui donner à propos du mariage ?
3. Nommez une femme que vous admirez et expliquez pourquoi vous l'admirez.
4. Pour les femmes : Comment voyez-vous votre place dans la société maintenant et à l'avenir ?
5. Pour les hommes : Quelle sorte de femme préférez-vous ?
6. A votre avis, y a-t-il des différences essentielles entre la mentalité féminine et la mentalité masculine ? Expliquez.

3

Nouns and Articles

La Famille

Chapter 3 at a Glance

Nouns

I. Indiquez le genre (**masculin** ou **féminin**) sans consulter le dictionnaire.

1. communication
2. biologie
3. latin
4. Californie
5. promesse
6. travail
7. moment
8. symbolisme

II. Mettez au féminin.

1. l'ami
2. l'oncle
3. l'acteur
4. le chat

III. Mettez au pluriel.

1. la mère
2. l'œil
3. le fils
4. le bijou
5. le journal
6. le feu

IV. Remplacez les mots entre parenthèses par la forme convenable de **gens, personnes** ou **peuple.**

1. ___________ *(The people)* américain respecte la famille.
2. Il y avait dix ___________ *(people)* à notre réunion de famille.
3. Ces vieilles ___________ *(people)* sont très sympathiques.

Articles

V. Traduisez en français les mots entre parenthèses.

1. ___________ *(Parents)* devraient-ils jouer avec leurs enfants ?
2. ___________ *(Little Robert)* est impossible ___________ *(in the morning)* !

VI. Situez le nom donné.

MODELE Montréal
Montréal se trouve au Canada.

1. Paris
2. La Nouvelle-Orléans
3. New York
4. Londres
5. les Champs-Elysées
6. Tokyo

VII. Remplacez les tirets par **les** ou **des.**

1. ___________ enfants ont-ils ___________ obligations envers leurs parents ?
2. J'ai ___________ tantes qui adorent ___________ chats.

VIII. Remplacez les tirets par **du, de la, des** ou **de.**

1. Il a deux sœurs mais il n'a pas __________ frères.
2. Les Mercier font beaucoup __________ sacrifices pour leurs enfants.
3. Je connais __________ enfants qui n'obéissent pas à leurs parents.
4. Ma camarade de chambre a __________ bons rapports avec sa famille.
5. Avez-vous souvent __________ disputes avec vos parents ?

IX. Remplacez les tirets par **de, des** ou **du.**

1. Quand votre famille va-t-elle revenir __________ France ?
2. Mon avion part __________ Etats-Unis la semaine prochaine.
3. Mon camarade de chambre vient __________ Canada.
4. Ma cousine vient __________ Saint Louis.

Vocabulaire du thème : *La Famille*

La Famille et le Foyer

la **famille nucléaire, élargie, monoparentale** nuclear, extended, single-parent family
le **foyer** home
fonder un foyer to set up a household
les **parents** *m* parents, relatives
le **père** father
la **mère** mother
la **mère célibataire** single mother
l' **enfant** *m, f* child
la **fille** daughter
le **fils** son
les **grands-parents** *m* grandparents
le, la **gosse** *(fam)* kid
l' **enfant** *m, f* **unique** only child
l' **aîné** *m*, **l'aînée** *f* the elder, the eldest
le **cadet** *m*, la **cadette** *f* the younger, the youngest
le **jumeau** *m*, la **jumelle** *f* twin
l' **orphelin** *m*, l'**orpheline** *f* orphan

Rapports familiaux

avoir de bons (mauvais) rapports avec to have a good (bad) relationship with
s' **entendre avec (quelqu'un)** to get along with (someone)
faire des sacrifices pour to make sacrifices for
mériter l'amour de to deserve, to earn the love of
respecter to respect
admirer to admire
faire une sortie en famille to have a family outing
ensemble together

le **fossé entre les générations** generation gap
le **manque de communication** lack of communication
se **séparer de** to break away from
la **dispute** quarrel
se **disputer** to quarrel

L'Education

l' **éducation** *f* upbringing
indulgent lenient
négliger to neglect
négligé neglected
irresponsable irresponsible
mal élevé badly brought up
gâté spoiled
ingrat ungrateful
désobéir à to disobey

sévère strict
exigeant demanding
compréhensif, compréhensive understanding
responsable responsible
bien élevé well brought up
sage well-behaved
poli polite
obéir à to obey

La Discipline

être juste (injuste) envers to be fair (unfair) to
corriger to correct
punir to punish
gronder to scold
gifler to slap
donner une fessée à to give a spanking to

EXERCICES

A. **Mise en scène.** Complétez en employant une ou plusieurs expressions du *Vocabulaire du thème*, puis jouez les dialogues.

1. **A:** Ma famille me dégoûte !
   Psychiatre : Mais pourquoi donc ?
   A: Eh bien, mon père...
   P: Continuez.
   A: Et ma mère...
   P: Je comprends. Continuez.
   A: Et mon frère cadet...
   P: Vous ne vous entendez avec personne ?
   A: Si! Je m'entends bien avec mon chat. Il est toujours gentil !
2. **A:** (nom), pourquoi est-ce que tu donnes toujours des fessées à tes enfants ?
   B: Parce qu'ils sont...
   A: Mais si tu continues à les gifler,...
   B: Tant pis ! La discipline est nécessaire pour les enfants !

B. **Situations.** Répondez en employant une ou plusieurs expressions du *Vocabulaire du thème.*

1. M. et Mme Céleste sont des parents modèles. Ils ont de très bons rapports avec leurs deux enfants, Paul et Virginie. Pouvez-vous deviner pourquoi ?
2. Sabine, qui a 18 ans, ne s'entend pas avec ses parents. Ils se disputent tout le temps ! Pouvez-vous deviner pourquoi ?

— Nicolas chéri, qu'est-ce que tu fais ?

3. Le petit Nicolas a volé le parfum de sa mère et il en a mis partout — sur son lit, sur ses vêtements, derrière ses oreilles, même sur son chien ! Vous êtes la mère de Nicolas. Qu'est-ce que vous allez faire ?

Nouns

A noun is a word used to name a person, place, or thing. Unlike English nouns, all French nouns are either masculine or feminine in gender.

Recognition of Gender

The gender of most nouns is arbitrary and must be learned. However, certain indications can be helpful.

Sex

Nouns that refer to persons and animals of the male or female sex are usually masculine and feminine, respectively.

le père	la mère
le chat	la chatte

Endings and words usually masculine

1. Nouns ending in **-ail, -eau, -ent, -ier,** and **-isme** are usually masculine.

le travail	le gouvernement	le classicisme
le couteau	le papier	

Exceptions: **l'eau** *(f)*, **la peau** *(skin)*, **la dent** *(tooth)*.

2. The names of languages, trees, metals, days, months and seasons, and adjectives used as nouns, are usually masculine.

le français	l'or *(gold)*	l'hiver
le russe	le mardi	le pauvre
le chêne *(oak)*	le (mois de) septembre	le beau

Endings and words usually feminine

1. Nouns ending in **-esse, -ette, -ie, -ion, -té,** and **-ure** are usually feminine.

la finesse	la copie	la société
la cigarette	la génération	la nourriture

Exceptions: **le génie, le parapluie** *(umbrella)*.

2. The names of natural and social sciences are usually feminine.

la biologie	la chimie
la physique	la sociologie

3. The names of continents, countries, provinces, and states ending in unaccented **e** are usually feminine.

l'Asie	la Bretagne	la Virginie
l'Angleterre	la France	la Floride

Exceptions: **le Mexique, le Maine**.

EXERCICES

A. Indiquez le genre sans consulter le dictionnaire.

1. français	7. vrai	13. manteau	19. octobre
2. partialité	8. eau	14. conception	20. allocation
3. lundi	9. botanique	15. ceinture	21. détail
4. fer *(iron)*	10. peuplier *(poplar)*	16. discernement	22. promesse
5. Louisiane	11. moment	17. latin	23. assiette
6. Afrique	12. communication	18. activité	24. communisme

B. Complétez au **temps présent.** Faites tous les accords nécessaires.

MODELE nous / aller / visiter / France, / Angleterre / et Mexique.
Nous allons visiter la France, l'Angleterre et le Mexique.

1. romantisme / être / mouvement / littéraire.
2. tradition / jouer / rôle / important / dans / société / français.
3. mes / enfants / étudier / grec, / latin / et / géographie.
4. éducation / français / être / très différent de / éducation / américain.

C. Préparez une liste de cinq mots et demandez à un(e) autre étudiant(e) d'en identifier le genre sans consulter le dictionnaire. (Si vous en avez besoin, consultez le vocabulaire à la fin du livre.)

Formation of the Feminine Singular

Feminine nouns derived from the masculine

1. French nouns usually form the feminine singular by adding an unaccented **e** to the masculine singular.

Masculine singular	Feminine singular
un avocat	une avocat**e**
un orphelin	une orphelin**e**
un Français	une Français**e**

2. Nouns with certain endings form the feminine in other ways.

Ending	Masculine	Feminine
el } → **elle**	Gabriel	Gabrielle
eau } → **elle**	jumeau	jumelle
en → **enne**	lycéen	lycéenne
on → **onne**	baron	baronne
et → **ette**	cadet	cadette
eur → **euse**	danseur[1]	danseuse
teur → **trice**	acteur[2]	actrice
er → **ère**	écolier	écolière
x → **se**	époux	épouse
f → **ve**	veuf *(widower)*	veuve *(widow)*

Feminine nouns not derived from the masculine

The feminine of some common nouns is not derived regularly from the masculine and simply must be learned.

[1] Like **danseur:** other nouns derived from the present participle (**buvant, buveur**), such as **chanteur, flatteur, menteur, trompeur, travailleur,** etc.

[2] Like **acteur:** other nouns ending in **-teur** that are not derived from the present participle: **auditeur, conducteur, directeur, instituteur,** etc.

Masculine	Feminine
le fils	la fille
le frère	la sœur
le mari	la femme
le neveu	la nièce
l'oncle	la tante
le père	la mère
le roi	la reine
le dieu	la déesse
le héros	l'héroïne

Nouns without a separate feminine form

1. Many masculine nouns indicating professions previously associated with males do not have a feminine form.[1]

auteur	ingénieur	ministre
diplomate	juge	peintre
écrivain	médecin	professeur

The feminine of these nouns is often indicated by using a feminine personal pronoun in the sentence, or by placing the word **femme(s)** before or after the noun.

J'aime mon professeur parce qu'elle est sympathique.
I like my teacher because she's nice.

Il y a trois femmes écrivains dans la famille.
There are three women writers in the family.

2. Some nouns indicating persons form the feminine by simply using the feminine article **la** or **une.** Many of these nouns end in unaccented **e.**

architecte	dentiste	pianiste
artiste	élève	secrétaire
athlète	enfant	touriste
célibataire	journaliste	

EXERCICES

A. Mettez au féminin.

1. le menteur	5. le dieu	9. le chanteur	13. le Juif
2. le chien	6. l'aîné	10. le fils	14. l'infirmier
3. l'Italien	7. le cousin	11. le cadet	15. le héros
4. le conducteur	8. le frère	12. le chat	16. le neveu

[1] Actual usage is tending to feminize some of these nouns by using the articles **la** and **une,** e.g., *la ministre.*

B. Vrai ou Faux ? Indiquez si vous êtes d'accord ou non avec les phrases suivantes. Si non, corrigez-les.

1. Ma tante est la sœur de mon père ou de ma mère.
2. Ma cousine est le fils de mon frère ou de ma sœur.
3. Mon neveu est le fils de ma sœur ou de mon frère.
4. Mon grand-père est le père de ma tante.
5. Mon cousin est le fils de ma sœur et de mon frère.
6. Mon oncle est le frère de mon cousin.
7. Ma grand-mère est la sœur de ma mère ou de mon père.

C. Identifiez les personnages suivants.

MODELE Homère
Homère était poète.

1. Le Corbusier
2. Edith Piaf
3. Honoré de Balzac
4. Simone de Beauvoir
5. Laurence Olivier
6. Louis XIV
7. Picasso
8. Marie-Antoinette
9. René Descartes
10. Sarah Bernhardt

D. Préparez une liste de trois personnes célèbres et demandez à un(e) autre étudiant(e) d'identifier leur profession.

Des enfants heureux

Formation of the Plural

The plural with *s*

The plural of French nouns is generally formed by adding **s** to the singular. A noun that already ends in **s** in the singular will not change in the plural.

la fille	les filles
le fils	les fils

Names of families do not take **s** in the plural.

Je suis allé chez les Dupont hier.
I went to the Duponts' yesterday.

The plural with *x* or *z*

1. Nouns with certain endings form the plural in **x** or **z.**

Change	Singular	Plural
al → **aux**[1]	le cheval	les chevaux
au → **aux**	le noyau *(stone of a fruit)*	les noyaux
eau → **eaux**	le couteau	les couteaux
eu → **eux**	le neveu	les neveux
x (no change)	le prix	les prix
z (no change)	le nez	les nez

2. Seven nouns ending in **-ou** form the plural in **x.**

le bijou *jewel*	**les bijoux**	le hibou *owl*	**les hiboux**
le caillou *pebble*	**les cailloux**	le joujou *toy*	**les joujoux**
le chou *cabbage*	**les choux**	le pou *louse*	**les poux**
le genou *knee*	**les genoux**		

Irregular plurals

A small group of common nouns have unusual plurals.

[1] The nouns **le bal, le récital, le carnaval,** and **le festival** add **s** to form the plural.

Singular	Plural
le ciel	**les cieux**
l'œil	**les yeux**
le travail	**les travaux**
madame	**mesdames**
mademoiselle	**mesdemoiselles**
monsieur	**messieurs**

The Plural of Compound Nouns

A compound noun is a noun formed by two or more words connected by a hyphen: **le grand-père, le premier-né.** The formation of the plural depends on the words that make up the compound noun. As a rule, only nouns and adjectives can be made plural in a compound noun, the other elements—verbs, adverbs, prepositions, pronouns—being invariable. Since this rule has many exceptions, the plural of compound nouns should always be checked in a dictionary. Here are the plurals of some common ones:

le beau-fils *stepson, son-in-law*	**les beaux-fils**	la belle-fille *stepdaughter*	**les belles-filles**
le beau-frère *brother-in-law*	**les beaux-frères**	le grand-parent *grandparent*	**les grands-parents**
la belle-sœur *sister-in-law*	**les belles-sœurs**	le premier-né *firstborn (child)*	**les premiers-nés**
le beau-père *father-in-law, stepfather*	**les beaux-pères**	le dernier-né *last child*	**les derniers-nés**
la belle-mère *mother-in-law, stepmother*	**les belles-mères**	le nouveau-né *newborn child*	**les nouveau-nés**
le demi-frère *stepbrother*	**les demi-frères**	la demi-sœur *stepsister*	**les demi-sœurs**
le grand-père *grandfather*	**les grands-pères**	le pique-nique *picnic*	**les pique-niques**
la grand-mère *grandmother*	**les grands-mères**	le réveille-matin *alarm clock*	**les réveille-matin**

EXERCICES

A. Mettez au pluriel.

1. madame
2. le carnaval
3. le fou
4. le ciel
5. le tapis
6. le feu
7. le tableau
8. la grand-mère
9. le pique-nique
10. l'œil
11. le général
12. la croix
13. le beau-frère
14. le manteau
15. le nez

A table

B. Mettez les phrases suivantes au pluriel. Faites tous les changements nécessaires.

1. Il y a un joujou sous le genou de mon neveu.
2. L'œil de ma fille est très beau.
3. Ce chou n'est pas un bijou !
4. Il y a un cheveu sur la tête de ce nouveau-né.

C. Traduisez en français, puis jouez le dialogue avec un(e) camarade de classe.

A: Do you get along well with your stepfather?
B: Yes, I have a good relationship with him. He's demanding but very fair.
A: And your stepsister?
B: Her? She's impossible!

Related Expressions

In French, a number of words are used to express the word *people.*

les gens

The word **gens** is a collective plural meaning *people.* It is unusual in that it is feminine if an adjective precedes it, but masculine if an adjective follows it.

Il faut aider les vieilles gens.
One must help old people.

Ce sont des gens courageux.
They are courageous people.

Note also that **jeunes gens** *(young people)* is used as the plural of **jeune homme** (**jeunes hommes** is rarely used).

Ces jeunes gens ont des liens de famille étroits.
These young men have close family ties.

les personnes

Les personnes *(f)* usually indicates a small number of people who can be counted (the collective noun **gens** cannot be counted).

J'ai rencontré plusieurs personnes intéressantes chez les Pelletier.
I met several interesting people at the Pelletiers'.

le peuple

Le peuple refers to those who constitute a nation. It also can have the somewhat pejorative meaning of *the masses, the common people.*

Le peuple français a élu un nouveau chef d'état.
The French people elected a new leader.

Sans une presse libre, le peuple est ignorant.
Without a free press, the masses are ignorant.

EXERCICE

Remplacez les mots entre parenthèses par la forme convenable de **gens, personnes** ou **peuple.**

1. ____________ *(The people)* du quartier trouvent cette famille un peu bizarre.
2. Plusieurs ____________ *(people)* m'ont demandé le prix de ce joujou.
3. ____________ *(The American people)* est souvent généreux.
4. Il y a des ____________ *(people)* qui négligent leurs enfants.
5. J'ai invité cinq ____________ *(people)* à dîner.
6. Les vieilles ____________ *(people)* ressemblent souvent aux enfants.
7. Parfois les jeunes ____________ *(men)* font très bien la cuisine.
8. Combien de ____________ *(people)* vont venir déjeuner chez nous cet après-midi ?
9. Je n'aime pas les ____________ *(people)* qui se disputent toujours.

Articles

An article is a word placed before a noun to indicate its number and degree of determination. There are three kinds of articles in French: definite, indefinite, and partitive.

The Definite Article

	Simple form	with *à*	with *de*
masculine singular	le	au	du
feminine singular	la	à la	de la
plural	les	aux	des

The elided form **l'** replaces **le** and **la** before singular nouns and adjectives beginning with a vowel or mute **h: l'enfant, l'hôtel, l'autre gosse.** The definite article has varied uses in French.

To indicate a particular noun

Here the French definite article is used like *the* in English.

La mère a oublié la moutarde et l'eau minérale pour le pique-nique.
The mother forgot the mustard and the mineral water for the picnic.

In French the article is generally repeated after each noun in a series, whereas in English often it is not.

Je ne peux pas trouver le pain, le vin et le fromage !
I can't find the bread, wine, and cheese!

Before nouns used in a general sense

Here usage differs from English, which uses no article at all in generalizations and abstractions.

La vie est difficile.
Life is difficult.

L'histoire me passionne.
History excites me.

Les femmes sont aussi ambitieuses que les hommes.
Women are just as ambitious as men.

Since noun objects following the verbs **adorer, aimer, détester,** and **préférer** are usually understood in a general sense, the definite article is almost always used with these nouns.

Louise aime les bonbons.
Louise likes candy.

Mes parents préfèrent les enfants sages.
My parents prefer well-behaved children.

With temporal expressions

The singular definite article is used with days of the week, and with the nouns **matin, après-midi,** and **soir,** to indicate habitual recurrence.[1]

Papa nous emmène au cinéma le vendredi.
Dad takes us to the movies on Fridays.

En été notre famille fait un pique-nique le dimanche.
In the summer our family goes on a picnic on Sundays.

Je fais le lit le matin et elle fait la vaisselle le soir.
I make the bed in the morning and she washes the dishes at night.

Note, however, that when a particular day is indicated, the article with the day is omitted.

Ces gosses sont ravis parce que les vacances commencent vendredi.
These kids are delighted because vacation begins Friday.

With proper nouns

1. The definite article is used with proper nouns preceded by a title or an adjective.

   Le général de Gaulle a gouverné la France.
   General de Gaulle governed France.

   Dans ce roman de Balzac, le vieux Goriot fait beaucoup de sacrifices pour ses filles ingrates.
   In this novel by Balzac, old Goriot makes many sacrifices for his ungrateful daughters.

   Otherwise, proper nouns are used without the article.

   Anne-Marie est une mère célibataire.
   Anne-Marie is a single mother.

2. The definite article is not used before a title, if one is speaking to the person directly.

   Docteur Leblond, comment va notre enfant ?
   Doctor Leblond, how is our child?

With units of weight and measure

Ces bonbons coûtent vingt francs le kilo.
These candies cost twenty francs a kilogram.

Les œufs coûtent dix francs la douzaine.
Eggs cost ten francs a dozen.

[1] For the use of the definite article with days and dates, see appendix.

But note these related expressions:

1. frequency or amount per unit of time = **par** + *noun*

   Je vais à New York deux fois par an (mois, semaine, etc.).
   I go to New York twice a year (month, week, etc.).

   Nous gagnons trente dollars par jour.
   We earn thirty dollars a day.

2. money per hour = **de l'heure**

   Mon fils gagne quatre dollars de l'heure pendant les grandes vacances.
   My son earns four dollars an hour during summer vacation.

3. speed per hour = **à l'heure**

   La voiture roulait à 130 kilomètres[1] à l'heure !
   The car was traveling at 130 kilometers an hour!

EXERCICES

A. Traduisez les mots entre parenthèses.

1. ____________ *(Professor)* Pasteur dîne chez nous ____________ *(on Mondays)*.
2. Abraham Lincoln est né ____________ *(on February 12)*.
3. ____________ *(Strict parents)* corrigent très souvent leurs enfants.
4. ____________ *(Doctor)* Janvier sera absent ____________ *(Saturday)* parce qu'il est malade.
5. Comment ! Vous avez payé cette viande quatre dollars ____________ *(a pound) ?*
6. ____________ *(Little Thérèse)* est toujours impossible ____________ *(in the morning)*.
7. ____________ *(Children)* sont parfois plus exigeants que leurs parents !
8. Elle rencontre son ami ____________ *(on Sundays)*.
9. ____________ *(Doctor)* Lachance, quand est-ce que vous allez vous marier ?

B. Complétez au présent et remplacez le tiret par un **chiffre.**

MODELE Je / étudier / français / ____________ fois / semaine.
J'étudie le français quatre fois par semaine.

1. Je / nettoyer / ma / chambre / ____________ fois / mois.
2. Je / rouler / à ____________ kilomètres / heure / sur / autoroute.
3. Je / gagner / ____________ dollars / heure.
4. Les cigarettes / coûter / ____________ dollars / paquet.

[1] un mile = 1,6 kilomètres

The Definite Article with Geographical Names

The definite article is used with most geographical names (continents, countries, provinces, states, mountains, rivers, oceans, etc.): **l'Afrique, la France, la Normandie, le Massachusetts, la Seine, la Nouvelle-Zélande.**

Le Mexique est riche en pétrole.
Mexico is rich in oil.

La Seine est polluée.
The Seine is polluted.

The definite article is not used with cities unless it forms an integral part of the name: **Le Havre, La Haye** *(The Hague)*, **La Nouvelle-Orléans.**

Boston est une ville historique.
Boston is a historical city.

Le Havre est un port important.
Le Havre is an important port.

To and *in* with geographical names

1. With cities

The preposition **à** alone is used before names of cities.

Nous comptons passer nos vacances à Paris et à Londres.
We intend to spend our vacation in Paris and London.

The names of cities that include the article make the normal contraction with **à.**

Demain je vais au Havre.
Tomorrow I'm going to Le Havre.

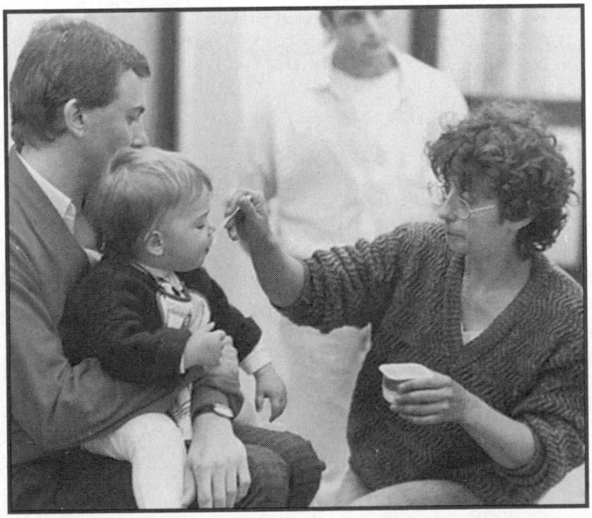

Mange, mon enfant.

2. With states

   En is used before the feminine states of the union (i.e., **Californie, Caroline du Nord, Caroline du Sud, Floride, Géorgie, Louisiane, Pennsylvanie, Virginie, Virginie de l'Ouest**) : **dans** + *definite article*, or the expression **dans l'état de**, is often used before masculine states (i.e., those not ending in unaccented **e**).

   Si vous avez froid l'hiver, allez en Floride ou en Californie.
   If you are cold in winter, go to Florida or California.

   Elle est née dans l'état de New York.
   She was born in New York.

   Mon père est né dans le Kentucky.
   My father was born in Kentucky.

   Exceptions: **au Texas, au Nouveau-Mexique, dans le Maine, dans le New Hampshire.**

3. With countries

   En is used before continents and feminine countries, and before masculine singular countries beginning with a vowel.

   Je l'ai rencontré en France.
   I met him in France.

   Michel a rendu visite à ses parents en Israël.
   Michael visited his parents in Israel.

   Je vais voyager en Asie et en Europe.
   I'm going to travel to Asia and Europe.

   The preposition **à** + *definite article* (**au, aux**) is used before plural names of countries, and masculine singular countries beginning with a consonant.

   Les enfants sont-ils gâtés aux Etats-Unis ?
   Are children spoiled in the United States?

   Je vais au Portugal.
   I'm going to Portugal.

From with geographical names

In French, *from* is expressed by **de** alone before most feminine singular geographical names, and before islands and cities. *From* is expressed by **du** before masculine singular names, and by **des** before all plural names.

D'où venez-vous, des Etats-Unis ou de France ?
Where do you come from, the United States or France?

Toute ma famille vient du Japon.
My whole family comes from Japan.

Je viens de rentrer de Paris.
I have just returned from Paris.

EXERCICES

A. Situez le nom donné.

MODELE Rome
Rome se trouve en Italie.

1. Tokyo
2. San Francisco
3. Miami
4. Detroit
5. le Vatican
6. les Nations Unies
7. Moscou
8. Houston
9. la vallée de la Loire
10. Tel-Aviv
11. la Chine
12. Québec

B. Dans quel pays ou quelle ville êtes-vous...

1. si vous êtes en train de visiter l'Arc de Triomphe ?
2. si vous portez un kimono ?
3. si tout le monde parle chinois ?
4. si vous montez dans la statue de la Liberté ?
5. si tout le monde parle espagnol ?
6. si vous êtes en train de manger beaucoup de spaghettis ?
7. si vous prenez une photo du Kremlin ?
8. si vous faites des courses à Montréal ?

C. Préparez deux questions originales comme celles de l'exercice B et posez-les à un(e) autre étudiant(e).

D. Remplacez les tirets par **de, des, d'** ou **du.**

1. Mes parents viennent __________ Argentine.
2. Mon oncle revient __________ Etats-Unis.
3. Quand l'avion partira-t-il __________ New York ?
4. Nos voisins reviennent __________ Mexique.
5. Ma tante Marie est arrivée __________ Canada hier.

E. De quel pays viennent probablement les personnes suivantes ? Répondez en employant les pays de la colonne de droite.

MODELE Luigi Fiorentini Italie
Il vient d'Italie.

1. Maria Garcia	Allemagne
2. Dimitrios Politakis	Mexique
3. Colleen O'Flanagan	Japon
4. Angelina Carifio	Etats-Unis
5. Horst Heine	Russie
6. Micheline Duchamp	Angleterre
7. Sally Jones	Grèce
8. Misako Kyoto *(f)*	France
9. Ivan Raskolnikov	Italie
10. Maxwell Hamilton	Irlande

F. Préparez une liste de quatre personnes fictives comme celles de l'exercice E et demandez à la classe de quels pays viennent probablement leurs parents.

The Indefinite Article

	Singular	Plural
masculine	un	des
feminine	une	des

In the singular, the indefinite article in French expresses the English indefinite articles *a* and *an*. In the plural, the indefinite article is translated by *some* or *any* in English, or often by no word at all.

Nous avons un fils de quinze ans.
We have a fifteen-year-old son.

Mon fils a acheté des pommes et des oranges.
My son bought (some) apples and oranges.

Unlike in English, the indefinite article in French is normally repeated before each noun in a series.

Je vois un homme, une femme et un enfant.
I see a man, woman, and child.

The Partitive Article

	Singular	Plural
masculine	du de l'	des
feminine	de la de l'	des

As its name indicates, the partitive article designates a part of the whole represented by the noun. English does not possess a partitive article, but expresses the partitive notion by placing *some* or *any* before the noun, or by using the noun alone.

Achetez-moi du pain et du vin, s'il vous plaît.
Buy me some bread and wine, please. or:
Buy me bread and wine, please.

Avez-vous des épinards ?
Do you have any spinach? or:
Do you have spinach?

Note that **de (d')** usually replaces the indefinite and the partitive article in the negative.

Avez-vous une voiture ? — Non, je n'ai pas de voiture.
Do you have a car? — No, I don't have a car.

Avez-vous des frères ? — J'ai une soeur mais je n'ai pas de frères.
Do you have brothers? — I have a sister but I don't have any brothers.

Votre sœur a-t-elle de l'ambition ? — Non, elle n'a pas d'ambition.
Does your sister have ambition? — No, she has no ambition.

Before an adjective preceding a plural noun

Before a plural adjective, **de** is used instead of **des.**[1]

Ils ont de beaux enfants.
They have beautiful children.

Des is used, however, if the adjective and the plural noun form a unity: **les petits pois** *(peas)*, **les jeunes filles, les jeunes gens.**

Je connais des jeunes filles qui ne veulent pas se marier.
I know some girls who don't want to get married.

quelques

The adjective **quelques** is the equivalent of the expression *a few.*

Maman, as-tu quelques dollars ?
Mom, do you have a few dollars?

EXERCICES

A. Remplacez les tirets par **du, de la, des** ou **de (d').**

1. M. Maquet a ____________ fils remarquables.
2. Notre père avait ____________ bons rapports avec nous.
3. Connaissez-vous ____________ jeunes gens responsables ?
4. Nous avons entendu ____________ belle musique dans cette église.
5. Nos parents ont fait ____________ grands sacrifices pour nous.
6. Ce couple n'a pas ____________ enfants.

B. Traduisez en français.

1. I have some friends.
2. I have a few friends.
3. I have friends.
4. Do you have any friends?

[1] Although this rule is followed by many cultivated speakers and writers, the use of **des** + *adjective* + *plural noun* is becoming increasingly popular and is not, in fact, considered incorrect.

5. I have good friends.
6. I have no friends.
7. I don't have any friends.

C. Demandez à un(e) autre étudiant(e) ce qu'il (elle) mange ou boit, en employant **du, de la** ou **des** selon le modèle.

MODELE les sardines
Etudiant(e) 1 : *Manges-tu des sardines ?*
Etudiant(e) 2 : *Oui, je mange des sardines.*
ou : *Non, je ne mange pas de sardines.*

le jus de tomate
Etudiant(e) 1 : *Bois-tu du jus de tomate ?*
Etudiant(e) 2 : *Oui, je bois du jus de tomate.*
ou : *Non, je ne bois pas de jus de tomate.*

1. les escargots
2. le café express
3. le caviar
4. le vin français
5. la soupe à l'oignon
6. la pizza
7. les cuisses de grenouille
8. les croissants
9. les omelettes
10. le lait

Des or *Les* ? The Indefinite Article Versus the Definite Article

The distinction between the plural indefinite article (**des**) and the plural definite article used in the general sense (**les**) may sometimes be confusing. A convenient rule of thumb is to insert in the sentence the word *some* or *any* as a test for the indefinite article, and *all* or *in general* as a test for the definite article. The word that fits most naturally *without changing the sentence's meaning* indicates the appropriate article.

Men are mortal.
All men or *some* men? Clearly, *all* men, since *some* would change the meaning of the sentence. The definite article is therefore appropriate:
Les hommes sont mortels.

Do you have brothers?
All or *any* brothers? Clearly, *any* brothers, since *all* brothers is awkward and does not convey the meaning of the sentence. The indefinite article is therefore appropriate:
Avez-vous des frères?

EXERCICES

A. Remplacez les tirets par la forme convenable de l'**article défini** ou de l'**article indéfini.**

1. Je déteste[7] __________ disputes.
2. Nos parents ont __________ idées intéressantes.
3. Ma mère préfère __________ enfants bien élevés.
4. Les Dupont ont __________ problèmes avec leur aîné.
5. J'aime __________ enfants sages.
6. __________ enfants n'aiment pas __________ parents sévères.
7. Avez-vous __________ enfants parfaits ?
8. __________ adolescents ont parfois besoin de solitude.
9. Je ne peux pas sortir parce que j'ai __________ devoirs à faire.
10. Est-ce que __________ jumeaux se ressemblent toujours ?

B. Traduisez en français, puis jouez les dialogues.

1. **A:** Do you have brothers?
   B: Yes.
   A: Do you have sisters?
   B: Yes. And you?
   A: I am an only child. I only have parents!
2. **A:** I hate stereotypes.
   B: So do I *(Moi aussi)*. "Only children are spoiled!"
   A: "Orphans are sad!"
   B: "Parents are always right!"
   A: "Stereotypes are stupid!"

Omission of the Article

Under certain circumstances, nouns may be used in French without any article at all. It is important to note that in all the cases that follow, the noun is understood in an indefinite sense, and not in a specific sense.

After certain expressions ending in *de*

1. After expressions of quantity

   After expressions of quantity such as **beaucoup de, combien de, trop de, peu de, plus de, assez de, une boîte de, un sac de, un million de, une douzaine de,** etc., no article is used.

[7] Remember that after the verbs **adorer, aimer, détester,** and **préférer,** the definite article is almost always used because the noun is usually considered in the general sense.

Souriez !

Beaucoup de mères croient que leurs enfants sont parfaits.
Many mothers think that their children are perfect.

Il y avait peu de disputes chez nous.
There were few quarrels at our house.

However, **de** + *definite article* (**du, de la, de l', des**) is used with certain expressions: **bien de, la plupart de, la plus grande partie de,** and **la majorité de.**

La majorité des étudiants sont sérieux.
The majority of students are serious.

La plupart des enfants aiment l'école.
Most children like school.

2. After **ne... pas de** and other general negations

Like all expressions of quantity, the negative expression of quantity **ne... pas de** is followed directly by an indefinite noun without an article. Remember that **ne... pas de** may be the negative of both the partitive article (**du, de la, de l', des**) and the indefinite article (**un, une, des**).

Cette fille pauvre a-t-elle des jouets ? — Non, elle n'a pas de jouets.
Does this poor girl have any toys? — No, she doesn't have any toys.

Avez-vous un frère ? — Non, je n'ai pas de frère.
Do you have a brother? — No, I don't have a brother.

De without an article is also used after other negative expressions like **ne... plus** and **ne... jamais.**

Jean a-t-il toujours de l'ambition ? — Non, il n'a plus d'ambition.
Does John still have ambition? — No, he no longer has any ambition.

Il n'a jamais gagné d'argent.
He has never earned any money.

But the normal indefinite and partitive forms are used after **être** in the negative.

Ce ne sont pas des enfants sages !
They are not well-behaved children!

Ce n'est pas une bonne idée !
It's not a good idea!

3. After verbal and adjectival expressions with **de**

   No article is used after verbal and adjectival expressions ending in **de,** such as **avoir besoin de** *(to need)*, **avoir envie de** *(to feel like)*, **manquer de** *(to lack)*, **remplir de** *(to fill with)*, **entouré de** *(surrounded by)*, **plein de** *(full of)*, and **couvert de** *(covered with)*.

   Cette mère célibataire a besoin de courage.
   That single mother needs courage.

   Mon frère manque de prudence.
   My brother lacks prudence.

4. After **de** + *noun* used to qualify another noun

   In French, when a noun qualifies another noun, it follows that other noun and is joined to it by **de;** no article is used after **de.**

   une robe de soie
   a silk dress

   un guide de voyage
   a travel guide

   la maison de campagne
   the country house

   des souvenirs d'enfance
   childhood memories

After *avec* and *sans*

After the prepositions **avec** (with abstract nouns only) and **sans,** no article is used.

La famille a adopté l'enfant avec enthousiasme.
The family adopted the child enthusiastically.

Est-ce qu'un ménage sans enfants est incomplet ?
Is a household without children incomplete?

But if the noun with **avec** is not abstract, the partitive is used.

Mon frère est allé jouer au tennis avec des amis.
My brother went to play tennis with friends.

With languages after *parler* and *en*

No article is used if the verb **parler** or the preposition **en** are directly followed by the name of a language.

Je parle russe.
I speak Russian.

Je ne peux pas lire cet article écrit en français.
I can't read this article written in French.

When **parler** is followed by **pas,** no article is used. When other adverbial expressions intervene between **parler** and the name of a language, the article may or may not be used.

Elle ne parle pas chinois.
She doesn't speak Chinese.

Ma femme parle couramment (le) portugais.
My wife speaks Portuguese fluently.

Vous parlez très bien (le) japonais !
You speak Japanese very well!

Note that languages do not take a capital letter in French.

With qualifying nouns after *être*

No article is used when nouns designating profession, nationality, political allegiance, religion, or social class follow the verb **être.**

Mon père est employé de bureau.
My father is an office worker.

Sa grand-mère est américaine.
His grandmother is an American.

Son père est communiste.
His father is a Communist.

Ils sont catholiques.
They are Catholics.

Il est avocat, mais ses amis sont ouvriers.
He is a lawyer, but his friends are workers.

The indefinite article is used, however, when the sentence begins with **c'est** or **ce sont.** It is also usually used when the noun is modified by an adjective.

C'est un docteur.
He is a doctor.

Le Corbusier était un excellent architecte.
Le Corbusier was an excellent architect.

Remember that the article is retained after **ce n'est pas** and **ce ne sont pas.**

Ce n'est pas un docteur.
He is not a doctor.

Ce ne sont pas des amis.
They are not friends.

Note that in all the cases just covered, where a noun is used without any article, that noun is understood in an indefinite sense. If the noun is particularized in any way, an article must be used.

J'ai mangé trop de gâteau !
I ate too much cake.

BUT:

J'ai trop mangé du gâteau que vous m'avez donné !
I ate too much of the cake you gave me.

Cet enfant a besoin de jouets.
This child needs toys.

BUT:

Cet enfant a besoin des jouets de son frère.
This child needs his brother's toys.

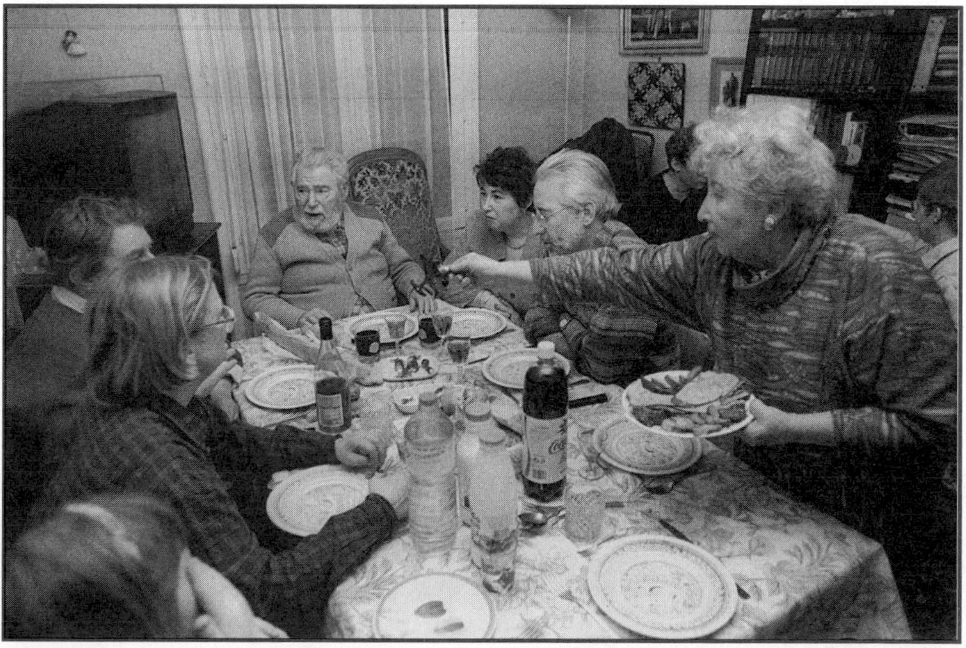

Au dîner

Balzac est écrivain.
Balzac is a writer.

BUT:

Balzac est un écrivain célèbre.
Balzac is a famous writer.

EXERCICES

A. Trouvez-vous les choses, les personnes ou les qualités suivantes dans votre famille ? Répondez en employant **beaucoup de, trop de, assez de, peu de** ou **ne... pas** selon le modèle.

MODELE l'amour
Il y a beaucoup d'amour (assez d'amour, peu d'amour, etc.) dans ma famille.

1. les enfants
2. les plantes
3. les disputes
4. la tolérance
5. les magazines
6. les animaux
7. la tendresse
8. l'humour

B. Qu'est-ce que les personnes suivantes n'ont pas ?

1. un orphelin
2. un nouveau-né
3. un pauvre
4. une femme divorcée
5. un enfant unique

C. Formulez une expression nouvelle en employant un mot de la colonne de gauche, la préposition **de** et un mot de la colonne de droite selon le modèle.

MODELE une tasse thé
une tasse de thé

1. une robe	anglais
2. une assiette	foie
3. un professeur	satin
4. un pâté	science-fiction
5. une femme	coton
6. une chemise	porcelaine
7. un écrivain	affaires

D. De quoi les personnes suivantes ont-elles besoin ? Répondez selon le modèle.

MODELE les enfants gâtés
Les enfants gâtés ont besoin de discipline (de fessées, de parents exigeants).

1. les nouveau-nés
2. les professeurs
3. les skieurs
4. les nageurs
5. les alcooliques
6. les étudiants
7. les parents
8. les personnes âgées

E. Traduisez en français, puis jouez les dialogues.

1. **A:** Mark is a doctor, isn't he?
   B: No, he's a lawyer.
   A: But I'm sure he's a doctor!
   B: You're wrong.
2. **A:** Do you take your coffee with milk or sugar?
   B: With sugar but without milk.
   A: And your tea?
   B: With milk but without sugar.
   A: But that's not logical!
   B: Is life logical?

F. Remplacez les tirets, si nécessaire, par **un** ou **une.**

1. J. P. Morgan était __________ banquier bourgeois.
2. Ma mère est __________ socialiste, mais mon père est __________ communiste fervent !
3. Etes-vous __________ étudiant sérieux ?
4. De Gaulle était __________ général.
5. Edith Piaf était __________ très bonne chanteuse.
6. Je veux être __________ artiste, mais mes parents veulent que je sois __________ médecin !
7. M. Lesage n'est pas __________ professeur exigeant.
8. Est-elle __________ protestante ?

Exercices d'ensemble

I. Indiquez le genre sans consulter le dictionnaire.

1. espagnol
2. mariage
3. bonté
4. dimanche
5. imagination
6. brusquerie

7. Belgique
8. culture
9. pin *(pine tree)*
10. été
11. trompette
12. Floride
13. cynisme
14. politesse
15. vitrail

II. Mettez les mots en italique au pluriel.

1. Le père a donné une fessée *au jumeau.*
2. Mon frère n'aime pas *le travail manuel.*
3. M. Dupuy a mal *au genou.*
4. Quand j'étais enfant, j'avais *un cheval.*
5. Ma tante a regardé *le bijou* de ma mère avec intérêt.
6. Voulez-vous répéter *le prix* de ces vêtements, s'il vous plaît ?
7. Invitons *notre beau-frère* à déjeuner.
8. Vous rappelez-vous *notre pique-nique* ensemble ?
9. Vous êtes trop injuste envers *votre neveu américain !*

III. Dans l'histoire suivante, remplacez les tirets, si nécessaire, par la forme convenable de l'article (**défini, indéfini** ou **partitif**) ou par **de.**

1. ____________ membres de ma famille sont faciles à décrire.
2. Ma mère est ____________ femme au foyer.
3. Mon père est ____________ avocat célèbre.
4. Tous les deux sont ____________ catholiques et ____________ républicains.
5. Ils parlent couramment ____________ français et ____________ anglais.
6. Mon père est ____________ républicain très sérieux ; il travaille même pour ____________ parti républicain.
7. Et moi ? Je suis bien élevé maintenant, mais j'étais ____________ enfant très gâté !
8. Quand j'étais petit, mes parents ne me donnaient pas ____________ fessées.
9. Puisque mon éducation était négligée, j'étais vraiment ____________ enfant impossible !
10. Je fumais ____________ cigarettes dans ma chambre à l'âge de treize ans.
11. Je rentrais très tard ____________ soir.
12. Quand mon professeur ____________ français m'appelait, je dormais !
13. Je sortais avec ____________ garçons et ____________ filles très mal élevés.
14. Mes parents ont finalement vu que je manquais ____________ respect pour eux et que j'avais besoin ____________ discipline.
15. Heureusement, j'avais assez ____________ intelligence pour comprendre qu'il fallait changer mes mauvaises habitudes.
16. Il n'y a plus ____________ manque de communication entre mes parents et moi.
17. Maintenant je suis ____________ avocat, ____________ catholique et ____________ républicain !

IV. Traduisez en français.

1. Do American parents often scold their children?
2. She has cousins who live in Mexico.
3. I have a good relationship with my parents.
4. Many parents do not make sacrifices for their children.
5. The Merciers like to have family outings on Sundays.
6. My stepbrother wants to be a teacher.
7. Doctor Colbert is not fair to his eldest son.
8. Can strict parents correct their children with love?
9. She doesn't speak French, but she speaks English very well.
10. Children obey their parents if they respect them.
11. My sisters always quarrel!
12. My father is happy when he is surrounded by his extended family.

Sujets de discussion ou de composition

1. Discutez le pour et le contre : le fossé entre les générations est inévitable.
2. Les parents et les enfants peuvent-ils être de véritables amis ?
3. Discutez le pour et le contre : la famille est une institution en train de mourir.
4. Discutez le pour et le contre : un enfant est négligé si ses parents travaillent.
5. Quelles sont les obligations des parents envers leurs enfants et les obligations des enfants envers leurs parents ?
6. Décrivez votre famille (membres, rapports, intérêts, etc.).

4

Reflexives, *Passé Composé*, and Imperfect

Ville et Campagne

Chapter 4 at a Glance

Reflexive verbs

I. Complétez au **présent.**

1. je (se laver)
2. tu (se coucher)
3. elle (s'habiller)
4. nous (se parler)
5. vous (s'endormir)
6. ils (se téléphoner)

II. Mettez au **négatif.**

1. Asseyez-vous.
2. Dépêche-toi !
3. Marions-nous !

III. Traduisez en français.

1. They listen to each other.
2. We look at each other.

IV. Traduisez en français les verbes entre parenthèses en employant **se rappeler** et **se souvenir de.**

1. ___________ *(We remember)* la pollution à Los Angeles.
2. Oui, ___________ *(I remember)* Geneviève!

The *passé composé* and the imperfect

V. Mettez les verbes au passé composé en faisant l'accord du participe passé, s'il y a lieu.

1. nous (visiter)
2. ils (entendre)
3. je (finir)
4. nous (dire)
5. je (faire)
6. tu (prendre)
7. elle (aller)
8. elles (se promener)
9. ils (se parler)

VI. Mettez les verbes à **l'imparfait.**

1. je (danser)
2. tu (aller)
3. elle (choisir)
4. nous (être)
5. vous (avoir)
6. elles (nager)

VII. Traduisez au **passé composé** ou à **l'imparfait** les verbes entre parenthèses.

1. Elle ___________ *(heard)* un oiseau chanter dans les arbres.
2. Ils ___________ *(were talking)* de l'ambiance poétique de Paris.
3. Quand il ___________ *(was)* plus jeune, il ___________ *(used to look at)* ce lac pendant des heures !
4. Hier le ciel ___________ *(was)* bleu et l'air ___________ *(was)* frais !
5. Oui, nous *(did see)* ___________ un artiste célèbre à Montmartre !

6. Ils __________ *(had been waiting)* depuis une heure quand ils ont vu le train arriver.

VIII. Mettez les verbes entre parenthèses au **passé composé** ou à **l'imparfait,** selon le cas.

Le mois dernier ma famille et moi __________[1] (aller) à la campagne. Il __________[2] (faire) beau et le ciel __________[3] (être) bleu. Alors nous __________[4] (décider) de faire un pique-nique dans le bois. Pendant que nous __________[5] (déjeuner), nous __________[6] (entendre) un bruit étrange derrière nous. Nous __________[7] (se retourner) et nous __________[8] (voir) un ours *(bear)* qui __________[9] (s'approcher) de nous ! Il __________[10] (être) très grand et __________[11] (avoir) l'air méchant ! Nous __________[12] (se lever) tout de suite et nous __________[13] (courir) jusqu'à la voiture. L'ours __________[14] (manger) tous les sandwiches !

IX. Traduisez en français les mots entre parenthèses.

1. Nous __________ *(left)* du bar à trois heures du matin.
2. Où __________ *(did you leave)* votre chapeau ?
3. Nous __________ *(left)* la ville à cause du bruit.

X. Traduisez en français les mots entre parenthèses en employant l'expression **venir de.**

1. Ils __________ *(had just finished)* l'examen quand le professeur a ramassé les copies.
2. Nous __________ *(had just visited)* New York quand il a commencé à pleuvoir.

Vocabulaire du thème : *Ville et Campagne*

La ville

le **citadin** city dweller
le **quartier** section, district
le **métro** subway
la **voiture** car
garer une voiture to park a car
la **banlieue** suburbs
le **centre-ville** downtown
le **gratte-ciel** skyscraper

Plaisirs de la ville

la **vie culturelle** cultural life
les **distractions** *f* entertainment
la **discothèque** discotheque
le **grand magasin** department store
la **boutique** shop
faire des courses to shop
stimulant stimulating
dynamique dynamic
animé lively
s' **amuser bien** to have a good time
flâner to stroll

se **promener** to take a walk, to walk
visiter un endroit to visit a place
rendre visite à une personne to visit a person
fréquenter (un café, un bar, etc.) to frequent (a café, a bar, etc.)

Problèmes de la ville
le **bruit** noise
le **crime** crime
la **circulation** traffic
la **pollution** pollution
le **mendiant,** la **mendiante** beggar
le **voyou** hoodlum, thug
le **clochard,** la **clocharde** bum
le, la **sans-abri** (*inv*) homeless person
se **perdre** to get lost
attaquer to attack, to mug
louche shady, suspicious
anonyme anonymous
sale dirty
inhumain inhuman

La campagne
le **campagnard,** la **campagnarde** country dweller
le **paysan,** la **paysanne** peasant, hick
le **fermier,** la **fermière** farmer
la **ferme** farm
l' **herbe** *f* grass
le **bois** woods
le **champ** field
la **rivière** (small) river
le **fleuve** (large) river
le **lac** lake
le **poisson** fish
la **montagne** mountain

Plaisirs de la campagne
faire du camping to go camping, to camp
faire de la bicyclette to go bicycle riding
faire un pique-nique to have a picnic
aller à la pêche to go fishing
attraper un poisson to catch a fish
prendre un bain de soleil to sunbathe
bronzé tanned
se **détendre** to relax
se **reposer** to rest
coucher à la belle étoile to sleep outdoors
méditer (sur) to meditate (about)
paisible peaceful
isolé isolated
rustique rustic
la **solitude** solitude
tranquille tranquil, calm

Problèmes de la campagne
s' **ennuyer** to be bored
tondre la pelouse to cut, mow the lawn
l' **ennui** *m* boredom
l' **insecte** *m* insect
l' **abeille** *f* bee
la **mouche** fly
le **moustique** mosquito
piquer to sting
l' **ours** *m* bear
le **serpent** snake

EXERCICES

A. **Mise en scène.** Complétez en employant une ou plusieurs expressions du *Vocabulaire du thème*, puis jouez les dialogues.

1. (Deux hommes/femmes qui habitent à la campagne se parlent.)
   A: Qu'est-ce que tu as, (nom) ? Tu as l'air triste.
   B: C'est bien vrai. Hier je suis allé(e) en ville et...
   A: C'est dommage !
   B: Et...
   A: Pauvre (nom) !

Les Champs-Elysées

2. **A:** Nous voilà à la montagne !
   B: Oui, nous voilà à la montagne.
   A: Est-ce que tu voudrais... ?
   B: Non, ça ne m'intéresse pas.
   A: Peut-être que tu aimerais... ?
   B: Non, ça ne m'intéresse pas.
   A: Qu'est-ce que tu veux faire, alors ?
   B: ...

B. **Situations.** Répondez en employant une ou plusieurs expressions du *Vocabulaire du thème.*

1. Vous avez gagné un million de dollars à la loterie et vous avez décidé de visiter Paris (ou une autre ville de votre choix). Qu'est-ce que vous y avez fait ?
2. Hier Marc et Marie ont fait un pique-nique dans un bois isolé. Il faisait beau, les oiseaux chantaient, et leurs cœurs chantaient aussi. Tout à coup, Marie a poussé un cri. Pouvez-vous deviner pourquoi ?
3. Vous êtes un écrivain célèbre, un solitaire qui déteste la ville. Vous adorez les plaisirs de la campagne. Un journaliste vous demande d'expliquer votre point de vue. Répondez-lui en quelques phrases.

Reflexives

Reflexives may express either reflexive action (reflexive verbs) or reciprocal action (reciprocal verbs).

Reflexive Verbs

The subject acts upon itself in reflexive verbs. This reflexive action is expressed by a reflexive pronoun: **se voir** *(to see oneself)*, **s'admirer** *(to admire oneself)*, **se parler** *(to speak to oneself)*. Most of the common reflexive verbs in French have lost their reflexive meaning and are not translated as reflexives in English:

s'amuser *to have a good time*
se coucher *to go to bed*
se détendre *to relax*
s'en aller *to go away, to leave*
s'endormir *to fall asleep*
s'énerver *to get excited, irritated*
se fier à *to trust*
s'habiller *to get dressed*
s'habituer à *to get used to*
se laver *to wash up*
se lever *to get up*
se marier *to get married*
se méfier de *to distrust*
se mettre à *to start, begin*
se moquer de *to make fun of*
se promener *to take a walk*
se reposer *to rest*
se réveiller *to wake up*
se sauver *to run away*
se suicider *to commit suicide*
se taire *to be quiet, to shut up*
se tromper *to be mistaken*

Reflexive pronouns

1. The reflexive pronouns **me, te, se, nous,** and **vous** agree in person and number with the subject.

se laver			
je me	lave	nous nous	lavons
tu te	laves	vous vous	lavez
il / elle / on	se lave	ils / elles	se lavent

2. Reflexive pronouns follow the same rules of position as object pronouns in the formation of questions and negative expressions.

   Simone se lève-t-elle de bonne heure ?
   Does Simone get up early?

   Vous brossez-vous les dents tous les soirs ?
   Do you brush your teeth every night?

   Je ne me couche pas avant minuit.
   I don't go to bed before midnight.

   Je ne m'habille jamais devant la fenêtre !
   I never get dressed in front of the window!

   The pronouns **me, te,** and **se** change to **m', t',** and **s',** respectively, before a verb beginning with a vowel or mute **h: je m'habille, elle s'endort.**

3. Reflexive pronouns used in an infinitive construction must also agree with the subject.

   Allez-vous vous lever de bonne heure à la campagne ?
   Are you going to get up early in the country?

   Je ne veux pas m'énerver.
   I don't want to get excited.

4. Reflexive pronouns are either direct or indirect, depending on whether the verb takes a direct or indirect object.

   Direct: Elle se regarde dans le lac. (**Regarder** takes a direct object.)
   She looks at herself in the lake.

   Indirect: Il se parle quand il est seul dans le bois. (**Parler** takes an indirect object.)
   He speaks to himself when he's alone in the woods.

EXERCICES

A. Transformez les phrases.

1. Je m'ennuie à la campagne. (nous, ce clochard, vous, tu, ces voyous, on, je)
2. Je ne me rase pas. (vous, ma grand-mère, tu, nous, les enfants, on, je)
3. Je vais me promener. (tu, Jean-Jacques, nous, on, Paul et Virginie, vous, je)

B. Complétez au **présent.**

1. (se laver) vous, nous
2. (se réveiller) ils, je
3. (se regarder) nous, tu
4. (se lever) elles, vous
5. (se coucher) tu, elles
6. (se marier) ils, nous
7. (se perdre) nous, il
8. (s'endormir) nous, je
9. (se méfier) elles, nous
10. (se raser) ils, vous
11. (s'habiller) vous, je
12. (se parler) nous, vous
13. (se taire) elles, je
14. (s'énerver) je, vous
15. (se détendre) tu, elles

C. Complétez au présent en employant un des verbes de la colonne de droite.

MODELE à minuit se coucher
Je me couche à minuit.

1. à sept heures du matin	s'amuser
2. au bord de la mer	se lever
3. quand je suis sale	se raser
4. quand je n'ai rien à faire	se détendre
5. quand je fais du camping avec mes amis	se promener
6. avant de me coucher	se déshabiller
7. quand je suis fatigué(e)	se dépêcher
8. devant le miroir	s'ennuyer
9. quand je suis en retard	s'admirer
10. à une heure du matin	se coucher
11. tous les jours	se laver
12. à la campagne	se reposer

D. Qu'est-ce que vous faites probablement dans les situations suivantes ? Répondez en employant le verbe **se détendre** ou le verbe **se sauver** *(to run away).*

1. Vous faites du camping et vous voyez un ours derrière un arbre.
2. Vous vous promenez au centre-ville et vous voyez un voyou qui semble vous suivre.
3. Vous allez au lit et il est très confortable !
4. Vous êtes au lit et vous entendez un soupir *(sigh)* sous le lit !

5. Vous faites un pique-nique et vous entendez beaucoup d'abeilles !
6. Vous pêchez au bord d'un lac très tranquille.

E. Demandez à un(e) autre étudiant(e) ou au professeur...

1. à quelle heure il (elle) se couche.
2. à quelle heure il (elle) se lève.
3. où il (elle) va pour s'amuser.
4. s'il (si elle) se moque du président.
5. où il (elle) se promène.
6. s'il (si elle) s'ennuie en ville (à la campagne, en banlieue).
7. s'il (si elle) s'endort souvent pendant la classe de français.
8. s'il (si elle) se perd souvent.
9. s'il (si elle) va se marier cette année.
10. s'il (si elle) aime se promener dans le bois (à la campagne).
11. s'il (si elle) s'énerve souvent.

F. Répondez en employant un verbe réfléchi.

1. Que faites-vous quand vous êtes très fatigué(e) ?
2. Qu'est-ce que Brigitte peut faire si elle adore Louis et veut passer sa vie avec lui ?
3. Que fait Ricardo à la soirée d'Isabelle ?
4. Que font la petite Sylvie et la petite Amélie après avoir joué dans la boue *(mud)* pendant quatre heures ?
5. Que fait le professeur quand son réveil sonne ?
6. Que fait un citadin à la campagne ?
7. Que fait un campagnard en ville ?

The imperative

1. In the affirmative imperative the reflexive pronouns follow the verb and are connected to it by a hyphen. Note that in the affirmative imperative **te** becomes **toi.**

Indicative	**Imperative**
Tu te couches. *You go to bed.*	Couche-toi ! *Go to bed!*
Vous vous levez. *You get up.*	Levez-vous ! *Get up!*
Nous nous sauvons. *We run away.*	Sauvons-nous ! *Let's run away!*

2. In the negative imperative the reflexive pronouns precede the verb.

Ne vous dépêchez pas ! *Don't hurry!*	Ne te marie pas ! *Don't get married!*

EXERCICES

A. Répondez en employant à **l'impératif** un des verbes de la colonne de droite, selon le modèle.

MODELE Que dites-vous à votre ami quand il met trop de temps à s'habiller ?
Dépêche-toi !

1. quand il parle pour parler ?	se réveiller
2. quand il a une grande barbe qui vous fait horreur ?	s'amuser bien
3. quand il est fatigué après avoir tondu la pelouse ?	se laver
4. quand il est tout sale parce qu'il pleuvait quand il est allé à la pêche ?	se raser
	se lever
5. quand il va dans une boîte de nuit avec sa petite amie ?	se taire
6. quand il s'endort pendant que vous parlez brillamment ?	se reposer
7. quand il est en retard pour le cinéma ?	se dépêcher
8. quand il fait la grasse matinée ?	

B. Répondez en employant **l'impératif** d'un verbe réfléchi.

1. Il est dix heures du matin et votre camarade de chambre est toujours au lit. Mais il (elle) a un cours à dix heures dix ! Qu'est-ce que vous lui dites ?
2. Votre petite sœur a mangé du chocolat et elle en a sur les mains, sur ses vêtements, partout ! Qu'est-ce que vous lui dites ?

La Bibliothèque nationale à Paris

3. Votre cousine a été demandée en mariage par un homme très riche et distingué. Son problème : elle le respecte beaucoup mais elle ne l'aime pas. Qu'est-ce que vous lui dites ?
4. Vous êtes très pressé(e) et vous voulez entrer dans la salle de bains, mais votre petit frère y est déjà ! Qu'est-ce que vous lui dites ?
5. Vous êtes assis(e) dans une salle de cinéma et vous attendez le commencement du film. Deux adolescents viennent s'asseoir devant vous. Ils commencent à parler fort et à manger des bonbons, et quand le film commence, ils continuent à parler. Qu'est-ce que vous leur dites ?

Reciprocal Verbs

In a reciprocal action the subjects act on each other. Reciprocal verbs are formed in exactly the same way as reflexive verbs. Because a reciprocal action requires at least two people, reciprocal verbs exist only in the plural.

Depuis leur premier rendez-vous, ils s'écrivent tous les jours.
Since their first date, they have been writing to each other every day.

Pourquoi vous regardez-vous comme ça ?
Why do you look at each other like that?

EXERCICES

A. Formulez une phrase en employant un verbe réciproque, selon le modèle.

MODELE Hélène écrit à Marie et Marie écrit à Hélène.
Elles s'écrivent.

Jean regarde Marie et Marie regarde Jean.
Ils se regardent.

1. Jean ressemble à Henri et Henri ressemble à Jean.
2. Groucho frappe Harpo et Harpo frappe Groucho.
3. Napoléon écrit à Joséphine et Joséphine lui écrit.
4. Brigitte cherche Anne et Anne cherche Brigitte.
5. Pierre embrasse Catherine et Catherine embrasse Pierre.
6. Elle dit bonsoir à Agnès et Agnès lui dit bonsoir.
7. Isabelle téléphone à Yves et Yves téléphone à Isabelle.
8. Denis aime Laure-Hélène et Laure-Hélène aime Denis.
9. Le voyou regarde sa victime et sa victime regarde le voyou.

B. Traduisez en français, puis jouez les dialogues.

1. **A:** Pierre and Jean-Louis look like each other.
   B: Too bad. They hate each other.

2. **A:** Are Héloïse and Guy kissing each other again?
   B: Why not?

3. **A:** They write to each other every day.
   B: Are you serious?

Related Expressions

se souvenir de and *se rappeler:* to remember

1. **Se souvenir** is used with the preposition **de.**

   Vous souvenez-vous de cet auto-stoppeur ?
   Do you remember that hitchhiker?

   Je me souviens très bien de lui.
   I remember him very well.

   Vous souvenez-vous de la circulation à Rome ?
   Do you remember the traffic in Rome?

   Non, je ne m'en souviens pas.
   No, I don't remember it.

2. **Se rappeler** is used without **de.**

   Il se rappelle notre rendez-vous au Quartier latin.
   He remembers our meeting in the Latin Quarter.

   Vous rappelez-vous son adresse ? — Non, je ne me la rappelle pas.
   Do you remember his address? — No, I don't remember it.

EXERCICES

A. Employez au temps présent **se souvenir de** ou **se rappeler.**

1. Je __________ la jolie vendeuse du grand magasin *Au Printemps.*
2. Ils __________ de leurs vacances au bord de la mer.
3. Elle __________ la vie stimulante de Paris.
4. Nous __________ de nos promenades au Jardin du Luxembourg.
5. Je __________ les sites pittoresques de Californie.

B. Est-ce que vous vous rappelez les choses ou les personnes suivantes ? Répondez selon le modèle.

MODELE Est-ce que vous vous rappelez le premier livre que vous avez lu ?
Oui, je me le rappelle.
ou : *Non, je ne me le rappelle pas.*

Chamonix, dans les Alpes françaises

Est-ce que vous vous rappelez...

1. votre première bicyclette ?
2. le président Nixon ?
3. Edith Piaf ?
4. Elvis ?

C. Est-ce que vous vous souvenez des choses ou des personnes suivantes ? Répondez selon le modèle.

MODELE Est-ce que vous vous souvenez de Martin Luther King ?
Oui, je me souviens de lui.
ou : Non, je ne me souviens pas de lui.

Est-ce que vous vous souvenez du premier voyage sur la lune ?
Oui, je m'en souviens.
ou : Non, je ne m'en souviens pas.

Est-ce que vous vous souvenez...

1. de votre premier (première) petit(e) ami(e) ?
2. de Simone de Beauvoir ?
3. du premier CD que vous avez acheté ?
4. du premier film que vous avez vu ?
5. du président Carter ?
6. de votre première institutrice ?
7. de Charles de Gaulle ?

The *Passé Composé* and the Imperfect

The *passé composé* (compound past) and the imperfect are treated together here because they are often used together in expressing past actions and states.

Formation of the *passé composé*

The *passé composé* is composed of two parts:

parler

j'ai	parlé	nous avons	parlé
tu as	parlé	vous avez	parlé
il / elle / on a	parlé	ils / elles ont	parlé

Formation of the past participle

1. The past participle of regular verbs is formed from the infinitive: parl**er,** parl**é;** fin**ir,** fin**i;** vend**re,** vend**u.**
2. The past participles of irregular verbs must simply be learned.

avoir, **eu**	
être, **été**	
faire, **fait**	
couvrir, **couvert** offrir, **offert**	**-ert**
rire, **ri** suivre, **suivi**	**-i**
s'asseoir, **assis** mettre, **mis** prendre, **pris**	**-is**
construire, **construit** dire, **dit** écrire, **écrit**	**-it**
boire, **bu** connaître, **connu** courir, **couru** croire, **cru** devoir, **dû** falloir, **fallu** lire, **lu** paraître, **paru** pouvoir, **pu** recevoir, **reçu** savoir, **su** tenir, **tenu** vivre, **vécu** vouloir, **voulu**	**-u**

Formation of the auxiliary verb

The auxiliary verb is the present tense of either **avoir** or **être.**

1. **Avoir** is used in the *passé composé* of most verbs.

   J'ai vécu à Grenoble pendant cinq mois.
   I lived in Grenoble for five months.

   Ils ont bu de l'eau de source à la campagne.
   They drank spring water in the country.

2. **Etre** is used in the *passé composé* of certain verbs.

   a. All reflexive and reciprocal verbs

se lever

je me suis	levé(e)	nous nous sommes	levé(e)s
tu t'es	levé(e)	vous vous êtes	levé(e)(s)
il s'est	levé	ils se sont	levés
elle s'est	levée	elles se sont	levées
on s'est	levé		

Je me suis bien amusé dans ce bistro.
I had a good time in that bistro.

Ils se sont téléphoné tous les jours.
They telephoned each other every day.

   b. Certain intransitive[1] verbs of motion

aller

je suis	allé(e)	nous sommes	allé(e)s
tu es	allé(e)	vous êtes	allé(e)(s)
il est	allé	ils sont	allés
elle est	allée	elles sont	allées
on est	allé		

Hier nous sommes allés en ville.
Yesterday we went downtown.

[1] A transitive verb takes a direct object. In the sentence *She throws the ball, ball* is the direct object of the transitive verb *throws.* An intransitive verb does not take a direct object: *She is coming from France; They went out; He died yesterday.*

Following are the main intransitive verbs that take **être.** Some are grouped by opposites to help you remember them.

aller / venir
arriver / partir
descendre / monter
entrer / sortir
naître / mourir

passer
rester
retourner
tomber

Ils sont tombés dans la rivière.
They fell in the river.

Elle est morte jeune.
She died young.

Compounds of these verbs also take **être.**

Ils sont redescendus du train.
They got off the train again.

Le voyou est devenu violent.
The hoodlum became violent.

Agreement of the past participle

In certain cases there is agreement of the past participle in the *passé composé.*

1. Verbs conjugated with **avoir**

   a. The past participle of verbs conjugated with **avoir** generally remains invariable.

   Elle a médité sur la destinée humaine au sommet d'une montagne isolée.
   She meditated about human destiny on top of an isolated mountain.

   Nous avons respiré l'air frais et pur de la campagne.
   We breathed the fresh, pure air of the country.

   b. However, the past participle agrees in number and gender with any *preceding direct object.* The preceding direct object may be indicated by a personal pronoun, the relative pronoun **que,** or a noun preceded by the adjective **quel.**

   Où avez-vous vu les serpents ? — Je les ai vus dans l'herbe.
   Where did you see the snakes? — I saw them in the grass.

   Voici les poissons gigantesques que nous avons attrapés !
   Here are the gigantic fish that we caught!

   Quelles villes avez-vous visitées ?
   What cities did you visit?

   c. But there is *no* agreement with a preceding *indirect* object or with the pronoun **en.**

   Elle leur a dit au revoir à l'aéroport.
   She said goodbye to them at the airport.

   Avez-vous vu des filles dans le bar ? — Oui, j'en ai vu.
   Did you see any girls in the bar? — Yes, I saw some.

2. Verbs conjugated with **être**

   a. Reflexive and reciprocal verbs:

   In most cases the reflexive pronoun is a direct object. This is true for verbs that have an obvious reflexive value, such as **se voir** *(to see oneself)*, and for those that do not translate as reflexives in English, such as **se lever** *(to get up)*. With these verbs the past participle agrees with the direct object reflexive pronoun. If the reflexive pronoun is clearly an indirect object, however, there is no agreement with the past participle.

   Elle s'est levée de bonne heure.
   She got up early.

   Elles se sont regardées au même instant et se sont mises à rire !
   They looked at each other at the same moment and began to laugh!

   BUT:

   Elles se sont parlé au téléphone pendant quatre heures !
   They spoke to each other on the phone for four hours!

   Ils se sont dit au revoir les larmes aux yeux.
   They said goodbye to each other with tears in their eyes.

   Note that when a reflexive verb is used with a part of the body in expressions such as **se laver les mains, se brosser les dents,** and **se gratter le dos,** the part of the body is the direct object and the reflexive pronoun is the indirect object. There is, therefore, no agreement with the past participle.

   Elle s'est lavé les mains et s'est brossé les dents.
   She washed her hands and brushed her teeth.

   Note that the past participle also remains invariable in the common expression **se rendre compte de** *(to realize)*, since the reflexive pronoun is an indirect object.

   Nous ne nous sommes pas rendu compte des conséquences de nos actions.
   We did not realize the consequences of our actions.

   b. The intransitive verbs of motion:

   The past participle agrees in gender and number with the subject of the verb.

   Nous sommes montés dans l'autobus.
   We got on the bus.

   Elles sont passées quatre fois devant la boutique.
   They passed in front of the shop four times.

   Occasionally, some of these verbs are used transitively: that is, they take a direct object. When used transitively, they are conjugated with **avoir,** in which case the past participle does not agree with the subject.

   Malheureusement nous avons monté la tente près d'une ruche !
   Unfortunately, we put up the tent near a beehive!

Elles ont passé leurs vacances à Cannes.
They spent their vacation in Cannes.

Elle a sorti sa voiture du garage.
She took her car out of the garage.

EXERCICES

A. Transformez les phrases.

1. J'ai fait du camping. (nous, vous, ces citadins blasés, tu, le vieux général, on, je)
2. Je me suis promené(e) dans le centre-ville. (tu, ces amoureux, nous, vous, ce clochard, on, je)
3. Je suis sorti(e) du café. (vous, tu, ces paysans, on, nous, le mendiant, je)

B. Mettez les verbes au **passé composé** en faisant l'accord s'il y a lieu.

1. (aller) elle, nous
2. (courir) nous, je
3. (couvrir) je, vous
4. (flâner) nous, tu
5. (faire) ils, vous
6. (offrir) je, nous
7. (s'amuser) elle, je
8. (se rendre compte) ils, tu
9. (rire) nous, elle
10. (visiter) elles, nous
11. (se chercher) ils, nous
12. (se sauver) elles, nous
13. (se parler) nous, elles
14. (rentrer) ils, vous
15. (se mentir) elles, ils
16. (voir) vous, je
17. (se téléphoner) nous, elles
18. (devenir) elle, je
19. (se dire au revoir) nous, elles
20. (se détendre) ils, elles

C. Complétez en employant un des verbes de la colonne de droite.

MODELE trop tard — je suis rentré(e)
Je suis rentré(e) trop tard.

1. à la pêche	je suis rentré(e)
2. un pique-nique	j'ai pris
3. un bain de soleil	j'ai fait
4. trop tard	j'ai tondu
5. dans les rues de Paris	j'ai flâné
6. une vieille église	j'ai fini
7. le 25 décembre	je suis né(e)
8. « l'addition, s'il vous plaît ! »	j'ai dit
9. de la limonade	j'ai perdu
10. mon travail	je suis allé(e)
11. mon innocence	j'ai bu
12. la pelouse	j'ai visité

D. Demandez à un(e) autre étudiant(e) ou au professeur...

1. s'il (si elle) a jamais visité Paris. Si oui, quels endroits est-ce qu'il (elle) a visités ?
2. s'il (si elle) a pris une douche (s'est lavé les cheveux, s'est brossé les dents) ce matin.
3. à quelle heure il (elle) s'est couché(e) hier soir.
4. s'il (si elle) a jamais habité dans une grande ville (dans une ferme).
5. à quelle heure il (elle) s'est réveillé(e) (s'est levé[e]) ce matin.
6. s'il (si elle) est jamais allé(e) à Monte-Carlo (en Afrique, en Chine).
7. s'il (si elle) a jamais couché à la belle étoile. Si oui, où ?

E. Lisez chaque passage en entier, puis mettez chaque phrase au **passé composé.**

1. Christine se réveille.
   Elle se lève.
   Elle se lave.
   Elle s'habille.
   Elle regarde par la fenêtre.
   Elle voit un éléphant.
   Elle se déshabille.
   Elle retourne au lit.

2. André va à la pêche.
   Il attrape un gros poisson.
   Il met le poisson dans son sac.
   Le poisson saute du sac !
   Le poisson tombe dans l'eau !
   André rentre.
   Il mange une pizza.

F. Faites l'accord du **participe passé** s'il y a lieu.

1. Voici la cathédrale que nous avons __________ (visité).
2. Est-elle __________ (allé) à la campagne pour oublier ses ennuis ?
3. Ils ont __________ (fait) un pique-nique au bord du lac.
4. Quels champs le fermier a-t-il __________ (cultivé) ?
5. Je les ai __________ (vu) dans cette boutique hier soir.
6. La pollution atmosphérique a __________ (couvert) la ville.
7. Je leur ai __________ (téléphoné) trois fois hier soir.
8. Regardez les poissons contaminés que les gens ont __________ (attrapé) dans la Seine.
9. Malheureusement ils ne se sont pas __________ (rendu) compte de l'indifférence des citadins.
10. Nous nous sommes vite __________ (habitué) à la vie de banlieue.
11. Voici la maison que nous avons __________ (construit).
12. Quelle circulation nous avons __________ (vu) en ville !

13. Ils sont ____________ (allé) à la pêche à deux heures du matin !
14. Voici un des grands magasins où nous avons ____________ (fait) des courses.
15. Les chauffeurs ont ____________ (garé) leurs élégantes voitures dans l'avenue des Champs-Elysées.
16. Pourquoi se sont-ils ____________ (moqué) des sans-abri ?
17. Dorine s'est ____________ (lavé) les cheveux dans le lac.
18. Agnès s'est ____________ (endormi) sur l'herbe.

Formation of the Imperfect

The imperfect is formed by replacing the **-ons** ending of the first person plural of the present tense with the imperfect endings **-ais, -ais, -ait, -ions, -iez, -aient.**

boire		stem:	nous **buv**ons
je	buv**ais**	nous	buv**ions**
tu	buv**ais**	vous	buv**iez**
il / elle / on	buv**ait**	ils / elles	buv**aient**

Both regular and irregular verbs follow this rule: nous parlons, **je parlais;** nous finissons, **je finissais;** nous vendons, **je vendais;** nous avons, **j'avais;** nous faisons, **je faisais;** etc.

Note, however, the irregular imperfect stem of the verb **être: j'étais, tu étais,** etc. Note also the spelling changes of **-cer** and **-ger** verbs:

commencer		stem:	nous **commenç**ons
je	commen**çais**	nous	commen**cions**
tu	commen**çais**	vous	commen**ciez**
il / elle / on	commen**çait**	ils / elles	commen**çaient**
manger		stem:	nous **mange**ons
je	man**geais**	nous	man**gions**
tu	man**geais**	vous	man**giez**
il / elle / on	man**geait**	ils / elles	man**geaient**

Un vignoble

EXERCICE

Mettez les verbes à l'**imparfait.**

1. tenir (elle)
2. flâner (nous)
3. mentir (il)
4. être (vous)
5. avoir (je)
6. faire (vous)
7. piquer (il)
8. sortir (je)
9. finir (nous)
10. construire (ils)
11. punir (on)
12. recevoir (tu)
13. rendre (je)
14. pouvoir (vous)
15. courir (nous)
16. se connaître (elles)
17. arranger (on)
18. rire (nous)
19. offrir (vous)
20. avancer (ils)
21. se détendre (tu)

Use of the *passé composé* and the imperfect

The *passé composé*

The *passé composé* is used to express a completed action in the past. The single form of the *passé composé* corresponds to three forms of the English past tense.

ils ont couru { *they ran* / *they have run* / *they did run*

Hier j'ai visité quatre musées et trois cathédrales !
Yesterday I visited four museums and three cathedrals!

Avez-vous jamais couché à la belle étoile ?
Have you ever slept outdoors?

Avez-vous entendu le bruit de la circulation hier soir ?
Did you hear the noise of the traffic last night?

The action expressed is always a completed action. It may have been of short or long duration, or have been repeated a specified number of times.

Ma mère et moi, nous avons vécu à Rome pendant dix ans.
My mother and I lived in Rome for ten years.

Je vous ai téléphoné quatre fois lundi dernier.
I phoned you four times last Monday.

The imperfect

The imperfect is used to express past actions or states that were not completed ("imperfect" means, in fact, "not completed").

1. It expresses a continuous action in the past (equivalent to *was + verb + -ing*, in English). The *passé composé* is used to indicate any action that interrupts this continuous action.

   Elle traversait la rue quand elle a vu l'accident.
   She was crossing the street when she saw the accident.

   Je rentrais à bicyclette quand il s'est mis à pleuvoir.
   I was going home on my bicycle when it began to rain.

2. It indicates a customary action in the past (equivalent to the past tense, or to *used to* + verb, in English).

   Quand j'étais plus jeune, je faisais du camping presque tous les mois.
   When I was younger, I went (used to go) camping almost every month.

   L'année dernière je quittais la ville le vendredi soir et j'y revenais le lundi matin.
   Last year I used to leave (left) the city on Friday night and come back (came back) on Monday morning.

3. It is used to describe a past condition or state of mind that has no specified beginning or end.

   Hier le ciel était bleu et la campagne était belle.
   Yesterday the sky was blue and the country was beautiful.

   Il savait que je n'aimais pas la ville !
   He knew I didn't like the city!

However, when verbs denote a *change* in conditions or in a state of mind, they are put into the *passé composé.* Such states have a beginning and an end, and are therefore considered completed.

Soudain il a fait nuit.
Suddenly it became dark.

Il a eu peur quand ce type louche s'est approché de lui.
He got scared when that shady character approached him.

4. It is used with **depuis** or **il y avait... que** to express an action that began in the past and continued until another time, also in the past. English uses the progressive form of the pluperfect *(had been + present participle,* or *had been)* to express this idea.

   Ils faisaient de la bicyclette depuis cinq minutes quand il s'est mis à pleuvoir.
   They had been bicycle riding for five minutes when it began to rain.

   Il y avait cinq heures qu'elle flânait dans Paris quand elle est tombée malade.
   She had been strolling in Paris for five hours when she got sick.

   Il y avait deux heures qu'il était dans le bois quand il a vu le feu.
   He had been in the woods for two hours when he saw the fire.

EXERCICES

A. Répondez par une phrase complète.

1. Où êtes-vous allé(e) hier ? Pleuvait-il ? Faisait-il beau ? Neigeait-il ? De quelle couleur était le ciel ?
2. Où avez-vous dîné hier ? Qu'est-ce que vous avez mangé ? Comment était le repas ? Comment était le décor ?
3. Quand vous étiez petit(e), quelles émissions *(programs)* regardiez-vous à la télévision ? Où habitiez-vous ? Quel était votre bonbon préféré ?
4. Qu'est-ce que je faisais à six heures ce matin ? Je dormais ! Qu'est-ce que vous faisiez à six heures (à huit heures) ?

B. Traduisez à l'**imparfait** ou au **passé composé** les verbes entre parenthèses.

1. Elle ____________ *(was meditating)* sur la condition humaine quand un vilain moustique l'a piquée !
2. Quand j' ____________ *(was)* étudiant à Paris, je ____________ *(used to frequent)* un petit café à côté de Notre-Dame de Paris.
3. Comment ! Vous ____________ *(visited)* le Musée Rodin trois fois en une journée !
4. Heureusement, nous ______________ *(were eating)* dans la tente quand il ____________ *(began)* à pleuvoir.

5. Je ___________ *(was taking a walk)* sur les Champs-Elysées quand un sans-abri m' ___________ *(asked)* de l'argent.
6. Parlez-moi de tous les musées que vous ___________ *(visited)* à Paris.
7. Gérard et son amie Nathalie ___________ *(were having a picnic)* à Versailles quand Gérard ___________ *(got sick)*.
8. Ils ___________ *(returned)* à la campagne à cause de la pollution et du bruit de la ville.
9. Nous ___________ *(were sleeping outdoors)* quand soudain j' ___________ *(felt)* quelque chose dans mon sac de couchage *(sleeping bag)* !
10. Nous ___________ *(could not)* garer notre voiture parce que la circulation ___________ *(was)* trop intense.
11. Pendant nos grandes vacances, nous ___________ *(used to go fishing)* tous les matins.
12. Il ___________ *(was)* très chaud ce matin-là, mais nous y ___________ *(went)* quand même.
13. Pendant son séjour à Paris, elle ___________ *(used to stroll)*, anonyme, dans les rues étroites du Quartier latin.
14. Les campagnards qui ___________ *(were visiting)* Paris ___________ *(got lost)* dans un grand magasin.
15. Il ___________ *(became frightened)* quand il ___________ *(heard)* un bruit étrange dans la rue derrière lui.
16. Il ___________ *(was snowing)* quand Louise ___________ *(had)* un accident.

C. Traduisez en français.

1. She had been shopping for five minutes when she lost her purse *(le sac)*.
2. They were walking in the woods when the bees stung them.
3. We'd been strolling in the Latin Quarter for an hour when the hoodlum attacked us!
4. He had been meditating for two days when he found the solution *(la solution)*.
5. The farmer had been in the field for two minutes when he saw the snake.
6. She had been mowing the lawn for five minutes when it began to rain.

The *passé composé* and imperfect in narration[1]

The *passé composé* and the imperfect often appear together in past narrations. The *passé composé*, with its emphasis on completed action, is used to advance the narration: it indicates facts, actions, and events. The imperfect, with its emphasis on

[1]In formal narrations—historical works, novels, short stories, etc.—the *passé simple* (past definite) is often used instead of the *passé composé* (see pp. 15–16).

incompleted actions or states, is used to set the background: it describes outward conditions and inner states of mind.

EXERCICES

A. Voici un passage anglais écrit au temps passé. Identifiez (ne traduisez pas) les verbes qu'il faut mettre au **passé composé** ou à **l'imparfait.** Expliquez précisément les raisons de votre choix.

Yesterday morning I woke up early. I didn't feel well. I got out of bed, walked to the bedroom window, lifted the shade, and looked out. I immediately felt better. It was a beautiful summer day. There were no clouds in the sky and the sun was shining gloriously. I could hear the usual cacophony of city sounds. I went into the kitchen and kissed Barbara, who was already awake. She knew that I wanted to take a walk in the park.

We quickly ate breakfast, left the building, took the subway, got off after a short ride, and began our walk in the Luxembourg Gardens. We were quietly walking along, minding our own business, when we suddenly heard the sound of music behind us. We stopped, turned around, and saw an odd-looking old man who was playing the accordion. Passers-by were throwing coins at his feet while a small monkey was picking them up and putting them in a tin cup. As this one-man show was passing in front of me, I threw a couple of coins at his feet. Barbara barked approvingly. We then continued our walk.

B. Mettez les verbes entre parenthèses à l'**imparfait** ou au **passé composé.**

1. Michel et André, deux jumeaux gâtés, ____________ [1] (entrer) dans le salon. Leur père ____________ [2] (fumer) sa pipe. Leur mère ____________ [3] (lire) un magazine. Leur frère ____________ [4] (regarder) la télé.

   Tout à coup, ils ____________ [5] (crier) ensemble : « Il y a le feu dans le jardin ! » Leur père, leur mère et leur frère ____________ [6] (se lever) et ____________ [7] (regarder) par la fenêtre. Tout ____________ [8] (être) calme. Il n'y ____________ [9] (avoir) pas de feu dans le jardin.

   Quand ils ____________ [10] (se retourner), ils ____________ [11] (voir) Michel et André qui ____________ [12] (rire) aux éclats *(heartily)*. Leur père leur ____________ [13] (donner) une bonne fessée.

2. Il ____________ [1] (être) sept heures du matin et Julie ____________ [2] (dormir) encore. Tout à coup sa mère l' ____________ [3] (appeler). Julie ____________ [4] (se réveiller) mais elle ____________ [5] (ne pas bouger). Son lit ____________ [6] (être) le paradis ! Alors, sa mère ____________ [7] (avoir) une idée. Elle ____________ [8] (téléphoner) à Julie ! Quand Julie ____________ [9] (répondre) au téléphone, qui ____________ [10] (se trouver) à côté de son lit, elle

______________[11] (entendre) sa mère qui ______________[12] (dire) : « Lève-toi, paresseuse, tu vas être en retard ! »

C. Une visite à Paris. Lisez le passage suivant en entier, puis mettez les verbes au **passé composé** ou à l'**imparfait,** selon le cas.

1. Georges le fermier décide de visiter Paris.
2. Il se lève à quatre heures du matin,
3. il prend son petit déjeuner,
4. et il part en voiture.
5. Il arrive à Paris à six heures du matin.
6. Comme Paris est beau à six heures du matin !
7. Il n'y a pas de bruit,
8. il n'y a pas de circulation,
9. il n'y a pas de pollution.
10. Georges fait beaucoup de choses.
11. Il flâne le long des quais,
12. il regarde les pigeons,
13. et il parle aux clochards.
14. A sept heures du matin il monte dans sa voiture
15. et il rentre chez lui.

D. **Dialogue.** Nicolas, qui a quinze ans, est allé en ville avec des amis. Quand il est rentré à deux heures du matin, sa mère était furieuse. Selon Nicolas, ses amis et lui s'étaient perdus en ville et, en plus, ils avaient manqué le dernier métro. Malheureusement, ce n'était pas la première fois que Nicolas rentrait tard... Est-ce que sa mère le croit ou pense-t-elle qu'il ment ? A vous de décider ! Préparez le dialogue et jouez-le avec un(e) camarade de classe.

A Cannes

Related Expressions

The verbs **partir, sortir, s'en aller, quitter**, and **laisser** all mean *to leave.* The first three are conjugated with **être,** the last two with **avoir.**

partir: to leave

A quelle heure est-elle partie hier soir ?
What time did she leave last night?

sortir: to go out

Il est sorti il y a dix minutes, mais il va revenir tout de suite.
He left (went out) ten minutes ago, but he'll be back right away.

Je suis sorti avec Hélène parce qu'elle adore faire de la bicyclette.
I went out with Helen because she adores bike riding.

When **sortir** means *to leave* or *go out of* a place, it must be followed by **de.**

Ils riaient quand ils sont sortis du café.
They were laughing when they left the café.

Like the English verb *to go out,* **sortir** often implies leaving an enclosed area, such as a room, a car, a restaurant, etc.

s'en aller: to go away

Les voyous s'en vont quand ils voient le gendarme.
The hoodlums leave when they see the policeman.

Allez-vous-en ! Vous nous avez assez dérangés !
Go away! You've bothered us enough!

quitter: to leave someone or something

Nous avons quitté la ville à cause de la pollution.
We left the city because of the pollution.

Elle faisait des courses quand je l'ai quittée.
She was shopping when I left her.

Quitter is never used alone; it always takes a direct object.

laisser: to leave someone or something somewhere

Zut ! J'ai laissé mon parapluie au Louvre !
Darn it! I left my umbrella at the Louvre!

Quand j'ai laissé Alain à la soirée, il s'amusait beaucoup.
When I left Alan at the party, he was having a great time.

Like **quitter, laisser** always takes a direct object.

venir de + infinitive

The imperfect tense of **venir de** + *infinitive* is the equivalent of the English *had just* + *past participle.*

Elle venait de sortir de la banque quand le voleur l'a attaquée.
She had just left the bank when the thief attacked her.

Remember that the present tense of **venir de** + *infinitive* means *to have (has) just* + *past participle* in English.

Je viens de rentrer.
I have just returned home.

EXERCICES

A. Traduisez en français les mots entre parenthèses.

1. Ils __________ *(left the city)* pour faire un petit séjour à la campagne.
2. Nous __________ *(left Madeleine)* à Chartres parce qu'elle voulait y passer toute la journée !
3. Nous __________ *(went out)* parce qu'il faisait beau.
4. Elle m'a dit qu'elle allait rester avec moi, mais elle __________ *(left)* quand même.
5. Quand le clochard __________ *(left)* le bar, tout le monde s'est mis à rire.
6. Elle __________ *(left her book)* sur la littérature romantique au bord d'un lac.
7. Après avoir passé deux jours à Paris, le campagnard __________ *(left).*
8. Appelez-moi si les abeilles __________ *(leave).*
9. Elle avait si peur de faire son exposé qu'elle __________ *(left the classroom).*
10. __________ *(Leave) !* J'en ai assez de vos histoires !

B. Traduisez en français, puis jouez le dialogue.

A: Why are you leaving the restaurant?
B: I left my keys in the car.
A: Again?
B: Do you want to come with me?
A: Leave!

C. Qu'est-ce que le petit Toto vient de faire ? Répondez en employant *venir de* avec une expression de la colonne de droite.

MODELE Toto est bronzé. jouer au soleil
Il vient de jouer au soleil.

1. Toto pleure.	faire du ski
2. Toto est tout rouge.	tomber dans l'escalier
3. Toto a peur.	tondre la pelouse
4. Toto est tout mouillé.	faire des courses
5. Toto est très content.	jouer dans la boue *(mud)*
6. Toto s'est cassé le bras.	attraper un gros poisson
7. Toto est très sale.	jouer au soleil
8. Toto est très fatigué.	perdre sa bicyclette
	voir un gros serpent
	se perdre dans la forêt
	tomber dans un lac

D. Traduisez en français en employant **venir de.**

1. I had just left the disco when I had the accident.
2. M. Saumon had just caught a fish when we arrived.
3. They had just left when I arrived.
4. They'd just gotten lost when I found them!

Exercices d'ensemble

I. Répondez en français par une phrase complète.

1. Vous coupez-vous quand vous vous rasez ?
2. Etes-vous de bonne ou de mauvaise humeur quand vous vous réveillez ?
3. Aimez-vous vous coucher tôt ou tard ?
4. Quand est-ce que vous vous taisez ? Quand est-ce que vous ne vous taisez pas ?
5. En quoi vous spécialisez-vous à l'université ?
6. Vous intéressez-vous à la vie culturelle de la ville ?
7. Vous fiez-vous aux autres ou vous méfiez-vous des autres ?
8. Etes-vous né(e) en ville ou à la campagne ?
9. A quelle heure vous êtes-vous couché(e) hier soir ?
10. Vous fâchez-vous souvent ?
11. Vous détendez-vous en ville ?

II. Répondez précisément en employant deux ou trois phrases complètes.

1. Avez-vous peur de vous promener en ville le soir ?
2. Avez-vous déjà fait du camping ?

3. Si vous avez visité une grande ville récemment, expliquez comment vous l'avez trouvée et ce que vous y avez fait.
4. Avez-vous jamais rencontré un serpent ? Si oui, qui s'est sauvé le plus vite, vous ou lui ?
5. Etes-vous jamais allé(e) en France ? Si oui, quand ?
6. Comment comptez-vous vous amuser ce week-end ?
7. Qu'est-ce que vous avez fait pendant votre dernier séjour à la campagne ?
8. Vous ennuyez-vous en ville ?
9. Vous êtes-vous jamais perdu(e) en ville ou à la campagne ?
10. Avez-vous jamais couché à la belle étoile ? Si oui, où ?

III. Traduisez en français.

1. They had just visited friends in Marseilles when they got sick.
2. We had been waiting for him for two hours when he arrived!
3. We had just returned from the suburbs.
4. We have just discovered an interesting shop.
5. We had been bicycling for five days when finally we saw Paris!

IV. Décrivez au présent une de vos journées typiques en employant les verbes suivants. Arrangez-les par ordre chronologique.

se raser	se couper	se mettre au travail
se coucher	s'endormir	s'habiller
se regarder dans la glace	se maquiller	se mettre à table
se laver	se lever	se reposer
	se réveiller	se déshabiller

V. Lisez les passages suivants en entier, puis mettez les verbes au **passé composé** ou à l'**imparfait,** selon le cas.

1. Il est onze heures du matin.
   Il fait beau.
   Mais il fait chaud.
   Brigitte entre dans un café.
   Elle commande un thé glacé.
   Bruno entre dans le café.
   Il voit Brigitte.
   Brigitte est belle !
   Elle est fascinante !
   Bruno sourit à Brigitte.
   Brigitte lui sourit aussi.
2. Il fait très beau à Paris.
   Le soleil brille, et le ciel est bleu.
   A dix heures Sally et Peggy quittent leur hôtel.
   Elles vont tout de suite au Louvre.

Le Louvre est très intéressant.
Après la visite elles prennent une bière.
A midi elles visitent Notre-Dame.
La cathédrale est magnifique !
Après la visite elles prennent une autre bière.
A deux heures elles montent à la Tour Eiffel.
La tour est belle.
Après la visite, elles prennent une autre bière.
Sally et Peggy sont très fatiguées.
Elles rentrent à l'hôtel, où elles boivent du café !

VI. Mettez les verbes entre parenthèses au **passé composé** ou à l'**imparfait,** selon le cas.

A. Il ____________[1] (faire) frais et le ciel ____________[2] (être) bleu à Paris. Roger et Suzanne Smith, touristes intrépides et hardis, ____________[3] (prendre) le petit déjeuner, un café crème et des croissants, dans un café. Ils ____________[4] (venir) de se lever. Ils ____________[5] (se parler) et ____________[6] (lire) avec beaucoup d'attention le guide Michelin. Ils ____________[7] (avoir) l'air un peu tristes parce qu'ils ____________[8] (savoir) que la fin de leur tour d'Europe était arrivée et ils n' ____________[9] (avoir) qu'une journée à passer à Paris ! Leur avion ____________[10] (aller) partir le lendemain matin.

A 9 h précises, ils ____________[11] (aller) en taxi au Musée du Louvre. Ils y ____________[12] (admirer) la Joconde et la Vénus de Milo. Malheureusement, ils y ____________[13] (rester) très peu de temps parce qu'il ____________[14] (falloir) se dépêcher ! Entre 10 h et 11 h, ils ____________[15] (courir) dans les galeries du Musée d'Orsay, le musée des peintres impressionnistes. Les tableaux de Van Gogh les ____________[16] (impressionner). Entre 11 h et 12 h 30, ils ____________[17] (se promener) sur les Champs-Elysées, le grand boulevard chic de Paris. Il y ____________[18] (avoir) beaucoup de distractions intéressantes : des boutiques, des cinémas, des boîtes de nuit et le fameux Drugstore. Ils ____________[19] (se promener) depuis une heure quand ils ____________[20] (décider) d'entrer dans un café pour déjeuner. Ils ____________[21] (être) si pressés qu'ils ____________[22] (finir) de déjeuner en un quart d'heure ! Pendant le reste de l'après-midi ils ____________[23] (visiter) la cathédrale de Notre-Dame de Paris, la Sainte-Chapelle, les Invalides (le tombeau de Napoléon) et, finalement, le Quartier latin. A 5 h, ils ____________[24] (rentrer) à l'hôtel où ils ____________[25] (se reposer) un peu.

Ils ____________[26] (passer) une soirée aussi extraordinaire que leur journée. Ils ____________[27] (dîner) dans un bon restaurant, et puis, ils ____________[28] (aller) voir *Le Bourgeois gentilhomme* de Molière à la Comédie-Française. A minuit, pendant que Roger ____________[29] (faire) les valises, Suzanne

___________[30] (se rendre compte) qu'ils avaient oublié de visiter la Tour Eiffel. Quel dommage !

B. Quand Chantal _______________[1] (être) élève à l'école primaire, elle ___________[2] (passer) chaque été en Bretagne chez son oncle Marc et sa tante Agnès. Ils ___________[3] (habiter) une petite ferme à la campagne. Le matin, Chantal ___________[4] (accompagner) son oncle aux champs où il ___________[5] (cultiver) la terre. Elle ___________[6] (aimer) respirer l'air pur et goûter le silence dans cet endroit tranquille et paisible. Le soir elle ___________[7] (écouter) le chant des insectes en se reposant sur son lit.

La petite Chantal ne ___________[8] (s'ennuyer) jamais avec son oncle et sa tante. Ils la ___________[9] (traiter) bien mieux que ses parents qui ne ___________[10] (s'occuper) jamais d'elle et qui ne ___________[11] (sembler) pas l'aimer.

Sujets de discussion ou de composition

1. Racontez une histoire (réelle ou imaginaire, amusante ou sérieuse) qui vous est arrivée en ville.
2. Racontez une histoire (réelle ou imaginaire, amusante ou sérieuse) qui vous est arrivée à la campagne.
3. On a tendance à stéréotyper la vie en ville, la vie en banlieue et la vie à la campagne. Présentez quelques stéréotypes et expliquez pourquoi ils sont faux.
4. Vous avez l'occasion de passer une semaine à la campagne ou dans une ville de votre choix. Où voudriez-vous aller? Pourquoi?

5

Interrogatives and Negatives

Les Classes sociales

Chapter 5 at a Glance

Interrogatives

I. Posez une question en employant l'**inversion.**

1. Il respecte les pauvres.
2. Ces ouvriers vont faire la grève.
3. Cette jeune fille a de la classe.
4. Ses parents ont gagné beaucoup d'argent.

II. Posez des questions avec **est-ce que** et **n'est-ce pas** en employant les phrases de l'exercice I.

III. Formulez une question en employant **combien, comment, où, pourquoi** ou **quand.**

1. Il ira loin parce qu'il est ambitieux.
2. Ce vendeur est gentil et poli.
3. Ce snob habite dans mon quartier.
4. Le patron est arrivé après avoir dîné.

IV. Posez une question en employant les pronoms interrogatifs **qui, qui est-ce qui, que, qu'est-ce que** ou **qu'est-ce qui.**

1. Il est devenu médecin après ses études.
2. La politique l'intéresse beaucoup !
3. C'est Jeanne qui a une grande fortune.

V. Traduisez en employant la forme convenable de **quel** ou **lequel.**

1. ____________ *(What a)* mauvais patron !
2. ____________ *(Which one)* de ces jeunes filles a de si bonnes manières ?

VI. Traduisez en français en employant **quelle est** ou **qu'est-ce que c'est que.**

1. ____________ *(What is)* la bourgeoisie ?
2. ____________ *(What is)* la date aujourd'hui ?

Negatives

VII. Mettez au **négatif** en employant **ne... pas.**

1. Elle est vendeuse.
2. Jouent-ils au bridge ce soir ?
3. J'aime critiquer les gens.
4. Pourquoi suis-je né riche ?
5. Il est important d'être snob. *(Mettez l'infinitif au négatif.)*

VIII. Répondez au **négatif** en employant **ne... jamais** ou **ne... plus.**

1. Etes-vous jamais allé à l'opéra ?
2. Voulez-vous encore de la bière ?

IX. Répondez au **négatif** en employant **ne... personne, personne ne, ne... rien** ou **rien ne.**

1. Qu'est-ce que ce millionnaire a fait pour aider les pauvres ?
2. Qui veut vivre dans la misère ?

X. Substituez l'expression **ne... que** à l'adverbe **seulement.**

1. Elle est vulgaire seulement avec ses amies.
2. Elle aime seulement les gens cultivés.

XI. Répondez au **négatif** en employant **ne... aucun(e), aucun(e)... ne** ou **ne... ni... ni.**

1. Ont-ils l'intention de partir ?
2. Quelle classe sociale est parfaite ?
3. Qu'est-ce que votre frère veut devenir, médecin ou avocat ?

XII. Traduisez en français.

1. I don't think so.
2. There is nothing interesting here!
3. Thanks. — It's nothing.

Vocabulaire du thème : *Les Classes sociales*

Les Classes

la **haute société** high society
la **classe moyenne** middle class
la **classe ouvrière** working class
les **classes privilégiées** privileged classes
les **classes défavorisées** underprivileged classes
le **clochard,** la **clocharde** bum, street person
le **peuple** the people
le **patron,** la **patronne** boss
l' **ouvrier** *m*, l' **ouvrière** *f* worker

entrer, être dans la vie active to enter, to be in the work force
la **profession**[1] profession
le **métier** trade
le **charpentier** carpenter
l' **électricien** *m*, l' **électricienne** *f* electrician
le **mécanicien,** la **mécanicienne** mechanic
le **plombier** plumber

[1] For a list of the masculine and feminine forms of many professions, see p. 64.

Le Succès

l' **ambition** *f* ambition
ambitieux, ambitieuse ambitious
gagner sa vie to earn one's living
aller loin to go far, get ahead
améliorer sa condition sociale to improve one's social position
le, la **millionnaire** millionaire
le **nouveau riche** nouveau riche
l' **arriviste** *m, f* social climber
le, la **snob** snob
impressionner to impress
le **pouvoir** power
le **prestige** prestige
le **luxe** luxury
somptueux, somptueuse luxurious
aisé well-to-do
propre clean

La Pauvreté

le **quartier pauvre** poor district, neighborhood
les **taudis** *m* slums
la **misère** misery, distress
misérable miserable
malsain unhealthy
pénible hard (difficult), painful
sale dirty

se **révolter contre** to revolt against
faire la grève to go on strike, to strike
le, la **gréviste** striker
être exploité to be exploited
le **syndicat** union

Manières et Goût

les **manières** *f* manners
être bien (mal) élevé to be well- (ill-) bred
avoir bon (mauvais) goût to have good (bad) taste
avoir de la classe to have class
comme il faut proper
poli polite
raffiné refined
sophistiqué sophisticated
élégant elegant

grossier, grossière gross, coarse
vulgaire vulgar

EXERCICES

A. **Mise en scène.** Complétez en employant une ou plusieurs expressions du *Vocabulaire du thème*, puis jouez les dialogues.

1. **A:** Tu veux devenir avocat(e) ? Mais c'est impossible ! Tu n'as pas d'argent.
   B: Je suis pauvre, c'est vrai, mais...
   A: Tu devrais choisir un bon métier. C'est plus sage.
   B: Non, (nom), je vais devenir avocat(e). Je...
2. **A:** J'aime Isabelle, tu sais. Elle a de la classe.
   B: C'est vrai. Elle...
   A: Elle est si différente de sa sœur Anne-Marie !
   B: Tu as raison. Anne-Marie est...

B. **Situations.** Répondez en employant une ou plusieurs expressions du *Vocabulaire du thème.*

1. Vous êtes Lucie Lachaise, une pauvre jeune fille sans fortune. Vous êtes intelligente, vous avez du talent, et vous voulez réussir. Dites à votre amie, Jeanne Dubois, ce que vous rêvez de faire plus tard.
2. Quelle sorte de personnes préférez-vous ? Complétez le monologue suivant : « J'aime beaucoup les gens..., j'aime assez les gens..., mais je déteste les... ! »
3. A qui allez-vous téléphoner :
   a. si votre voiture ne marche pas ?
   b. si l'électricité ne marche pas ?
   c. si vous voulez faire construire un nouveau garage ?
   d. si vous êtes malade et ne pouvez pas aller au bureau ?
   e. si vous avez mal aux dents ?
   f. si vous ne savez pas la grammaire française ?

Interrogatives

Formation of Questions

Inversion of the subject and verb

1. Simple tenses

   a. If the subject is a pronoun, it is inverted with the verb and connected to the verb by a hyphen.

   Voudriez-vous être riche ?
   Would you like to be rich?

   Vous méfiez-vous de votre patron ?
   Do you distrust your boss?

   Verbs ending in a vowel in the third person singular insert **-t-** between the verb and the inverted subject pronoun.

   Travaille-t-elle maintenant comme électricienne ?
   Is she working now as an electrician?

   Admire-t-il vraiment les snobs ?
   Does he really admire snobs?

   b. If the subject is a noun, the order is *noun subject + verb + pronoun subject.*

   Marie habite-t-elle une grande maison ?
   Does Mary live in a large house?

   Une société sans classes est-elle possible ?
   Is a classless society possible?

2. Compound tenses

   In compound tenses, inversion takes place only with the auxiliary verb. Inversion of the auxiliary verb follows the same rules as for simple verbs.

   Cet arriviste a-t-il impressionné son patron ?
   Did that social climber impress his boss?

   Avez-vous remarqué ses manières impeccables ?
   Did you notice his (her) impeccable manners?

   Vous êtes-vous reposé après le travail ?
   Did you rest after work?

est-ce que

The question **est-ce que** placed before any sentence transforms it into a question.

Est-ce que vous êtes trop ambitieux ?
Are you too ambitious?

Est-ce que les classes privilégiées sont assez généreuses ?
Are the privileged classes generous enough?

Est-ce que is almost always used when asking a question in the first person singular. However, the expressions **ai-je** *(have I)*, **dois-je** *(must I)*, **puis-je** *(may I)*, and **suis-je** *(am I)* are sometimes used.

Est-ce que j'ai l'air d'être avare ?
Do I look greedy?

Est-ce que je vous gêne parce que je ne m'habille pas comme il faut ?
Do I bother you because I don't dress properly?

Puis-je vous poser une question indiscrète ?
May I ask you an indiscreet question?

n'est-ce pas

The expression **n'est-ce pas,** usually placed at the end of a sentence, seeks confirmation or denial. It is equivalent to expressions such as *aren't you, didn't you, isn't he, isn't it,* etc., in English.

Ta femme entre dans la vie active, n'est-ce pas ?
Your wife's entering the work force, isn't she?

Vous cherchez une belle situation, n'est-ce pas ?
You're looking for a good job, aren't you?

Rising intonation

Any sentence can be made interrogative by pronouncing it with a rising intonation. This manner of asking a question is conversational and colloquial; the other interrogative patterns should be used in formal writing.

Salut ! Vous avez bien dormi ?
Hi! (Did) you sleep well?

Tu viens à la réunion syndicale demain ?
(Are) you coming to the union meeting tomorrow?

EXERCICES

A. Voici des réponses. Posez les questions convenables en employant l'inversion.

1. Au contraire, je gagne très peu d'argent.
2. De la classe ? Vous plaisantez. Louise n'a pas de classe !
3. Oui, Delphine est très snob !
4. Oui, il m'a beaucoup impressionné.
5. Mécanicien ? Non, Pierre n'est pas mécanicien. Il est charpentier.
6. Oui. Malheureusement, les pauvres sont exploités.
7. Oui. Malheureusement, les millionnaires réussissent toujours !
8. Non, Sylvie n'est pas devenue professeur. Elle est devenue médecin.
9. Oui, j'habite dans un quartier pauvre.
10. Oui, mon fils est dans la vie active.

B. En employant les phrases de l'exercice A, posez des questions avec **est-ce que** et **n'est-ce pas.**

Un dîner magnifique

C. En employant l'inversion ou **est-ce que,** demandez à un(e) autre étudiant(e)...

1. s'il (si elle) aime les snobs.
2. si ses amis ont de la classe.
3. si son (sa) meilleur(e) ami(e) est aisé(e).
4. si ses parents sont français.
5. s'il (si elle) a jamais travaillé dans une usine (dans une banque, dans un bar).
6. s'il (si elle) s'est jamais révolté(e) contre ses parents (le professeur).
7. s'il (si elle) se méfie des clochards (des hommes d'affaires, des vendeurs de voitures).
8. s'il (si elle) a jamais eu un accident de voiture.

D. Voulez-vous connaître la vie du professeur ? Par exemple, voulez-vous savoir où il (elle) est né(e), s'il (si elle) va souvent en France, s'il (si elle) mange souvent des escargots ? Préparez cinq questions (amusantes ?, sérieuses ?, bizarres ?) et posez-les au professeur.

Interrogative Words

The interrogative adverbs

With the common interrogative adverbs **combien** *(how much, how many),* **comment** *(how),* **où** *(where),* **pourquoi** *(why),* and **quand** *(when),* the order *adverb + inverted verb* is always correct.

Comment les pauvres vont-ils vivre ?
How are the poor going to live?

Pourquoi ce mécanicien n'aime-t-il pas son métier ?
Why doesn't this mechanic like his trade?

Quand cessera-t-il de faire ce travail ingrat ?
When will he stop doing this thankless work?

In short questions composed only of **combien, comment, où,** or **quand** with a noun subject and a verb, the order *adverb + verb + noun* may be used. The adverb **pourquoi,** however, does not follow this rule.

Combien a gagné le patron ?
How much did the boss make?

Comment vont les enfants ?
How are the children?

Où vont les employés ?
Where are the employees going?

BUT:

Pourquoi ce clochard chante-t-il ?
Why is that street person singing?

Note that **Comment** + **être** asks for a description: it corresponds to *What is (are) . . . like?* in English.

Comment est la haute société en France ? — Très snob !
What's high society like in France? — Very snobbish!

Comment est ton patron ? — Il est sympathique mais exigeant.
What's your boss like? — He's nice but demanding.

EXERCICES

A. Les phrases suivantes sont des réponses. Formulez des questions en employant **combien, comment, où, pourquoi** ou **quand.**

1. Ce clochard s'appelle Georges.
2. Il est sale et vulgaire, mais il est intelligent aussi.
3. Il habite sous un pont.
4. Il ne travaille pas parce que le travail l'ennuie.
5. Il a beaucoup d'amis.
6. Il a très peu de vêtements.
7. Il se lève de bonne heure.
8. Il se couche après minuit.
9. Il est clochard parce qu'il aime la liberté.

B. Préparez trois questions originales en employant **comment, combien, où, pourquoi** ou **quand,** et posez-les à un(e) autre étudiant(e) ou au professeur.

C. Imaginez que vous pouvez poser une seule question aux personnes suivantes. Commencez votre question par **comment, combien, où, pourquoi** ou **quand.**

MODELE à un clochard
Pourquoi ne travaillez-vous pas ?
ou : Où dormez-vous ?

1. à un gangster
2. à un millionnaire
3. au président de l'université
4. au professeur
5. au président des Etats-Unis
6. à un alcoolique
7. à un snob
8. à un gréviste

D. **Dialogue.** Imaginez que vous êtes journaliste et que vous voulez écrire un article sur la vie des millionnaires. Vous interviewez un(e) millionnaire qui habite à Monte-Carlo et vous lui demandez quand et comment il (elle) est devenu(e) riche, où il (elle) aime passer son temps, pourquoi il (elle) aime ou n'aime pas sa vie, etc. Ce que vous ne savez pas, c'est que ce (cette) millionnaire a l'air normal(e), mais qu'en réalité il (elle) adore exagérer et mentir ! Préparez le dialogue et jouez-le avec un(e) camarade de classe.

Au marché aux puces

The invariable pronouns

Function	Persons	Things
subject	qui *or* qui est-ce qui *(who)*	qu'est-ce qui *(what)*
direct object	qui *(whom)*	que *(what)*
object of preposition	qui *(whom)*	quoi *(what)*

As the table shows, the invariable interrogative pronouns are classified according to their nature (persons, things) and their function (subject, direct object, object of a preposition). Both factors must be considered in choosing the proper interrogative pronoun. Note, however, that **qui** referring to persons is correct for all functions.

Qui (qui est-ce qui) va travailler dans ce bureau ?
Who (person, subject) *is going to work in this office?*

Qu'est-ce qui vous empêche d'aller loin ?
What (thing, subject) *keeps you from getting ahead?*

Qui veut-elle impressionner ?
Whom (person, direct object) *does she want to impress?*

Que voulez-vous comme salaire ?
What (thing, direct object) *do you want for a salary?*

Contre qui allez-vous vous révolter ?
Against whom (person, object of preposition) *are you going to revolt?*

Avec quoi le charpentier réparera-t-il cette maison ?
With what (thing, object of preposition) *will the carpenter repair this house?*

Note that **que** elides to **qu'** before a vowel or mute **h** (**qui** does not).

Qu'a-t-il choisi comme profession ?
What has he chosen as a profession?

1. In sentences beginning with the subject pronouns, the order *pronoun* + *uninverted verb* is always followed.

Qui remplacera notre patronne ?
Who will replace our boss?

Qu'est-ce qui se passe ?
What's happening?

2. In sentences beginning with the object pronouns (direct objects and objects of prepositions), the two most common ways of asking questions, **est-ce que** or inversion, are used.

Qui a-t-elle impressionné ?
Qui est-ce qu'elle a impressionné ?
Whom did she impress?

Qu'avez-vous trouvé comme emploi ?
Qu'est-ce que vous avez trouvé comme emploi ?
What have you found for a job?

De quoi a-t-il besoin pour aller loin ?
De quoi est-ce qu'il a besoin pour aller loin ?
What does he need to get ahead?

3. However, if a sentence beginning with **que** has a noun subject, inversion of the subject pronoun cannot be used. The order **que** + *verb* + *noun subject* must be used instead.

Que veut la classe ouvrière ?
What does the working class want?

EXERCICES

A. Quelle question allez-vous poser aux personnes suivantes ? Répondez en employant **qu'est-ce que** selon le modèle.

MODELE à un vendeur
Qu'est-ce que vous vendez ?

1. à un professeur
2. à un grand fumeur
3. à un grand buveur
4. à un écrivain

5. à un compositeur
6. à un mécanicien
7. à un étudiant

B. Imaginez que vous êtes une personne très curieuse. Un de vos amis est allé aux endroits suivants. Demandez-lui ce qu'il y a fait en employant **qu'est-ce que** et le **passé composé** selon le modèle.

MODELE Votre ami est allé au restaurant.
Qu'est-ce que tu as mangé?

Votre ami est allé...

1. au café.
2. au magasin.
3. au cinéma.
4. au concert.
5. à la bibliothèque.

C. Posez une question en employant l'expression **avoir besoin de** et le pronom **quoi** selon le modèle.

MODELE d'une voiture à réparer
De quoi un mécanicien a-t-il besoin ?

1. d'un verre de lait
2. d'une maison à construire
3. d'une nouvelle pipe
4. d'inspiration
5. de beaucoup d'ambition
6. de beaucoup d'argent

D. Remplacez les tirets par **qui** ou **qu'est-ce qui,** puis jouez les dialogues.

1. **A:** __________ vous ennuie à l'école ?
B: Tout !

2. **A:** __________ a causé l'accident ?
B: C'est lui ! C'est lui qui l'a causé !

3. **A:** __________ vient de frapper à la porte ?
B: Je, je ne sais pas... j'ai peur !

4. **A:** __________ se passe ?
B: __________ se passe ?
A: Oui, __________ se passe ?
B: Rien.

5. **A:** __________ impressionne ce snob ?
B: L'argent, imbécile, l'argent !

E. Traduisez en français puis jouez les dialogues.

1. **A:** What's happening?
B: Not much *(pas grand-chose)*. What do you want to do?

A: What interests you?
B: Nothing.
A: Whom do you want to see?
B: No one.

2. **A:** Why did you say I was a snob?
B: Who told you that?
A: Jean-Louis.
B: What was he talking about?
A: I don't know.
B: Never listen to Jean-Louis. He's crazy!

F. Préparez cinq questions originales (amusantes ? sérieuses ? impertinentes ?) en employant **qui, qu'est-ce qui, que, qu'est-ce que** et **quoi,** et posez-les à un(e) autre étudiant(e) ou au professeur.

The variable pronoun *lequel* (which one, which)

	Masculine	**Feminine**
singular	lequel	laquelle
plural	lesquels	lesquelles

Lequel agrees in gender and number with the noun to which it refers.

Ma sœur est au chômage. — Laquelle ?
My sister is unemployed. — Which one?

Lequel de ces grévistes a volé l'argent ?
Which (one) of these strikers stole the money?

Lequel and **lesquel(le)s** contract with the prepositions **à** and **de: auquel, auxquel(le)s, duquel, desquel(le)s.**

J'ai parlé à certains membres du syndicat. — Auxquels ?
I spoke to certain members of the union. — To which ones?

Il y a deux syndicats dans cette entreprise. Duquel voulez-vous faire partie ?
There are two unions in this company. Which do you want to belong to?

The adjective *quel* (which, what)

	Masculine	**Feminine**
singular	quel	quelle
plural	quels	quelles

The adjective **quel** agrees in number and gender with the noun it modifies.

Quelle profession a-t-elle choisie ?
What (which) profession did she choose?

Quelles conditions de travail existent dans cette usine ?
What working conditions exist in this factory?

Quelle est la date de la grève ?
What is the date of the strike?

Quel is also used to express the English exclamations *What a (an) . . . !* or *What . . . !*

Quelle maison propre !
What a clean house!

Quelle bêtise !
What nonsense!

Quelle réponse !
What an answer!

Quel culot !
What nerve!

EXERCICES

A. Traduisez en employant la forme convenable de **quel** ou **lequel.**

1. __________ *(What)* jolies jeunes filles !
2. Diane, je parle de votre amie. — __________ *(Which one) ?*
3. __________ *(What)* milieux sociaux fréquentez-vous ?
4. __________ *(Which one)* de ces jeunes filles veut devenir électricienne ?
5. Un de ses fils a dépensé trop d'argent. — __________ *(Which one) ?*
6. __________ *(What an)* employé ingrat !
7. __________ *(What a)* patronne !
8. __________ *(What)* conditions de vie déplorables !
9. Il y a deux usines dans la ville. __________ *(Which)* voulez-vous visiter ?
10. __________ *(What a)* quartier intéressant !

B. Posez des questions à un(e) autre étudiant(e) ou au professeur en employant la forme correcte de **quel** selon le modèle.

MODELE son adresse
Quelle est ton (votre) adresse ?
ses écrivains préférés
Quels sont tes (vos) écrivains préférés ?

1. ses boissons préférées
2. son bonbon préféré
3. son sport préféré
4. ses musiciens préférés
5. ses magazines préférés
6. sa voiture preférée
7. sa couleur préférée
8. son poète preféré

Related Expressions

The interrogative construction *what is . . . ?*

1. If the answer to the question *What is . . . ?* is a definition, the expressions **qu'est-ce que** or **qu'est-ce que c'est que** are used. These are fixed forms; they agree in neither gender nor number.

   Qu'est-ce qu'un arriviste ?
   What is a social climber?

   Qu'est-ce que c'est que la haute société ?
   What is high society?

2. If the answer is anything other than a definition—dates, names, facts, etc.—the adjective **quel** is generally used, agreeing with the noun in question.

   Quelle est la date de son anniversaire ?
   What is the date of his birthday?

   Quel est son rôle dans l'entreprise ?
   What is his role in the business?

   When the adjective **quel** modifies plural nouns, the English equivalent is *What are . . . ?*

   Quelles sont les règles de la société ?
   What are society's rules?

EXERCICES

A. Traduisez en français les mots entre parenthèses.

1. *(What is)* la dignité humaine ?
2. *(What are)* ses conclusions définitives ?
3. *(What is)* le métier de votre père ?
4. *(What is)* la démocratie ?
5. *(What is)* la politesse française ?
6. *(What is)* la date aujourd'hui ?
7. *(What is)* sa classe sociale ?
8. *(What is)* une classe sociale ?
9. *(What are)* les plus grandes villes du monde ?
10. *(What is)* une grève ?

B. Posez une question en employant **qu'est-ce que c'est que** ou la forme correcte de **quel** selon le modèle.

MODELE C'est une personne qui a des millions.
Qu'est-ce que c'est qu'un millionnaire ?

10, rue de l'Université.
Quelle est votre (ton) adresse ?

Un sans-abri

1. C'est une personne qui répare les voitures.
2. C'est l'interruption du travail par des ouvriers.
3. Je suis femme d'affaires.
4. C'est un endroit où on passe beaucoup de temps à boire et à bavarder.
5. C'est une personne, généralement insupportable, qui essaie d'impressionner les autres.
6. Je m'appelle Louis XIV.
7. 15, rue Saint-Jacques.
8. C'est la classe qui a beaucoup de pouvoir.
9. C'est une classe qui n'a pas de pouvoir.
10. C'est une personne qui fait la grève.

C. Préparez deux questions personnelles comme celles de l'exercice B.

Negatives

ne... pas	*not*	**ne... rien**	*nothing*
ne... jamais	*never*	**ne... que**	*only*
ne... plus	*no longer, not any more, no more*	**ne... aucun(e)**	*no, not any, not a single*
ne... point	*not (at all)*	**ne... ni... ni**	*neither . . . nor*
ne... personne	*no one*		

The Basic Negative: *ne... pas*

Position

1. With simple verbs

   a. To form the negative, **ne** is normally placed before the verb and **pas** after it.[1] If the sentence contains object pronouns, they are placed between **ne** and the verb.

   Elle ne travaille pas dans ce magasin.
   She doesn't work in this store.

   Ne faites pas attention à ses remarques impertinentes.
   Don't pay attention to his (her) impertinent remarks.

   Il ne me les donne pas tout de suite.
   He doesn't give them to me right away.

   Je ne me moque pas de toi !
   I'm not making fun of you!

   Note that **ne** changes to **n'** before a verb beginning with a vowel or mute **h.**

   David n'habite pas dans un appartement somptueux.
   David doesn't live in a luxurious apartment.

   Elle n'aime pas les snobs.
   She doesn't like snobs.

   b. In interrogative sentences, **ne** is placed before the verb and inverted subject pronoun, and **pas** after them. If the sentence contains object pronouns, they are placed between **ne** and the verb and inverted subject pronoun.

   N'a-t-il pas l'air un peu trop raffiné ?
   Doesn't he look a little too refined?

   Les patrons n'exploitent-ils pas leurs employés ?
   Don't (the) bosses exploit their employees?

   Ne les préférez-vous pas ?
   Don't you prefer them?

   If the interrogative form **est-ce que** is used, the general rule in the preceding section 1.a is followed.

   Est-ce qu'il n'a pas l'air un peu trop raffiné ?
   Est-ce que les patrons n'exploitent pas leurs employés ?

   c. In sentences containing a verb followed by a complementary infinitive, only the main verb is made negative.

[1] The omission of **ne** is frequent in current popular speech: **C'est pas vrai; J'en veux pas; J'étais pas comme ça.**

Ma sœur n'aime pas critiquer les gens.
My sister doesn't like to criticize people.

Ne voulez-vous pas m'accompagner à l'usine ?
Don't you want to accompany me to the factory?

2. With compound verbs

The negative of compound verbs is built around only the auxiliary verb **avoir** or **être.**

Pourquoi n'a-t-il pas remercié le patron ?
Why didn't he thank the boss?

Il n'était pas allé loin.
He hadn't gone far.

3. With infinitives

Both parts of the negation precede a negative infinitive. This rule applies to both the present and the past infinitives.

Il est important de ne pas gêner le patron.
It is important not to bother the boss.

Je regrette de ne pas avoir réussi.
I regret not having succeeded.

Followed by the indefinite article or the partitive

Remember that after **ne... pas** (and other negatives) the indefinite article (**un, une, des**) and the partitive article (**du, de la, de l', des**) generally change to **de:** they are translated by *not any* or *no*, or sometimes by no word at all.

Avez-vous un métier ? — Non, je n'ai pas de métier.
Do you have a trade? — No, I don't have a trade.

Elle n'a pas trouvé de travail.
She didn't find any work. OR:
She found no work. OR:
She didn't find work.

Used without **ne** or a verb, **pas de** renders *no* with a noun.

Pas de travail !
No work!

Pas de chance !
No luck!

EXERCICES

A. Qu'est-ce que les personnes suivantes n'ont pas ? Répondez en employant **ne... pas** et un des mots suivants, selon le modèle.

amis, argent, classe, courage, emploi, principes, bon sens, humour, temps

MODELE Sylvie est très solitaire.
Elle n'a pas d'amis.

1. Guillaume a peur de tout.
2. Henri ne rit jamais.
3. Virginie est toujours pressée.
4. Florence dit n'importe quoi, même des mensonges monstrueux, pour avoir ce qu'elle veut.
5. Robert est chômeur.
6. Chantal est pauvre.
7. Richard est vulgaire et grossier.
8. Amélie est toujours dans les nuages *(clouds)*.

B. Demandez à un(e) autre étudiant(e)...

1. s'il (si elle) veut être plombier (professeur, médecin, clochard[e]).
2. s'il (si elle) a bon goût.
3. s'il (si elle) aime le luxe.
4. s'il (si elle) s'est levé(e) à cinq heures.
5. s'il (si elle) s'est révolté(e) contre ses parents.
6. s'il (si elle) a gagné des millions.
7. s'il (si elle) se sent supérieur(e) à tout le monde.
8. s'il (si elle) veut vivre dans un quartier pauvre.
9. s'il (si elle) est snob.
10. s'il (si elle) a pris une douche ce matin.

C. Traduisez en français, puis jouez le dialogue.

A: Why don't you want to become a mechanic?
B: Mechanics don't make enough money.
A: That's not true.
B: And they have no prestige.
A: Well *(Eh bien)*, why don't you become a plumber?
B: That's not very chic.
A: An electrician?
B: They aren't sophisticated.
A: Well, become a sophisticated bum!

D. Dans les phrases suivantes, mettez seulement les infinitifs au **négatif.**

1. Il est important de parler anglais en classe.
2. Je suis content d'être né(e) riche.
3. Il est rare d'entrer dans la vie active.
4. Elle espère perdre sa fortune.

Other Negatives

ne... jamais, ne... plus, ne... point

The position of **ne... jamais** *(never)*, **ne... plus** *(no longer, not any more, no more)*, and the more literary **ne... point** *(not [at all])* is the same as that of **ne... pas.**

Cette dame n'est plus riche.
This lady is no longer rich.

Je ne veux plus de vin.
I don't want any more wine.

Il n'a jamais fait la connaissance d'un millionnaire.
He never met a millionaire.

Cette famille misérable n'a point perdu sa dignité !
This miserable family has not lost its dignity (at all)!

After these negatives, as after **ne... pas,** the indefinite article and the partitive generally change to **de.**

Mon fils ne porte jamais de manteau !
My son never wears a coat!

Après la révolution, il n'y aura plus de misère !
After the revolution there will be no more misery!

EXERCICES

A. Imaginez que vous êtes une des personnes suivantes. Qu'est-ce que vous ne faites plus ?

Vous êtes...

1. une chanteuse qui a perdu la voix.
2. un grand buveur qui a mal à l'estomac.
3. un étudiant qui sait toutes les réponses.
4. une danseuse qui s'est cassé la jambe.
5. une serveuse qui est devenue charpentier.
6. un écrivain qui a peur d'écrire.
7. un professeur qui est devenu homme d'affaires.
8. une ouvrière qui a hérité d'une grosse fortune.
9. un voleur qui est maintenant en prison.

B. Répondez au négatif en employant **ne... jamais** ou **ne... plus,** selon le cas.

1. Dormez-vous encore avec une poupée ?
2. Avez-vous jamais mangé des pieds de cochon ?
3. Etes-vous encore naïf (naïve) ?
4. Avez-vous jamais habité sur une île déserte ?

5. Le professeur regarde-t-il encore la télé le samedi matin ?
6. Le vieux général a-t-il encore de l'ambition ?
7. Avez-vous jamais marché sur la lune ?
8. Votre grand-mère a-t-elle encore toutes ses dents ?
9. Avez-vous jamais fait la grève ?
10. Avez-vous jamais été snob ?

C. Quand vous étiez petit(e), vous faisiez certaines choses que vous ne faites plus. Nommez-en deux. (Par exemple : Je ne regarde plus la télévision le samedi matin.)

D. Nommez deux choses (intéressantes ? bizarres ? ridicules ?) que vous n'avez jamais faites.

ne... personne and *ne... rien*

The negative pronouns **ne... personne** *(no one, not anyone)* and **ne... rien** *(nothing, not anything)* are placed in the same position as **ne... pas** in simple tenses. In compound tenses, **rien** follows the auxiliary verb whereas **personne** follows the past participle. As the object of an infinitive, **rien** precedes the infinitive whereas **personne** follows it.

Cette famille pauvre ne possède rien.
This poor family possesses nothing.

Il n'y avait personne à la fête.
There was no one at the party.

Malheureusement, le propriétaire n'a rien compris.
Unfortunately, the owner didn't understand anything.

Je n'ai vu personne au bureau.
I didn't see anyone in the office.

Je ne peux rien faire ; je ne veux voir personne.
I can't do anything; I don't want to see anybody.

When used with verbs that take a preposition, **personne** and **rien** directly follow the preposition.

A qui le patron s'intéresse-t-il ? — Il ne s'intéresse à personne.
Whom is the boss interested in? — He's not interested in anybody.

De quoi avez-vous besoin ? — Je n'ai besoin de rien.
What do you need? — I don't need anything.

The pronouns **personne ne** and **rien ne** are used as subjects.

Personne ne l'a remercié de ses sacrifices.
No one thanked him for his sacrifices.

Rien n'a changé dans sa vie.
Nothing changed in his (her) life.

Note that **pas** is never used with the negative expressions **ne... personne** and **ne... rien.**

EXERCICES

A. Répondez aux questions suivantes en employant **ne... rien** ou **ne... personne,** selon le modèle.

MODELE Qui détestez-vous ?
Je ne déteste personne.

Qu'est-ce que vous avez acheté ?
Je n'ai rien acheté.

1. Qu'est-ce que vous avez compris ?
2. Qui regardez-vous ?
3. Qui avez-vous vu ?
4. Qui avez-vous contacté ?
5. Qu'est-ce que vous avez demandé ?
6. Qu'est-ce que vous avez dit ?
7. Qu'est-ce que vous cherchez ?
8. Qui cherchez-vous ?
9. Qu'est-ce que vous avez trouvé ?
10. Qui avez-vous choisi ?

B. Imaginez que vous êtes un(e) grand(e) pessimiste : vous voyez le monde tout en noir. Répondez aux questions suivantes en employant **ne... rien** ou **ne... personne** selon le modèle.

MODELE Qu'est-ce que vous aimez ?
Je n'aime rien !

Qui aimez-vous ?
Je n'aime personne !

L'actrice Catherine Deneuve, à gauche, et le couturier Karl Lagerfeld

1. Qui respectez-vous ?
2. Qu'est-ce que vous désirez ?
3. Qui embrassez-vous ?
4. Avec qui flirtez-vous ?
5. Avec qui sortez-vous ?
6. A quoi vous intéressez-vous ?
7. A qui vous intéressez-vous ?
8. Qui voulez-vous voir ?
9. Qu'est-ce que vous voulez apprendre ?
10. Qu'est-ce que vous voulez faire ?

C. Imaginez que vous êtes un(e) grand(e) optimiste : vous voyez la vie en rose. Répondez en employant **personne ne** ou **rien ne** selon le modèle.

MODELE Qu'est-ce qui vous décourage ?
Rien ne me décourage !

Qui est-ce qui vous décourage ?
Personne ne me décourage !

1. Qu'est-ce qui vous rend triste ?
2. Qu'est-ce qui vous gêne ?
3. Qui est-ce qui vous met en colère ?
4. Qui est-ce qui vous insulte ?
5. Qui est-ce qui vous énerve ?
6. Qu'est-ce qui vous inquiète ?
7. Qui est-ce qui vous traite mal ?
8. Qu'est-ce qui vous ennuie ?

D. Traduisez en français.

1. Nothing impresses her.
2. Nobody likes slums.
3. We didn't see anybody.
4. She insulted no one.
5. He spoke to nobody.
6. He didn't speak to anyone.
7. They aren't interested in anything.
8. No one likes to be exploited.

ne... que

In the restrictive expression **ne... que** *(only)*, **que** is placed directly before the word it modifies.

Ce millionnaire n'aimait que l'argent quand il était jeune.
This millionaire liked only money when he was young.

Pourquoi le patron n'a-t-il donné une augmentation de salaire qu'à ses amis ?
Why did the boss give a raise only to his friends?

Note that the adverb **seulement** may replace **ne... que.**[1]

Ce millionnaire aimait seulement l'argent quand il était jeune.
Pourquoi le patron a-t-il donné une augmentation de salaire seulement à ses amis ?

Since **ne... que** is a restrictive rather than a negative expression, any following indefinite and partitive articles **(un, une, du, de la, de l', des)** do not change to **de.**

Elle n'a invité que des jeunes gens bien élevés.
She invited only well-bred young men.

[1] Do not confuse the adverb **seulement** *(only)* with the adjective **seul** *(only, sole):* **Il a seulement une ambition** *(He has only one ambition);* **sa seule ambition** *(his only ambition).*

EXERCICES

A. Imaginez que je suis une personne qui exagère tout. Vous, par contre, vous êtes plus réaliste et plus honnête. Répondez en employant l'expression **ne... que** selon le modèle.

MODELE J'ai cinq brosses à dents. Combien en avez-vous ?
Je n'en ai qu'une (que deux).

1. J'ai vingt maillots *(m)* de bain. Combien en avez-vous ?
2. J'ai dix montres *(f)*. Combien en avez-vous ?
3. J'ai cent dollars sur moi. Combien en avez-vous ?
4. J'ai cinq livres de français. Combien en avez-vous ?
5. Je connais cinq millionnaires. Combien en connaissez-vous ?
6. Je parle dix langues. Combien en parlez-vous ?
7. J'ai quatre bicyclettes. Combien en avez-vous ?
8. J'ai douze téléviseurs. Combien en avez-vous ?

B. Substituez l'expression **ne... que** à l'adverbe **seulement.**

1. Ils ont habité seulement des logements misérables.
2. Il mange beaucoup seulement quand il est nerveux.
3. Elle s'intéresse seulement aux jeunes gens riches.
4. Cette dame lit seulement les magazines de mode.
5. Elle est polie seulement devant les adultes.
6. Ils ont seulement deux voitures de sport.
7. Ce clochard possède seulement les vêtements qu'il a sur le dos.

ne... aucun(e), aucun(e)... ne

The adjective **aucun(e)** *(no, not any, not a single)*, a stronger form of **ne... pas,** is placed before the noun it modifies. Although it is an adjective, so agrees in number and gender with the noun it modifies, **aucun(e)** is almost always used in the singular.

Ces gens-là n'ont-ils aucune envie de réussir ?
Don't those people have any desire to succeed?

Je n'ai aucune idée.
I have no (not a single) idea.

When **aucun(e)... ne** modifies a subject, **aucun(e)** precedes the noun it modifies and **ne** precedes the verb.

Aucun invité n'est arrivé à l'heure.
Not a single guest arrived on time.

Note that **aucun(e)** *(not a single one, none)* can also be used as a singular pronoun.

Ces femmes d'affaires sont-elles américaines ? — Non, aucune (de ces femmes d'affaires) n'est américaine.
Are these businesswomen American? — No, not a single one (of these businesswomen) is American.

EXERCICE

Répondez en employant l'expression **ne... aucun(e)** avec le verbe **avoir** et un mot ou une expression de la colonne de droite selon le modèle.

MODELE Pourquoi Robert Hasard perd-il toujours aux courses de chevaux ?
chance *f*
Parce qu'il n'a aucune chance !

1. Pauvre Georges ! Il est si paresseux. Il ne fait rien ! Pourquoi pas ?
2. Pourquoi Charles n'est-il pas un bon peintre ?
3. Pourquoi Brigitte ne tient-elle pas compte des opinions de ses amis ?
4. Pourquoi Jean-Pierre ne plaisante-t-il jamais ?
5. Emma est très intelligente mais elle ne réussit jamais à ses examens. Pourquoi ?
6. Pourquoi Françoise n'est-elle pas dans la vie active ?

talent *m*
chance *f*
envie *f* de travailler
sens *m* de l'humour
discipline *f*
respect *m* pour les autres
envie *f* de réussir

ne... ni... ni

In the expression **ne... ni... ni,** the negative adverb **ne** precedes the verb and the conjunctions **ni... ni** *(neither . . . nor)* precede the words they modify. The indefinite article and the partitive are omitted after **ni... ni,** but the definite article is retained.

Il n'a ni la formation ni l'expérience qu'il faut pour obtenir ce poste.
He has neither the background nor the experience necessary to obtain this position.

Un avocat n'est ni ouvrier ni patron.
A lawyer is neither a worker nor a boss.

Ce pauvre clochard n'a ni femme ni enfants ni amis.
This poor bum has neither a wife nor children nor friends.

Note that **ni** may be used more than twice.

EXERCICES

A. Répondez au **négatif** en employant **ne... ni... ni.**

1. Mon cher, aimez-vous le théâtre ou l'opéra ?
2. Ce jeune homme est-il poli et sympathique ?
3. Allez-vous devenir architecte, plombier ou cosmonaute ?
4. Votre amie a-t-elle visité des musées ou des usines ?
5. Avez-vous un bureau et une secrétaire ?
6. Avez-vous une voiture et une bicyclette ?
7. Avez-vous une télé et une radio ?

B. Préparez une phrase originale en employant les noms suivants et l'expression **ne... ni... ni** selon le modèle.

MODELE Un enfant unique n'a...
Un enfant unique n'a ni frères ni sœurs.

1. Un orphelin n'a...
2. Au printemps il ne fait...
3. La classe moyenne n'est...
4. Une personne qui a trente-cinq ans n'est...
5. Un chat gris n'est...

Related Expressions

Expressions meaning *yes* and *no*

1. **oui, non,** and **si**

The adverbs **oui** and **non** are ordinarily used to mean *yes* and *no* in French. The more emphatic form, **si,** however, is used for *yes* in response to a negative statement or question.

Avez-vous de l'ambition ? — Oui.
Do you have ambition? — Yes.

N'avez-vous pas d'ambition ? — Si !
Don't you have any ambition? — Yes! (I do!)

2. **Je crois que oui** and **Je crois que non**

The English expressions *I think so* and *I don't think so (I think not)* are expressed by **Je crois que oui** and **Je crois que non.**

Les riches ont-ils des responsabilités envers les pauvres ? — Je crois que oui.
Do the rich have responsibilities toward the poor? — I think so.

Allons-nous faire la grève ? — Je crois que non.
Are we going to strike? — I don't think so.

Dans les champs

personne or *rien* + *de* + adjective

The preposition **de** followed by the masculine singular form of the adjective is always used with **personne** or **rien** to express *no one* or *nothing* + *adjective* in English. An adverb like **si, très, plus,** etc., is sometimes placed in front of the adjective for emphasis.

Personne d'intéressant n'est venu.
No one interesting came.

N'avez-vous rien d'original à dire ?
Have you nothing original to say?

Je n'ai jamais vu personne de si charitable !
I never saw anyone so charitable!

1. Note that if **rien** is the direct object of a compound verb, it is separated from **de** and the adjective by the past participle.

   Il n'a rien dit d'intéressant.
   He said nothing interesting.

2. The indefinite pronouns **quelque chose** and **quelqu'un** are also used with **de** + *masculine adjective.*

   quelqu'un de grossier
   someone vulgar

   quelque chose de raffiné
   something refined

ne... pas du tout

The expression **ne... pas du tout** renders the English *not at all.*

Je n'ai pas du tout apprécié ses manières grossières !
I didn't appreciate his vulgar manners at all!

Aimeriez-vous habiter en ville ? — Pas du tout.
Would you like to live in the city? — Not at all.

(ni)... non plus

Used with an emphatic pronoun, the expression **(ni)... non plus** renders the English *neither* in phrases like *neither do I, neither will he,* etc. In spoken French, **ni** is frequently dropped.

Je ne veux pas travailler dans cette usine malsaine ! — Ni eux non plus !
I don't want to work in this unhealthy factory! — Neither do they!

Je ne pouvais pas supporter cet arriviste ! — Moi non plus !
I couldn't stand that social climber! — Neither could I!

Emphatic pronouns are the only ones used in this expression.

de rien and il n'y a pas de quoi

The expressions **de rien** and **il n'y a pas de quoi** both translate the English *you're welcome.*

Je vous remercie de ce cadeau magnifique ! — De rien.
ou : — Il n'y a pas de quoi.
I thank you for that terrific gift! — You're welcome.

EXERCICES

A. Traduisez en français.

1. He ate something good (bad)!
2. Nothing serious happened (Use *arriver*).
3. Nobody sophisticated came.
4. She said something coarse!
5. She married somebody ambitious.
6. Tell me something amusing.
7. He said nothing original.
8. Someone vulgar just phoned!
9. Something strange just happened.

B. Donnez une réponse plausible en employant **pas du tout, (ni)... non plus,** ou **il n'y a pas de quoi.**

1. Je te remercie, mon vieux, de m'avoir critiquée devant mon ami !
2. Je ne suis pas né très riche.
3. Voulez-vous dire que je suis grossier, vulgaire et ingrat ?
4. Quel compliment ! Merci !
5. Je ne voudrais pas habiter dans un château !
6. Soyons francs ! N'êtes-vous pas un peu snob ?
7. Merci pour ces cadeaux magnifiques.
8. Je n'ai jamais fait la grève.

Exercices d'ensemble

I. Voici les réponses. Quelles sont les questions ?

1. Non, Marie-France n'est pas ici.
2. Oui, je veux visiter votre bureau.
3. Un snob est une personne qui se sent supérieure à tout le monde.
4. Ils se sont révoltés contre leurs oppresseurs.
5. J'ai gagné beaucoup d'argent.
6. Si, cette dame élégante fait partie de la haute société !
7. Il n'a pas réussi parce qu'il se sent inférieur.
8. Le conflit entre les riches et les pauvres s'appelle la lutte des classes.
9. Ce clochard habite dans les rues.
10. Je n'aime pas mon concierge parce qu'il a des manières vulgaires !
11. Les ouvriers font la grève parce que le patron ne veut pas augmenter leur salaire.
12. Un homme « arrivé » est une personne qui a réussi à monter l'échelle *(ladder)* sociale.
13. Si, elle a très bon goût !

II. Interrogez le professeur ! Complétez les questions suivantes et posez-les au professeur.

1. Avez-vous jamais...
2. Comment...
3. Où...
4. Etes-vous jamais...
5. Combien...
6. Pourquoi...

III. Traduisez en français.

1. Barbara is neither polite nor refined.
2. They lived in a poor neighborhood last year, but they no longer live there.
3. I have never earned a lot of money.
4. Don't you want to get ahead?
5. I saw nothing.

6. These workers don't have a union.
7. This wealthy family has only one car?
8. The middle class has neither good manners nor good taste!
9. Not a single member of that family wants to work.
10. Doesn't he want to be rich? — Yes, he does.
11. She is not well-bred. — Neither are you!
12. That snob impresses no one.
13. Is the boss going to come? — I don't think so.
14. She's entered the work force, hasn't she? — I have no idea.
15. Do you want to be a millionaire? — Not at all!
16. The underprivileged classes have neither money nor influence.
17. It's cold and that street person doesn't have a hat.
18. Nobody interesting came.

Sujets de discussion ou de composition

1. **Le jeu des vingt questions.** Un étudiant imagine une personne ou une chose. Les autres étudiants essaient de deviner de quelle personne ou de quelle chose il s'agit en posant des questions. L'étudiant ne répond que par oui ou non. Si les autres étudiants dépassent *(go over)* les vingt questions sans deviner la réponse, l'étudiant gagne.
2. **Le jeu des métiers.** Un étudiant imagine un métier ou une profession. Les autres étudiants essaient de deviner de quel métier ou de quelle profession il s'agit en posant des questions. L'étudiant ne répond que par oui ou non. Si les autres étudiants dépassent les vingt questions sans deviner la réponse, l'étudiant gagne.
3. Voulez-vous améliorer votre condition sociale ? Pourquoi ou pourquoi pas ? Si oui, qu'est-ce que vous allez faire ?
4. Une société sans classes est-elle possible ?
5. Est-ce que tout le monde a les mêmes possibilités aux Etats-Unis ou y a-t-il des classes privilégiées ?

6

Descriptive Adjectives and Adverbs

La France politique et économique

Chapter 6 at a Glance

Descriptive adjectives

I. Mettez les adjectifs au **féminin singulier.**

1. responsable
2. privé
3. ambitieux
4. lucratif
5. long
6. blanc
7. gros
8. doux
9. gentil
10. beau

II. Mettez les expressions au **pluriel.**

1. l'employé ambitieux
2. le candidat qualifié
3. le nouveau directeur
4. le sénateur libéral

III. Mettez chaque adjectif avant ou après le nom en faisant **l'accord** s'il y a lieu.

1. intelligent ; un ministre
2. bon ; une ambiance
3. ancien *(former)* ; le président
4. vieux, italien ; une usine

IV. Faites **l'accord** de l'adjectif s'il y a lieu.

1. des réformes ___________ (social)
2. un homme et une femme ___________ (honnête)
3. une ___________ (demi-heure)

V. Traduisez en français en employant l'expression entre parenthèses.

1. That businessman seems reasonable. *(avoir l'air)*
2. Money makes her happy. *(rendre)*

Adverbs

VI. Changez les adjectifs en adverbes.

1. facile
2. sérieux
3. patient
4. meilleur
5. bon

VII. Mettez les adverbes à la place convenable.

1. On parle de ce sénateur. (beaucoup)
2. On l'a acheté. (déjà)
3. On est responsable de ses actions. (moralement)

VIII. Récrivez la phrase en mettant l'expression en italique au début.

1. Votre travail est *peut-être* permanent.
2. Le directeur a *peut-être* compris son erreur.

IX. Remplacez les tirets par les adjectifs **tout, tous, toute** ou **toutes.**

1. Je pense que ___________ les employés sont compétents.
2. Il a perdu ___________ sa fortune.
3. ___________ le monde est venu.

X. Remplacez les tirets par le pronom **tous** ou **toutes.**

1. Les députés sont ___________ venus.
2. Les secrétaires sont ___________ allées au restaurant.

XI. Formulez une phrase comparative en employant les expressions **plus... que, moins... que** ou **aussi... que.**

1. la faillite, la fortune : agréable
2. le travail, le chômage : souhaitable

XII. Traduisez en français.

1. the youngest businesswoman
2. the most liberal politician

XIII. Remplacez les tirets par **meilleur** ou **mieux.**

1. Mon ordinateur marche ___________ que le vôtre.
2. Bien sûr, c'est le ___________ ouvrier de l'usine !

Vocabulaire du thème : *La France politique et économique*

La Politique

le **président,** la **présidente** president
le **ministre** minister
le **sénateur** senator
le **député** representative

l' **homme** (la **femme**) **politique** politician

le **candidat,** la **candidate** candidate
se **lancer dans la politique** to go into politics
poser sa candidature to run for office
faire un discours to make a speech
être élu to be elected

le **parti** party
libéral liberal
conservateur, conservatrice conservative
réactionnaire reactionary
de gauche leftist
de droite rightist
le **citoyen,** la **citoyenne** citizen
le **partisan** supporter, follower
l' **adversaire** *m, f* opponent
voter (pour, contre) to vote (for, against)

le **programme** program, platform
faire des réformes to make reforms
maintenir le statu quo to maintain the status quo

la **crise** crisis
le **pot-de-vin** *(fam)* bribe
démissionner to resign

L'Economie
les **affaires** *f* business
l' **affaire** *f* deal
le **secteur public (privé)** public (private) sector
l' **homme** (la **femme**) **d'affaires** businessman, businesswoman
le **directeur,** la **directrice** director
le, la **secrétaire** secretary
l' **employé,** l' **employée** employee
le, la **fonctionnaire** civil servant
le **client,** la **cliente** customer
le **consommateur,** la **consommatrice** consumer
le **concurrent,** la **concurrente** competitor
le **chômeur,** la **chômeuse** unemployed person

énergique energetic
lucratif, lucrative lucrative
compétent, incompétent competent, incompetent
qualifié qualified
ambitieux, ambitieuse ambitious
paresseux, paresseuse lazy
travailleur, travailleuse hard-working

l' **entreprise** *f* company, business, firm
l' **usine** *f* factory
le **bureau** office
l' **ambiance** *f* atmosphere
la **machine à écrire** typewriter
l' **ordinateur** *m* computer
le **traitement de texte** word processor, word processing
envoyer, recevoir un mel (un courriel), une télécopie to send, to receive an e-mail, a fax

acheter ; vendre to buy; to sell
lancer un nouveau produit to launch a new product
gérer une entreprise to manage a business
faire de la publicité to advertise
la **publicité** advertisement
la **concurrence** competition

engager to hire
demander une promotion, une augmentation to ask for a promotion, a raise

gagner un bon salaire to earn a good salary
travailler à mi-temps, à plein temps to work part-time, full-time
l' **emploi** *m* job
renvoyer to fire
faire faillite to go bankrupt
être au chômage to be unemployed
licencier to lay off
le **licenciement** layoff

EXERCICES

A. **Mise en scène.** Complétez en employant une ou plusieurs expressions du *Vocabulaire du thème*, puis jouez les dialogues.

1. **A:** Comment, (nom), tu es au chômage ? Qu'est-ce qui est arrivé ?
   B: ...
   A: Pauvre (nom)! Qu'est-ce que tu vas faire ?
   B: Je...
   A: C'est une bonne idée. Est-ce que je peux faire quelque chose pour toi ?
   B: ...
2. **A:** (nom), j'ai décidé de me lancer dans la politique !
   B: C'est bien, (nom). Qu'est-ce que tu vas faire si tu es élu(e) ?
   A: Je...
   B: Qu'est-ce que tu feras si tu n'es pas élu(e) ?
   A: Je...
   B: J'espère que tu seras élu(e) !

Jacques Chirac

B. **Situations.** Répondez en employant une ou plusieurs expressions du *Vocabulaire du thème.*

1. Imaginez que vous êtes le directeur (la directrice) d'une entreprise française et que vous allez engager de nouveaux employés. Quelles sont les caractéristiques personnelles que vous recherchez *(look for)?*
2. Les entreprises, hélas, ne réussissent pas toujours. Parfois elles font faillite. Trouvez des raisons qui peuvent mener *(lead)* à la faillite.
3. Quelle est votre orientation politique ? Choisissez la réponse appropriée.

a. Je suis	conservateur (conservatrice) libéral(e) réactionnaire
b. J'aimerais	maintenir le statu quo faire des réformes accepter des pots-de-vin
c. Je voudrais être	président(e) député simple citoyen (citoyenne) ministre sénateur dictateur roi (reine)

Descriptive Adjectives

An adjective is a word that modifies a noun or pronoun. If an adjective describes, it is called a descriptive or qualitative adjective.

C'est un partisan loyal.
He's a loyal follower.

Elle est qualifiée.
She is qualified.

In English, descriptive adjectives have only one form. French descriptive adjectives have four, since they usually agree in gender (masculine, feminine) and number (singular, plural) with the noun they modify.

	Masculine	**Feminine**
Singular:	un produit intéressant *an interesting product*	une affaire intéressante *an interesting deal*
Plural:	des produits intéressants *some interesting products*	des affaires intéressantes *some interesting deals*

Formation of Adjectives

Formation of the feminine singular

1. Most adjectives form the feminine singular by adding an unaccented **e** to the masculine singular. If the masculine singular already ends in an unaccented **e,** the masculine and feminine singular are identical.

Masculine singular	Feminine singular
compétent	compétente
énergique	énergique

2. Some feminine singular endings are irregular.

Change	Masculine singular	Feminine singular
x → se	ambitieu**x**	ambitieu**se**
er → ère	ch**er**	ch**ère**
f → ve	lucrati**f**	lucrati**ve**
c → que	publi**c**	publi**que**
g → gue	lon**g**	lon**gue**
eur → euse[1]	travaill**eur**	travaill**euse**
double the consonant + **e**	professionn**el**	professionn**elle**
	par**eil**	par**eille**
	anc**ien**	anc**ienne**
	gr**as**	gr**asse**
	gr**os**	gr**osse**
	coqu**et**[2]	coqu**ette**

3. Certain common adjectives have irregular feminine singular forms.

Masculine singular	Feminine singular
beau	belle
blanc	blanche
bon	bonne
doux	douce
favori	favorite
faux	fausse

[1]Adjectives in **eur** not derived from a present participle change **eur** to **ice: destructeur, destructrice. Meilleur** and the pairs **antérieur, postérieur; intérieur, extérieur; mineur, majeur;** and **supérieur, inférieur** are regular and add an unaccented **e.**

[2]A small group of common adjectives ending in **et** change to **ète: complet, concret, discret, inquiet, secret.**

fou	folle
frais	fraîche
franc	franche
gentil	gentille
malin	maligne
mou	molle
nouveau	nouvelle
sec	sèche
vieux	vieille

4. Five of the preceding adjectives have a second masculine singular form, used before nouns beginning with a vowel or mute *h*.

beau	bel
fou	fol
mou	mol
nouveau	nouvel
vieux	vieil

le vieux fonctionnaire	le vieil ouvrier
the old civil servant	*the old worker*

But these adjectives have only one form in the masculine plural.

les vieux fonctionnaires	les vieux ouvriers
the old civil servants	*the old workers*

Formation of the plural

1. Most adjectives form the plural by adding **s** to the masculine or feminine singular.

Singular	**Plural**
un avocat célèbre	des avocats célèbres
a well-known lawyer	*some well-known lawyers*
une réforme importante	des réformes importantes
an important reform	*some important reforms*

2. Masculine singular adjectives with certain endings have irregular plurals.

Change	Masculine singular	Masculine plural
x *(no change)*	paresseu**x**	paresseu**x**
s *(no change)*	gris	gris
eau → **eaux**	nouv**eau**	nouv**eaux**
al → **aux**	mor**al**	mor**aux**

The adjectives **banal, fatal, final,** and **naval** form the masculine plural by adding **s.**

EXERCICES

A. Marc et Yvette, deux employés de bureau, sont complètement différents l'un de l'autre. Marc est toujours mécontent, par exemple, et Yvette est contente. Décrivez Yvette en employant les adjectifs de la colonne de droite selon le modèle.

MODELE Marc est malheureux.
Yvette est heureuse.

1. Marc est indiscret.	doux
2. Marc est dur.	honnête
3. Marc est conservateur.	compétent
4. La carrière de Marc est ennuyeuse.	poli
5. Marc est malhonnête.	long
6. Marc est paresseux.	travailleur
7. Marc est incompétent.	libéral
8. Marc a la mémoire courte.	moral
9. Marc est immoral.	discret
10. Marc est brusque.	intéressant

B. Janine est femme d'affaires. Comment est-elle probablement dans les situations suivantes ? Répondez selon le modèle. Employez des adjectifs variés.

MODELE Elle vient d'avoir une bonne augmentation de salaire.
Elle est probablement heureuse (ravie, étonnée, etc.).

Ce chapeau me va bien !

1. Janine vient d'avoir un enfant.
2. Elle vient d'être renvoyée.
3. Son directeur, un jeune célibataire très riche, invite Janine à dîner.
4. Une autre employée accuse Janine d'être une féministe enragée.
5. Janine donne de l'argent à un vieux clochard qu'elle voit devant un café.

C. **Dialogue.** Antoinette Lachaise est secrétaire. Elle est polie, intelligente et sympathique, mais elle a un gros problème : elle est trop paresseuse. Elle fait tout son possible pour éviter de faire son travail. Elle rêve, elle lit des romans, elle se maquille. Un jour, sa patronne Mme Pompadour l'a trouvée endormie devant son ordinateur ! Mme Pompadour décide de lui parler de son problème. Préparez le dialogue et jouez-le avec un(e) camarade de classe. Employez des adjectifs variés dans le dialogue.

Position of Adjectives

After the noun

In English, descriptive adjectives precede the noun they modify. In French, on the other hand, they usually follow the noun. Adjectives of color, religion, nationality, and class almost always follow the noun.

une usine grise *a gray factory*	une entreprise française *a French company*
la société bourgeoise *middle-class society*	l'avocat catholique *the Catholic lawyer*

Note that adjectives of nationality are not capitalized in French. Nouns of nationality, however, are capitalized: **un Français, une Russe, un Japonais.**

Before the noun

1. Some short, common adjectives normally precede the noun.

autre	haut	nouveau
beau	jeune	petit
bon	joli	premier
grand	long	vieux
gros	mauvais	vilain

2. Certain adjectives have one meaning when they precede the noun and another when they follow it.

un ancien client *a former customer*	une usine ancienne *an old (or ancient) factory*
un brave citoyen *a (morally) good citizen*	un soldat brave *a courageous soldier*

un certain succès[1] *a degree of success*	un succès certain *a sure success*
un grand homme *a great man*	un homme grand *a tall man*
sa chère femme *his dear wife*	un ordinateur cher *an expensive computer*
le même jour *the same day*	le jour même *the very day (emphatic)*
le pauvre type *the poor (unfortunate) guy*	un homme pauvre *a poor man (not rich)*
son propre bureau *his own office*	un bureau propre *a clean office*
un simple ouvrier *a mere worker*	un homme simple *a simple man (plain, simple-minded)*
le seul concurrent *the only competitor*	un voyageur seul *a traveler alone (by himself)* *(i.e., a lone traveler)*
notre dernier chèque *our last check (in a series)*	l'année dernière *last year (the one just passed)*
la prochaine réunion *the next meeting (in a series)*	l'année prochaine *next year (the one coming)*

3. Many descriptive adjectives that normally follow the noun may precede it for special emphasis. In this case the stress is on the adjective, which is often pronounced in a more emphatic tone of voice.

   Une magnifique affaire !
   A magnificent deal!

   Quel dangereux adversaire !
   What a dangerous opponent!

Two adjectives with one noun

1. If one adjective usually precedes the noun and the other usually follows it, they are placed in their normal order.

   Charles de Gaulle était un grand homme politique français.
   Charles de Gaulle was a great French politician.

2. If both adjectives normally precede the noun, both are placed either before or after the noun, joined by the conjunction **et.**

   C'est une longue et belle histoire.
   C'est une histoire longue et belle.
   It's a long and beautiful story.

[1] As in English, **certain** before the noun can also mean "unspecified": **un certain homme,** a certain man (whom I could name if I wanted to).

3. If both adjectives normally follow the noun, both are placed after it and joined by **et.**

   C'est une secrétaire compétente et honnête.
   She is a competent and honest secretary.

Two adjectives juxtaposed

Two adjectives may be juxtaposed if one adjective describes a word group composed of a second adjective and a noun. Both adjectives are placed in their normal position before or after the noun.

Monique est une jolie jeune fille.
Monique is a pretty girl.

Il essaie de comprendre le milieu politique américain.
He is trying to understand the American political scene.

In the first example, **jolie** describes the word group **jeune fille;** in the second, **américain** applies to the word group **milieu politique.**

EXERCICES

A. Remplacez les tirets par deux adjectifs choisis dans la colonne de droite. Faites l'accord des adjectifs.

1. une __________ directrice __________
2. une __________ et __________ secrétaire
3. une femme d'affaires __________ et __________
4. une employée __________ et __________
5. une __________ candidate __________
6. une journaliste __________ et __________
7. une __________ avocate __________
8. une __________ et __________ ouvrière
9. une dentiste __________ et __________
10. une publicité __________ et __________
11. une télécopie __________ et __________

travailleur
gros
laid
cruel
vieux
joli
ambitieux
coquet
professionnel
immoral
jeune
compétent
fou
sympathique
insupportable
énergique
qualifié
mauvais
incompétent
idiot
amusant
autre
ennuyeux

B. Mettez l'**adjectif** à la place convenable et faites l'accord.

1. sa voiture (propre : *clean*)
2. mon professeur (ancien : *former*)
3. une vie (simple : *uncomplicated*)
4. les réponses (seul : *only*)
5. une crise (certain : *sure*)
6. la semaine (prochain : *next*, meaning *the one coming*)
7. les ouvriers (pauvre : *not rich*)
8. ses amies (cher : *dear*)
9. l'histoire (même : *same*)
10. une citoyenne (brave : *courageous*)
11. une femme d'affaires (grand : *tall*)

C. Traduisez en français.

1. Last year those unfortunate citizens voted for their former senator for the last time!
2. That poor politician! His own son is going to vote against him!
3. My dear Dupont, why are you the last person to understand this simple deal?
4. My boss bought an expensive computer for his dear wife.
5. One of your former opponents told me you were a great politician.

D. Préparez une phrase originale (bizarre ? ridicule ? brillante ?) comme celles de l'exercice C.

Agreement of Adjectives

French adjectives generally agree in number (singular, plural) and gender (masculine, feminine) with the noun or pronoun they qualify.

les institutions sociales *social institutions*	la politique internationale *international politics*

Note that the adjective **demi** is invariable and joined to the noun by a hyphen when it precedes the noun, but that it agrees only in gender with the noun when it comes after.

une demi-heure *a half hour*	BUT:	deux heures et demie *two hours and a half*

An adjective with more than one noun

An adjective that modifies more than one noun is plural. If the gender of the nouns is different, the masculine plural form of the adjective is used. If both nouns are of the same gender, the adjective is naturally in that gender.

une fille et un garçon courageux
a courageous girl and boy

les premières questions et réponses
the first questions and answers

EXERCICES

A. Comparez les personnes ou les choses suivantes en employant l'adjectif entre parenthèses, selon le modèle.

MODELE (travailleur) le patron, la patronne
Le patron est travailleur. La patronne est travailleuse aussi.

1. (ambitieux) le directeur, la directrice
2. (discret) l'homme d'affaires, la femme d'affaires
3. (vieux) mon père, ma mère
4. (long) mon nez, ma jambe
5. (idiot) le client, la cliente
6. (paresseux) le chômeur, la chômeuse
7. (gros) mon frère, ma sœur
8. (énergique) le fonctionnaire, la fonctionnaire
9. (actif) le candidat, la candidate
10. (cher) le taxi, la limousine

B. Faites l'accord des **adjectifs.**

Je m'appelle Irène, et j'ai été témoin dans un procès ____________[1] (célèbre) l'année ____________[2] (dernier). La suspecte, une ____________[3] (jeune) femme d'affaires ____________[4] (français), était ____________[5] (accusé) de vol *(theft)*. Elle ne semblait pas ____________[6] (dangereux).

L'euro, la monnaie du marché commun

J'ai été très ____________[7] (impressionné) par le juge, une femme ____________[8] (exceptionnel). Un peu ____________[9] (gras), elle avait les cheveux ____________[10] (brun) et les yeux ____________[11] (bleu). Mais sa description ____________[12] (physique) n'est pas très ____________[13] (important). Je l'ai admirée à cause de ses qualités ____________[14] (moral et humain). ____________[15] (Brillant et perspicace), elle était ____________[16] (compatissant) sans être ____________[17] (indulgent), et ____________[18] (objectif) sans être ____________[19] (froid). Ceux qui prétendent *(claim)* que les femmes ne sont pas ____________[20] (travailleur et raisonnable) sont ____________[21] (idiot) !

Et la femme d'affaires ? On l'a jugée ____________[22] (coupable).

Related Expressions

avoir l'air + adjective

Elle a l'air content.
She looks happy.

Elles ont l'air contentes.
They seem happy.

The adjectives may agree with either the subject or the masculine noun **air.** In modern usage, agreement is made most often with the subject. When, as often happens, **d'être** is added to the expression, agreement is always with the subject.

Elles ont l'air d'être contentes.
They seem to be happy.

rendre + adjective

Le travail la rend heureuse.
Work makes her happy.

Les réformes rendent la présidente anxieuse.
Reforms make the president anxious.

The adjective agrees with the direct object of **rendre** (in the preceding examples, **la** and **la présidente**). Note that the verb **faire** is not used to translate the expression *make* + adjective.

EXERCICES

A. Est-ce que les situations suivantes vous rendent furieux (furieuse), heureux (heureuse) ou triste ? Répondez selon le modèle.

MODELE Votre patron vient de mourir.
Ça me rend triste.

1. Un député malhonnête a été élu.
2. Votre entreprise vient de faire faillite.
3. Vous venez de trouver un nouvel emploi très bien payé.
4. Vous avez acheté une nouvelle voiture, mais elle ne marche pas bien !
5. Un ami vous a acheté un bel ordinateur très perfectionné.
6. Un homme politique bon et juste vient d'être assassiné.
7. Vous trouvez vingt dollars dans votre poche.
8. Le chien d'un employé entre dans votre bureau et mange votre sandwich !
9. Votre entreprise vient de lancer un nouveau produit sensationnel.
10. On vient de vous licencier.

B. Préparez deux situations originales comme celles de l'exercice A.

C. Faites l'accord de l'adjectif entre parenthèses.

1. L'humour peut rendre la vie __________ (gai).
2. Les directeurs ont l'air __________ (fâché).
3. La femme que j'aime rend ma vie __________ (heureux).
4. Un patron généreux peut rendre le travail __________ (satisfaisant).
5. Cette patronne rend ses employés __________ (fou).
6. M. Laland a l'air __________ (malheureux) quand ses employés se moquent de lui.
7. Nina a l'air __________ (sérieux) quand elle parle de son travail.

D. Comment sont les personnes suivantes ? Répondez en employant l'expression **avoir l'air** selon le modèle.

MODELE Laure-Hélène a travaillé 70 heures cette semaine.
Elle a l'air fatigué(e) !

1. Maurice a fait la connaissance de Thérèse cette semaine, et il la trouve adorable !
2. Louise est allée à l'hôpital où elle a rendu visite à sa mère qui est très malade.
3. Une personne inconnue est entrée dans la chambre de la comtesse et a volé tous ses bijoux et ses plus beaux vêtements.
4. Un employé très médiocre a eu une promotion, et on n'a même pas considéré Bruno, un employé fidèle et compétent.
5. Le ministre a travaillé toute la nuit.

Adverbs

An adverb is a word that modifies a verb, an adjective, or another adverb.

Le gouvernement a fait des réformes **lentement.**
The government made reforms slowly.

Ce patron est **totalement** irresponsable.
That boss is totally *irresponsible.*

Il a **très** bien compris la question.
He understood the question very *well.*

Formation of Adverbs

Adverbs formed by adding *-ment* to the adjective

1. The most common way of forming adverbs is to add the suffix **-ment** to the masculine form of adjectives ending in a vowel, and to the feminine form of adjectives ending in a consonant. The suffix **-ment** frequently corresponds to the English suffix *-ly.*

   arbitraire, **arbitrairement**
   poli, **poliment**
   probable, **probablement**
   vrai, **vraiment**
   doux, **doucement**
   naturel, **naturellement**
   sérieux, **sérieusement**
   subjectif, **subjectivement**

2. A small number of adverbs have **é** rather than **e** before **-ment.** Some of the most common are:

   confus, **confusément**
   énorme, **énormément**
   précis, **précisément**
   profond, **profondément**

3. The adverbs corresponding to the adjectives **gentil** and **bref** are **gentiment** and **brièvement.**

4. Adjectives ending in **-ant** or **-ent** form adverbs ending in **-amment** and **-emment** (both pronounced /amɑ̃/).

   constant, **constamment**
   puissant, **puissamment**
   innocent, **innocemment**
   patient, **patiemment**

   But the adjective **lent** forms the adverb **lentement.**

Adverbs that do not add *-ment* to the adjective

1. A small number of very common adjectives form adverbs that do not end in **-ment.**

   bon, **bien**
   mauvais, **mal**
   meilleur, **mieux**
   petit, **peu**

   Elle gère bien son entreprise.
   She manages her business well.

   Cet homme d'affaires s'exprime mal.
   This businessman expresses himself badly.

2. Some adjectives are used as adverbs after the verb without changing form. Here are some of the most common.

   sentir bon (mauvais)
   to smell good (bad)

   chanter faux
   to sing off key

coûter cher
to cost a lot

travailler dur
to work hard

marcher droit
to walk straight

Ces secrétaires travaillent dur.
These secretaries work hard.

Cette fleur sent bon.
This flower smells good.

EXERCICES

A. Changez les adjectifs en **adverbes.**

1. bon
2. sincère
3. agréable
4. bête
5. mauvais
6. triste
7. sec
8. naïf
9. long
10. profond
11. confus
12. évident
13. poli
14. objectif
15. libéral
16. sérieux
17. naturel
18. courageux
19. principal
20. faux
21. énorme
22. assuré
23. bruyant
24. seul
25. certain
26. énergique

B. Remplacez les tirets par un **adverbe** de la colonne de droite.

1. Cet employé m'impressionne ____________.
2. Elle est très qualifiée, ____________.
3. Je travaille ____________ trois jours par semaine.
4. Pourquoi marches-tu si ____________ ?
5. Cet enfant bien élevé répond toujours ____________.
6. Cette mère caresse son enfant si ____________ !
7. Je vais ____________ voter pour le président.

poliment
tendrement
évidemment
seulement
probablement
lentement
énormément

C. Complétez en employant la forme appropriée de **sentir bon (mauvais), travailler dur, coûter cher, chanter faux** ou **marcher droit,** puis jouez les dialogues.

1. **A:** Le ministre a bu trop de bière.
   B: Oui, il ne peut plus... !
2. **A:** Avez-vous travaillé ce matin ?
   B: Oui, et j'...
3. **A:** Je ne peux pas manger ce fromage.
   A: Moi non plus. Il... !
4. **A:** Pourquoi est-ce que Marie-Louise ne joue pas dans la comédie musicale ?
   B: C'est évident, non ? Elle... !
5. **A:** Ce parfum...
   B: Oui, mais, il... aussi !

La fusée Ariane

Position of Adverbs

With verbs

1. As a general rule, adverbs follow verbs in simple tenses in French. In English, on the other hand, adverbs very often precede the verb.

   Le ministre arrive-t-il **enfin ?**
   Is the minister finally *arriving?*

   Elle dit **toujours** la vérité.
   She always *tells the truth.*

   On l'accuse **injustement** d'incompétence.
   He is unjustly *accused of incompetence.*

2. In compound tenses, most commonly used adverbs are placed between the auxiliary verb and the past participle. These adverbs include:

assez	encore	peut-être	certainement
aussi	enfin	presque	complètement
beaucoup	mal	souvent	probablement
bien	même	toujours	vraiment
bientôt	moins	trop	
déjà	peu	vite	

Il l'a vite engagée.
He hired her quickly.

A-t-il vraiment renvoyé Jacqueline ?
Did he really fire Jacqueline?

3. In cases where a verb is followed by an infinitive, common adverbs are usually placed between the two verbs.

Elle va probablement réussir.
She is probably going to succeed.

La directrice espère vraiment éviter la grève.
The director hopes truly to avoid the strike.

With adjectives and other adverbs

Like English adverbs, French adverbs precede the adjectives or adverbs they modify.

L'ambiance est généralement bonne.
The atmosphere is generally good.

Est-il vraiment qualifié ?
Is he really qualified?

For emphasis

Some adverbs may exceptionally appear at the beginning of a sentence for emphasis. The most common are **généralement, heureusement, malheureusement,** and adverbs of time and place.

Heureusement, les licenciements n'ont pas été trop nombreux.
Luckily, the layoffs were not too numerous.

Aujourd'hui, le président sera élu !
Today, the president will be elected!

EXERCICES

A. Formulez une phrase en employant un **adverbe** de la colonne de droite.

1. J'étudie	lentement
2. Je pense	mal
3. Le professeur parle	logiquement

4. Je travaille	énormément
5. Je m'amuse	élégamment
6. Je dors	énergiquement
7. Le président parle	vite
8. Le professeur s'habille	profondément
9. Je flirte	bien
10. Je vous remercie	souvent
	rarement
	beaucoup
	constamment
	furieusement

B. Répondez par une phrase complète.

1. Qu'est-ce que vous faites vite ?
2. Qu'est-ce que vous faites toujours ?
3. Qu'est-ce que vous faites bien ?
4. Qu'est-ce que vous faites mal ?
5. Qu'est-ce que le professeur a probablement fait ce matin ?
6. Avez-vous déjà déjeuné (dîné) ?
7. Avez-vous bien ou mal préparé cette leçon ?
8. Avez-vous bien ou mal dormi hier soir ?
9. Qu'est-ce que vous allez probablement faire ce soir ?
10. Qu'est-ce que vous aimez beaucoup faire ?

Related Expressions

peut-être, aussi

1. **Peut-être** *(maybe, perhaps)*, like most adverbs, is generally placed after the verb (after **avoir** or **être** in a compound tense). In more formal French, it may be used at the beginning of a sentence, in which case the subject and verb are inverted.

   Il avait peut-être tort.
   Peut-être avait-il tort.
   Maybe he was wrong.

   Peut-être que, which does not require inversion, can be substituted for **peut-être** at the beginning of a sentence.

   Peut-être avait-il raison.
   Peut-être qu'il avait raison.
   Perhaps he was right.

2. If placed at the beginning of a sentence or clause, **aussi** means *so* or *therefore* and requires the inversion of the subject and the verb. Since this usage is somewhat formal, **donc** is often preferred in spoken French.

   Elle a travaillé dur, donc elle a demandé une augmentation.
   Elle a travaillé dur, aussi a-t-elle demandé une augmentation.
   She worked hard, so she asked for a raise.

   When placed elsewhere within the sentence, **aussi** means *also* or *too*. But when **aussi** means *also*, it must never come first in a sentence.

   Attendez ! Je viens aussi !
   Wait! I'm coming too!

EXERCICES

A. Récrivez la phrase en employant **peut-être** ou **peut-être que** au début.

   MODELE Elle était peut-être absente.
   Peut-être était-elle absente.
   Peut-être qu'elle était absente.

   1. Il était peut-être avec le patron.
   2. Elle ne sait peut-être pas la réponse.
   3. On l'engagera peut-être.
   4. Elle demandera peut-être une augmentation.

B. Récrivez la phrase en remplaçant **donc** *(therefore)* par **aussi.**

   MODELE Il aime la justice, donc il est devenu avocat.
   Il aime la justice, aussi est-il devenu avocat.

   1. Il aime l'argent, donc il s'est lancé dans les affaires.
   2. Il veut réussir, donc il travaille sérieusement.
   3. Il aimait le pouvoir, donc il est devenu directeur.
   4. Il a marché trop lentement, donc il est arrivé en retard.
   5. Il aimait le secteur public, donc il est devenu fonctionnaire.
   6. Il aimait son pays, donc il s'est lancé dans la politique.

C. Traduisez en français. Employez **aussi** dans chaque phrase.

   1. He is qualified, but she is also.
   2. M. Laurent no longer liked his work, so he resigned.
   3. He kissed her, so she kissed him.
   4. I'm leaving too!
   5. She was very ambitious; therefore she became a candidate.
   6. She wanted a lucrative job, so she married the boss!

tout as an adjective and pronoun

1. The adjective **tout**

	Masculine	**Feminine**
singular	tout	toute
plural	tous	toutes

The adjective **tout** often means *all* or *every*. It agrees in number and gender with the noun it modifies.

Il travaille toute la journée.
He works all day.

Il demande une augmentation tous les jours !
He asks for a raise every day!

Qui a lancé tous ces nouveaux produits ?
Who launched all these new products?

When used before a singular noun without an article, **tout (toute)** means *every*, *any*, or *all*.

Tout homme politique devrait être honnête.
Every politician should be honest.

Toute justice a disparu du pays.
All justice has disappeared from the country.

2. The pronouns **tout, tous, toutes**

The invariable pronoun **tout** usually means *everything;* the masculine and feminine plural pronouns **tous** and **toutes** mean *all.* Note that the final **s** of **tous** is pronounced when **tous** is used as a pronoun but is silent when it is used as an adjective.

Elle a tout compris.
She understood everything.

Tous ont l'air d'être raisonnables.
All seem to be reasonable.

Elles sont toutes ambitieuses.
They are all ambitious.

Note that the pronoun may be placed either within or at the beginning of the sentence.

Tous sont dans le secteur public.
All are in the public sector.

Ils sont tous dans le secteur public.
They are all in the public sector.

EXERCICES

A. Répondez par des phrases complètes.

1. Nommez trois activités que vous faites tous les jours.
2. Est-ce que toute la classe est présente (préparée, dans les nuages) aujourd'hui ?
3. Prenez-vous trois repas tous les jours ?
4. Avez-vous encore toutes vos dents (toute votre énergie, tous vos cheveux, toutes vos ambitions) ?
5. Donnez-vous le bénéfice du doute à tout le monde ? Si non, à qui ne le donnez-vous pas ?
6. Dormez-vous toute la journée (toute la matinée) ?

B. Remplacez l'adjectif et le nom qu'il modifie par un pronom selon le modèle.

MODELE Est-ce que tous les Américains sont naïfs ?
Oui, ils sont tous naïfs.
ou : Non, ils ne sont pas tous naïfs.

1. Est-ce que toutes les entreprises sont bien gérées ?
2. Est-ce que tous les chiens sont méchants ?
3. Est-ce que tous les Français sont élégants ?
4. Est-ce que tous les Américains sont naïfs ?
5. Est-ce que tous les chômeurs sont paresseux ?
6. Est-ce que tous les candidats sont ambitieux ?
7. Est-ce que tous les emplois sont lucratifs ?
8. Est-ce que toutes les publicités sont idiotes ?
9. Est-ce que toutes les grèves sont justifiées ?
10. Est-ce que toutes vos réponses sont brillantes ?

C. Remplacez les tirets par les pronoms **tout, toutes** ou **tous.**

1. Les candidats de droite ont ____________ été élus.
2. Ah ! J'ai ____________ compris !
3. Elles ont ____________ décidé de faire la grève.
4. Ses partisans sont loyaux. ____________ ont l'air très loyaux !
5. Les secrétaires ont eu une augmentation. Elles ont ____________ eu une bonne augmentation.
6. Pourquoi sont-ils ____________ ici ?
7. Les hommes politiques malhonnêtes ? Ils ont ____________ démissionné.
8. Est-ce que c'est ____________, Madame ?
9. Avez-vous ____________ mangé, Duroc ?

Comparative and Superlative of Adjectives and Adverbs

The comparative

The comparative is used to compare two things. There are three comparative expressions used with both adjectives and adverbs:

comparison of superiority:	**plus... que**	*more . . . than*
comparison of inferiority:	**moins... que**	*less . . . than*
comparison of equality:	**aussi... que**	*as . . . as*

Il parle plus facilement que moi.
He speaks more easily than I.

Ton patron est moins généreux que le mien.
Your boss is less generous than mine.

Les hommes d'affaires sont-ils plus réalistes que les professeurs ?
Are businessmen more realistic than professors?

1. The adverbs **bien** and **beaucoup** are used to emphasize the comparatives **plus... que** and **moins... que.** The English equivalent is *much* or *a lot.*

   Il parle bien plus facilement que moi.
   He speaks a lot more easily than I.

   Ton patron est beaucoup moins généreux que le mien.
   Your boss is much less generous than mine.

2. *Than* is expressed by **de** when it is followed by a number.

   Il a passé plus de cinq ans au sénat.
   He spent more than five years in the senate.

   Je lui ai prêté plus de cinquante dollars.
   I lent him more than fifty dollars.

EXERCICES

A. Traduisez en français, puis jouez les dialogues.

1. **A:** What do you think of Isabelle and Monique?
   B: Isabelle works harder than Monique; that's evident. But Monique is more intelligent, much more intelligent.
   A: Let's hire Monique, then *(alors).*
2. **A:** Dupont, how long have you been in this office?
   B: More than two years, sir.

A: Well *(Eh bien)*, I think you deserve a raise.
B: I'm leaving the office in two weeks, sir. I've found a new job.
A: (silence)

B. Formulez une phrase comparative en employant les noms suivants et les adjectifs de la colonne de droite selon le modèle.

MODELE une dette, un salaire
Une dette est moins souhaitable (respectée, satisfaisante) qu'un salaire.

1. le travail à mi-temps, le travail à plein temps	énergique
2. l'expérience, l'éducation	respecté
3. un patron, un ouvrier	compétent
4. une dette, un salaire	libre
5. un homme politique, un homme d'affaires	important
6. une femme d'affaires, un homme d'affaires	désirable
7. le chômage, le travail	lucratif
8. le secteur public, le secteur privé	qualifié
9. une télécopie, une lettre	satisfaisant
	riche
	utile
	rapide

The superlative

The superlative is used to compare three or more things. The superlative of adjectives is formed by placing the articles **le, la,** or **les** before the comparative. If the adjective follows the noun, the articles must be used twice: once before the noun and once before the superlative.

C'est la plus petite entreprise de la ville.
It's the smallest business in town.

Henri est l'ouvrier le plus respecté de l'usine.
Henri is the most respected worker in the factory.

The superlative of adverbs is formed by placing **le** before the comparative.

C'est Louise qui a fini son travail le plus vite.
It's Louise who's finished her work the fastest.

1. The expression **de** + *article* is always used to mean *in* after the superlative. (Do not use **dans.**)

l'hôtel le plus célèbre de la région
the most famous hotel in the area

la réforme la plus importante du programme
the most important reform in the platform

2. If more than one comparative or superlative is used in a sentence, the comparative or superlative words are repeated before each adjective or adverb.

   Jean est plus qualifié et plus compétent que le patron.
   John is more qualified and competent than the boss.

   C'est la candidate la plus travailleuse et la plus honnête du parti.
   She's the most hardworking and honest candidate in the party.

EXERCICES

A. Traduisez en français.

My name is Duroc. I'm not the most modest man in the world. In fact, my reactionary opponent, Dubois, says that I'm the most ambitious politician in the city. Well *(Eh bien)*, Dubois is a bad politician, the least honest and most incompetent candidate in the country. I am also intelligent, more intelligent than the other politicians. I make long, brilliant speeches and have interesting ideas. You probably want to know why the most qualified candidate in France is in this dirty prison. Dubois says that I took a big bribe. But here's the truth: a dear friend gave me a small gift. I'm far more innocent than Dubois!

B. Comparons les étudiants de la classe de français ! Répondez par une phrase complète.

1. Qui est le plus (le moins) timide ?
2. Qui est le plus original ?
3. Qui est le plus (le moins) grand ?
4. Qui est le plus (le moins) bavard ?
5. Qui est le plus jeune (le plus âgé) ?
6. Qui a les cheveux les plus longs (les plus courts) ?
7. Qui est le plus (le moins) énergique ?
8. Qui est le plus (le moins) idiot ?
9. Qui est le plus (le moins) curieux ?

bon and *mauvais*

Certain forms of the adjectives **bon** and **mauvais** are irregular.

	Comparative	**Superlative**
	meilleur	le meilleur
bon	moins bon	le moins bon
	aussi bon	
	plus mauvais, pire[1]	le plus mauvais, le pire
mauvais	moins mauvais	le moins mauvais
	aussi mauvais	

[1] **Pire** and **plus mauvais** are used virtually interchangeably.

Luigi est le meilleur secrétaire du bureau.
Luigi is the best secretary in the office.

C'est la plus mauvaise femme d'affaires du monde !
She's the worst businesswoman in the world!

bien and *mal*

Certain forms of the adverbs **bien** and **mal** are irregular as well.

	Comparative	**Superlative**
	mieux	le mieux
bien	moins bien	le moins bien
	aussi bien	
	plus mal, pis[1]	le plus mal, le pis
mal	moins mal	le moins mal
	aussi mal	

C'est Barbara qui travaille le mieux.
It's Barbara who works the best.

Vous mentez aussi mal que moi !
You lie as badly as I do!

EXERCICES

A. Traduisez en français les mots entre parenthèses, puis jouez le dialogue.

A: Je suis un(e) ____________ *(better)* chanteur (chanteuse) que toi !
B: Non, moi je suis un(e) ____________ *(better)* chanteur (chanteuse) que toi !
A: Je chante ____________ *(better)* que toi !
B: Mais je danse ____________ *(better)* que toi !
A: Hypocrite !
B: Menteur ! (Menteuse !)

B. Complétez avec le nom d'une personne de votre choix.

1. Je chante moins bien que...
2. Je parle français aussi bien que...
3. Je joue au basket-ball moins bien que...
4. ... joue de la guitare mieux que moi.

C. Traduisez en français, puis jouez le dialogue.

A: Pierre Petit is the worst politician in the country.
B: What do you mean?
A: He listens the worst, governs *(gouverner)* the worst, and dresses the worst! But Lucie Legrand is the best politician in the country.

[1]**Plus mal** is used much more often than **pis,** which is considered archaic and preserved in certain idiomatic expressions.

Une femme d'affaires

B: Why do you say that?
A: She listens the best, governs the best, and dresses the best!
B: You exaggerate!

Exercices d'ensemble

I. Le texte suivant résume l'intrigue *(plot)* de *Candide,* un conte philosophique très célèbre de Voltaire (1694–1778).

a. Faites l'accord, si nécessaire, des **adjectifs** entre parenthèses.

Candide, le personnage ___________[1] (principal), est un ___________[2] (jeune) homme ___________[3] (naïf, courageux et sympathique). Il habite dans le château d'un baron ___________[4] (allemand). ___________[5] (Honnête et ignorant), il croit aux préceptes de son maître Pangloss, un philosophe

« optimiste » qui croit que tout est bien dans le monde. Cunégonde, la fille du baron, est ___________[6] (doux, frais et gras). Trouvant qu'elle a l'air ___________[7] (séduisant), Candide tombe ___________[8] (amoureux) d'elle. Le baron n'apprécie pas les activités ___________[9] (amoureux) de Candide et de Cunégonde et, ___________[10] (fâché), il chasse Candide du château.

Rejeté de ce paradis ___________[11] (terrestre), Candide fait des voyages et est témoin de ___________[12] (nombreux) désastres ___________[13] (naturel) et d'injustices ___________[14] (humain)—une guerre, une tempête, un tremblement de terre, des exécutions, des viols, des meurtres, etc. Il est si scandalisé qu'il commence à mettre en doute « l'optimisme » de Pangloss. Ses doutes s'affirment quand il fait la connaissance du ___________[15] (vieux) savant Martin pendant un de ses voyages. Bien plus ___________[16] (pessimiste) que Pangloss, Martin prétend que les hommes sont ___________[17] (rusé, méchant, menteur et lâche). Mais son plus grand malheur arrive lorsque Candide retrouve sa ___________[18] (cher) Cunégonde. Elle n'a plus l'air ___________[19] (joli et gentil); elle est devenue ___________[20] (laid et désagréable) ! Le pauvre Candide est ___________[21] (angoissé).

A la fin du conte, Candide décide de rejeter les idées ___________[22] (faux et extrême) de Pangloss et de Martin. A la place, il trouve sa ___________[23] (propre) solution ___________[24] (pratique et réaliste) : il faut mener une vie ___________[25] (utile) avec les autres sans penser aux ___________[26] (vain) questions ___________[27] (moral et métaphysique). Ces questions sont ___________[28] (insoluble). « Il faut cultiver notre jardin » est la conclusion ___________[29] (final) de Candide.

b. Répondez aux questions suivantes par une phrase complète.

1. Pourquoi Candide tombe-t-il amoureux de Cunégonde ?
2. Pourquoi Candide commence-t-il à mettre en doute «l'optimisme» de Pangloss ?
3. Comparez l'attitude de Martin avec celle de Pangloss.
4. Comment Cunégonde a-t-elle changé ?
5. A la fin du conte, pourquoi Candide décide-t-il de rejeter les philosophies de Martin et de Pangloss ?
6. Quelle est la conclusion de Candide ?

II. Trouvez les **antonymes** des mots de la liste 1 dans la liste 2 et mettez chaque antonyme au féminin.

1	**2**
bon	furieux
intelligent	beau
content	travailleur
idéaliste	courageux

paresseux	bête
libéral	hypocrite
compétent	incompétent
lâche	conservateur
laid	mauvais
objectif	pessimiste
optimiste	renvoyé
engagé	réaliste
sincère	subjectif
calme	triste

III. Complétez les phrases avec imagination en employant des **adjectifs** variés.

1. Je crois que la concurrence est...
2. A mon avis, le système capitaliste est...
3. Quand je pense à l'injustice actuelle, ça me rend...
4. Mon écrivain favori est ___________ *(citez un nom).* Je l'aime parce qu'il (elle) est...
5. Je trouve les femmes d'affaires...
6. Mes dettes me rendent...
7. Je crois que le mariage est...
8. Quand je suis avec mon meilleur ami (ma meilleure amie), j'ai l'air...
9. L'actrice (L'acteur) que je préfère est ___________ *(citez un nom).* Je la (le) préfère parce qu'elle (il) est...
10. Je trouve que les discours du président sont...
11. Les hommes politiques malhonnêtes me rendent...

IV. Traduisez en français.

1. Why does he always vote for the worst candidates?
2. He probably accepted the job.
3. All men are morally responsible for *(responsable de)* their actions.
4. In my opinion, that advertisement is stupid!
5. Richard is working better today.
6. Are all civil servants qualified?
7. His opponent spoke clearly.
8. She really thinks that the director will give her a raise!
9. Did the senator speak more or less reasonably than the president?
10. Dubois is a better candidate than Duchamp.
11. Who has the best office, Marie or you?
12. She's braver than he.
13. He is probably going to work part-time.
14. This fax is stupid!

Sujets de discussion ou de composition

(Attention: Essayez d'employer des adjectifs et des adverbes dans les réponses.)

1. Avez-vous l'intention de vous lancer dans les affaires ? Pourquoi ou pourquoi pas ?
2. Imaginez que vous vous lancez dans la politique. Quelle sorte de candidat serez-vous ? Quelles réformes ferez-vous ?
3. A débattre : La concurrence dans les affaires est bonne pour la société en général.
4. A débattre : En général, les hommes politiques ne sont pas très qualifiés.
5. A débattre : Les femmes sont plus qualifiées que les hommes pour devenir président.

7

Future, Conditional, Pluperfect; *Devoir*

Images de la France

Chapter 7 at a Glance

Future, conditional, pluperfect

I. Mettez les verbes au **futur** et au **conditionnel.**

1. je (manger)
2. tu (sortir)
3. elle (vendre)
4. nous (faire)
5. vous (être)
6. elles (avoir)

II. Mettez les verbes au **futur antérieur** *(future perfect)*, au **conditionnel passé** et au **plus-que-parfait.**

1. je (visiter)
2. tu (mentir)
3. il (attendre)
4. nous (promettre)
5. vous (venir)
6. ils (partir)

III. Traduisez les verbes en français en employant le **futur** ou le **futur antérieur.**

1. Je suis sûr que notre recette ___________ *(will win)* le prix.
2. Quand je ___________ *(go)* à Tours, je visiterai les châteaux de la Loire.
3. Ce garçon ___________ *(will have spent)* tout son argent avant d'être payé !

IV. Traduisez les verbes en français en employant le **plus-que-parfait,** le **conditionnel présent** ou le **conditionnel passé.**

1. Si j'étais à votre place, je ___________ *(would not go out)* avec elle.
2. Henri ne savait pas que Renée ___________ *(had already brought)* le vin.
3. Si ce couturier ___________ *(had done)* cela, il ___________ *(wouldn't have sold)* une seule robe !

V. Traduisez les verbes en français en employant le **conditionnel présent** ou **l'imparfait.**

1. Quand ce chef était jeune, il ___________ *(would talk)* toujours de cuisine.
2. L'architecte a dit qu'il ___________ *(would arrive)* à dix heures.

devoir

VI. Traduisez les verbes en français en employant le verbe **devoir.**

1. Non, elle n'est pas obligée d'acheter ces vêtements en solde, mais elle ___________ *(should)* le faire !
2. Cet ambassadeur ___________ *(used to have to)* faire beaucoup de voyages à Washington.
3. Il ___________ *(had to)* mettre un chapeau parce qu'il faisait froid.
4. Un gourmet ___________ *(should not)* être un glouton !
5. Janine ___________ *(should not have)* prendre cette photo.
6. Un professeur ___________ *(must)* avoir beaucoup de patience.

7. Isabelle ___________ *(was to)* servir du caviar, mais ça coûte trop cher !
8. Pourquoi as-tu fait ça ? Tu ___________ *(must)* être fou !
9. J'ai mal au ventre. Je ___________ *(must have)* manger trop de fromage.
10. Je ___________ *(have to)* partir tout de suite.
11. Le président ___________ *(is supposed to)* arriver bientôt.

Vocabulaire du thème : *Images de la France : les monuments, la cuisine, la mode*

Les Monuments

le **monument** monument
le **bâtiment** building
l' **église** *f* church
le **château** castle
le **musée** museum
le **jardin public** public garden
le **visiteur,** la **visiteuse** visitor
visiter to visit (a place)
admirer to admire

le **style** style
roman, romane romanesque
gothique gothic
classique classical
moderne modern

l' **architecture** *f* architecture
l' **architecte** *m, f* architect
construire to construct

La Cuisine

le **chef** chef
le **garçon,** le **serveur** waiter
la **serveuse** waitress
le **client,** la **cliente** customer
le **gourmet** gourmet
le **gourmand,** la **gourmande** one who likes to eat
gourmand liking to eat
le **glouton,** la **gloutonne** glutton

la **carte,** le **menu** menu
l' **addition** *f* (restaurant) check
commander to order
le **pourboire** tip

la **recette** recipe
la **nourriture** food
le **repas** meal
faire la cuisine to cook
le **plat** course, dish
l' **apéritif** *m* apéritif, before-dinner drink
le **hors-d'œuvre** *m (inv)* first course
l' **entrée** *f* second course
le **plat principal** main course
le **plateau de fromages** cheese plate
la **salade** salad
le **dessert** dessert
le **café** coffee
la **liqueur** liqueur, after-dinner drink
à votre (ta) santé to your health
avoir mal au ventre to have a stomachache

La Mode

la **mode** fashion
se **démoder** to become outdated, to go out of style
la **haute couture** high fashion
le **couturier** fashion designer
créer, inventer une mode to create, invent a style
la **boutique** boutique
le **grand magasin** department store
faire des achats to go shopping
le **magazine de mode** fashion magazine
le **parfum** perfume

élégant elegant
classique classic
cher, chère expensive
chic *(inv)* chic
simple simple
pratique practical
bon marché *(inv)* inexpensive
en solde *(inv)* on sale

EXERCICES

A. **Mise en scène.** Complétez en employant une ou plusieurs expressions du *Vocabulaire du thème*, puis jouez les dialogues.

1. **A:** Oh, (nom), j'ai mal au ventre !
   B: (nom), ça ne m'étonne pas. Tu...
   A: Mais non, (nom).
   B: Mais si ! D'ailleurs, je pense que tu es un(e)...
   A: Un(e)... !
   B: Oui ! Au revoir, (nom), et n'oublie pas de payer l'addition !
2. (au grand magasin)
   A: (nom), qu'est-ce que tu penses de ce blue-jean ?
   B: ...
   A: Est-ce que tu penses qu'il est trop cher ?
   B: ...
   A: Tu m'as convaincu(e), (nom), je vais l'acheter !
3. (Deux touristes se parlent.)
   A: Cet après-midi nous allons au musée (nom du musée) !
   B: Ah, oui ? J'adore ce musée-là !
   A: Pourquoi ?
   B: Parce que...
   A: Moi aussi, je l'adore. J'aime surtout...
   B: Allons-y tout de suite. Et nous irons au café ensuite. D'accord ?

B. **Situations.** Répondez en employant une ou plusieurs expressions du *Vocabulaire du thème*.

1. Quel est votre dessert (café, fromage) préféré ?
2. Dressez une liste de cinq Français ou Françaises célèbres et comparez votre liste avec celles de vos camarades de classe.

La pyramide du musée du Louvre

3. Préférez-vous faire des achats dans les boutiques ou dans les grands magasins ? Expliquez les raisons de votre choix.
4. Lisez-vous des magazines de mode ? Si oui, lesquels ?
5. Définissez un gourmet et un gourmand.
6. Connaissez-vous des monuments français ? En avez-vous jamais visité ? Si oui, lesquels ?

Future, Conditional, Pluperfect

Formation of the Simple Future and Conditional

Regular verbs

The simple future and conditional of most verbs are formed by adding the future and conditional endings to the infinitive. Note that the final **e** in the infinitive of **-re** verbs (e.g., **perdre, répondre**) is dropped before adding the endings.

Future endings: **-ai, -as, -a, -ons, -ez, -ont**
Conditional endings: **-ais, -ais, -ait, -ions, -iez, -aient**

Note that the conditional and imperfect endings are identical.

gagner (stem, **gagner**)

Future			Conditional		
je	gagner**ai**	*I will win*	je	gagner**ais**	*I would win*
tu	gagner**as**		tu	gagner**ais**	
il / elle / on	gagner**a**		il / elle / on	gagner**ait**	
nous	gagner**ons**		nous	gagner**ions**	
vous	gagner**ez**		vous	gagner**iez**	
ils / elles	gagner**ont**		ils / elles	gagner**aient**	

applaudir (stem, **applaudir**)

j'	applaudir**ai**	j'	applaudir**ais**

perdre (stem, **perdr**)

je	perdr**ai**	je	perdr**ais**

-er verbs with spelling changes

Regular **-er** verbs with certain endings undergo spelling changes before adding the future and conditional endings.

1. Verbs ending in **e** + *consonant* + **er** (e.g., **mener, lever, peser**) change **e** to **è: je mènerai, je mènerais; nous lèverons, nous lèverions.**

2. Verbs ending in **-eler** and **-eter** (e.g., **appeler, jeter**) double the **l** and the **t: j'appellerai, j'appellerais; elles jetteront, elles jetteraient.**

   Note that **acheter** and **geler** change **e** to **è** instead of doubling the **t** and **l: j'achèterai, j'achèterais; nous gèlerons, nous gèlerions.**

3. Verbs ending in **-yer** (e.g., **employer, essayer, essuyer, payer**) change **y** to **i: j'emploierai, j'emploierais; nous paierons, nous paierions.** (Verbs ending in **-ayer** may retain the **y: je paierai, je payerai.**)

Irregular verbs

Many common verbs have unusual future and conditional stems.

aller : **j'irai, j'irais**
avoir : **j'aurai, j'aurais**
courir : **je courrai, je courrais**
devoir : **je devrai, je devrais**
envoyer : **j'enverrai, j'enverrais**
être : **je serai, je serais**
faire : **je ferai, je ferais**
falloir : **il faudra, il faudrait**

mourir : **je mourrai, je mourrais**
pleuvoir : **il pleuvra, il pleuvrait**
pouvoir : **je pourrai, je pourrais**
recevoir : **je recevrai, je recevrais**
savoir : **je saurai, je saurais**
tenir : **je tiendrai, je tiendrais**
venir : **je viendrai, je viendrais**
voir : **je verrai, je verrais**
vouloir : **je voudrai, je voudrais**

EXERCICE

Complétez au **futur** et au **conditionnel.**

1. (être) je, nous
2. (aller) nous, tu
3. (entendre) elle, vous
4. (essayer) nous, je
5. (goûter) ils, tu
6. (payer) elle, vous
7. (appeler) ils, nous
8. (savoir) nous, tu
9. (mener) vous, il
10. (construire) je, elles
11. (jeter) il, tu
12. (voir) je, vous
13. (acheter) je, elle
14. (venir) tu, nous
15. (visiter) elle, vous
16. (manger) nous, je
17. (mourir) elle, vous
18. (devoir) nous, tu

Formation of the Future Perfect, Past Conditional, and Pluperfect

Like the *passé composé*, these three tenses are compound tenses, composed of an auxiliary verb (**avoir** or **être**) and a past participle.

Compound tense	Tense of auxiliary	
future perfect (**futur antérieur**)	future	+ *past participle*
past conditional (**conditionnel passé**)	conditional	+ *past participle*
pluperfect (**plus-que-parfait**)	imperfect	+ *past participle*

Future perfect	Past conditional	Pluperfect
j'aurai dîné *I will have dined*	**j'aurais dîné** *I would have dined*	**j'avais dîné** *I had dined*
elle sera partie *she will have left*	**elle serait partie** *she would have left*	**elle était partie** *she had left*

EXERCICE

Complétez au **futur antérieur,** au **conditionnel passé** et au **plus-que-parfait.**

1. (influencer) nous, je
2. (partir) elles, vous
3. (essayer) je, elles
4. (vendre) il, nous

5. (promettre) tu, elles
6. (devenir) ils, vous
7. (finir) je, nous
8. (faire) vous, tu
9. (aller) elle, elles
10. (choisir) il, nous

Use of the Simple Future and the Future Perfect

Future action

1. The future tenses express future action. The French simple future tense is the equivalent of the English future *will + verb.*

   Où exporterez-vous ces produits de beauté ?
   Where will you export these beauty products?

   Elles parleront couture toute la soirée !
   They'll talk fashion all evening!

2. The future perfect corresponds to the English form *will have + past participle.*

   Ces gloutons auront mangé toutes les tartes avant dix heures !
   These gluttons will have eaten all the pies before ten o'clock!

   Les visiteurs seront partis avant votre arrivée !
   The visitors will have left before your arrival!

3. The immediate future in French is often expressed by **aller** + *infinitive.*

   Il va bientôt commander son repas.
   He's going to order his meal soon.

   Est-ce que tu vas visiter Notre-Dame ?
   Are you going to visit Notre-Dame?

After *quand, lorsque, dès que, aussitôt que, tant que*

The future tenses must be used after **quand** and **lorsque** *(when)*, **dès que** and **aussitôt que** *(as soon as)*, and **tant que** *(as long as)* in subordinate clauses, if a future idea is implied. Note that this tense usage differs from English.

Dès qu'elle descendra de l'avion, je prendrai sa photo.
As soon as she gets off the airplane, I'll take her picture.

Quand je reviendrai, j'achèterai des robes, des jupes, des pantalons et du parfum !
When I come back, I'll buy some dresses, skirts, pants, and perfume!

Quand il sera de retour, téléphonez-moi.
When he's back, call me.

Ce gourmand continuera de manger tant que vous le servirez !
This gourmand will continue to eat as long as you serve him!

Nous partirons aussitôt que nous aurons visité le musée.
We will leave as soon as we've visited the museum.

Note that the main verb in such sentences will be in either the simple future or the imperative.

EXERCICES

A. Transformez les phrases.

1. Un jour, je serai célèbre. (vous, tu, ce jeune chef, nous, on, ces couturières, je)
2. Je sortirai quand j'aurai fini de dîner. (tu, nous, ce gourmet, vous, ces deux gloutons, on, je)

B. Imaginez que vous irez aux endroits suivants la semaine prochaine. Qu'est-ce que vous y ferez probablement ? Répondez selon le modèle.

MODELE au café
Quand je serai au café, je bavarderai avec mes amis (je jouerai aux cartes, je flirterai, je prendrai une bière, etc.).

1. au restaurant
2. au zoo
3. au cinéma
4. dans une boutique
5. au musée
6. chez vos parents
7. à la bibliothèque
8. dans le grand magasin

C. Ecrivez un petit poème ! Imaginez que vous allez faire le tour du monde et que vous ferez des choses différentes dans chaque pays. Mettez les verbes entre parenthèses au futur.

Le musée d'Orsay

1. Quand j'irai en Italie,
   Je (manger) des spaghettis.
2. Quand j'irai en Grèce,
   Je (voir) une déesse.
3. Quand j'irai à Moscou,
   Je (acheter) des bijoux.
4. Quand j'irai en Egypte,
   Je (visiter) une crypte.
5. Quand j'irai en Angleterre,
   Je (nager) dans la mer.
6. Quand j'irai à Rio
   Je (faire) l'idiot !
7. Quand j'irai à Berlin,
   Je (prendre) un bain !

D. Créez des dialogues en employant le futur antérieur avec **aussitôt que** et une des expressions suivantes, puis jouez les dialogues.

MODELE — Quand quitterons-nous le café ?
— *Aussitôt que j'aurai payé l'addition.*

acheter quelques vêtements
payer l'addition
voir les tableaux de Renoir
finir mes devoirs
danser avec Mathilde (Jean-Luc)
mettre mon manteau
parler au médecin

1. — Quand quitterons-nous la bibliothèque ?
2. — Quand quitterons-nous le musée ?
3. — Quand quitterons-nous l'hôpital ?
4. — Quand quitterons-nous le restaurant ?
5. — Quand quitterons-nous la maison ?
6. — Quand quitterons-nous la discothèque ?
7. — Quand quitterons-nous la boutique ?

E. Imaginez que vous êtes une diseuse de bonne aventure *(fortune teller)* et que vous donnez l'horoscope d'une personne célèbre (morte ou vivante). Lisez cet horoscope et demandez aux autres étudiants de découvrir l'identité de la personne. Commencez l'horoscope par les mots **Quand vous serez plus âgé(e),** selon le modèle.

MODELE Quand vous serez plus âgée, vous travaillerez dans la haute couture française. Vos vêtements seront élégants et simples. Vous créerez de nouvelles modes (la petite robe noire et des chapeaux sans ornements, par exemple), et vous donnerez votre nom à un parfum. (Réponse : Coco Chanel)

Use of the Pluperfect

The pluperfect is used to indicate an action that took place before another past action. It is aptly described by its French name, **le plus-que-parfait:** more in the past than the past. Its English equivalent is either the pluperfect *had + past participle (I had spoken)*, or the past tense *(I spoke)*.

Il ne savait pas qu'elle avait déjà payé l'addition.
He didn't know that she had already paid the check.

Ne vous ai-je pas dit qu'elle était venue ?
Didn't I tell you that she had come?
Didn't I tell you that she came?

French usage regarding verb tenses is generally more precise than English usage; thus, the French pluperfect has the two possible English equivalents in the second example above.

EXERCICES

A. Transformez les phrases.

1. J'ai mis le parfum que j'avais acheté. (vous, tu, on, Cléopâtre, mes petites sœurs, nous, je)
2. Je voulais dire « oui », mais j'avais déjà dit « non ». (nous, vous, tu, le client, on, ces enfants, je)

B. Répondez en employant le **plus-que-parfait** selon le modèle.

MODELE Robert a préparé une quiche. Peu après, il l'a mangée.
Robert a mangé la quiche qu'il avait préparée.

1. Sylvie a essayé une robe. Peu après, elle l'a achetée.
2. Aldo a essayé un pantalon. Peu après, il l'a acheté.
3. Anne a préparé une tarte. Peu après, elle l'a mangée.
4. Dorine a admiré une tarte. Peu après, elle l'a achetée.
5. Le chef a laissé tomber un gâteau. Peu après, il l'a vendu !
6. Yves a préparé une quiche. Peu après, il l'a mangée.

C. David et Lisa sont un jeune couple. Ils sont très heureux ensemble, mais ils ont un petit problème : chaque fois que David fait quelque chose, il découvre que Lisa l'a déjà fait ! Indiquez l'action de Lisa en employant le **plus-que-parfait** selon le modèle.

MODELE David a acheté le pain.
Lisa l'avait déjà acheté !

1. David a laissé le pourboire.
2. David a payé le loyer *(rent)*.
3. David a acheté le vin.
4. David a vendu le piano.
5. David a préparé le dîner.
6. David a acheté le dessert.

D. Complétez avec imagination en employant le **plus-que-parfait** selon le modèle.

MODELE J'ai acheté le parfum que...
J'ai acheté le parfum que j'avais senti dans la boutique (que vous aviez recommandé, etc.)

1. J'ai acheté le pantalon que...
2. Pourquoi n'avez-vous pas mangé l'omelette que...
3. Je ne suis pas allé(e) voir ce film parce que...
4. Je n'ai pas encore trouvé le livre que...
5. J'ai porté la même robe que...

Use of the Conditional

Conditional sentences

1. The conditional tenses are used to indicate a possible or hypothetical fact that is the result of a condition. Their English equivalents are *would + verb* (the simple conditional: *I would smile*) and *would have + past participle* (the past conditional: *I would have smiled*).

   Si j'étais à votre place, je dînerais à la Tour d'Argent.
   If I were you, I would dine at the Tour d'Argent.

   Si le garçon avait consulté le chef, il n'aurait pas servi ce gâteau !
   If the waiter had consulted the chef, he wouldn't have served that cake!

2. The conditional tenses are used in most so-called conditional sentences (sentences containing *if*-clauses). The following table contains the most common tense sequences used in conditional sentences. The same tense sequences exist in English.

***if*-clause**	**Main clause**
present	present, future, imperative
imperfect	present conditional
pluperfect	past conditional

Si elle entre, je sors !
If she enters, I'm leaving!

Si elle est intelligente, elle achètera ces vêtements en solde.
If she's smart, she'll buy these clothes on sale.

Si cette vendeuse vous gêne tellement, ne l'écoutez pas !
If this salesgirl bothers you so much, don't listen to her!

S'il lisait le *Guide Michelin*, il connaîtrait de bons restaurants.
If he read the Guide Michelin, *he would know some good restaurants.*

Si elle avait mangé ces sardines, elle aurait eu mal au ventre !
If she had eaten those sardines, she would have had a stomachache!

Note that the conditional tenses (in the last two examples) are used in the main clause, but not in the *if*-clause.

The future of the past

The conditional also expresses the future of the past.

Future of the present:	Il dit qu'il laissera le pourboire. *He says he will leave the tip.*
Future of the past:	Il a dit qu'il laisserait le pourboire. *He said he would leave the tip.*

Here French and English usage correspond.

The conditional of politeness

The conditional is used to attenuate questions and requests, making them more courteous.

Present:	Je veux cinquante dollars, papa. *I want fifty dollars, Dad.*
Conditional:	Je voudrais cinquante dollars, papa. *I would like fifty dollars, Dad.*

EXERCICES

A. La vieille tante bien-aimée de Richard est morte et lui a laissé une grande fortune. Répondez aux questions suivantes en disant ce que vous feriez si vous étiez à la place de Richard.

1. Changeriez-vous de domicile ? Si oui, où habiteriez-vous ?
2. Qu'est-ce vous achèteriez (à vos parents, à votre petite amie, au professeur) ?
3. Partiriez-vous en voyage ? Si oui, où iriez-vous ? Avec qui partiriez-vous en voyage ?
4. Quelle profession (quelles distractions, quels vêtements) choisiriez-vous ?
5. Nommez deux autres choses que vous feriez.

B. Complétez avec imagination selon le modèle.

MODELE Si j'étais un oiseau...
Si j'étais un oiseau, j'aurais peur des chats (je chanterais dans les arbres, je mangerais beaucoup de vers [worms], *je ferais un voyage en Floride, etc.).*

1. Si j'étais un chat,...
2. Si j'étais un chef célèbre,...
3. Si j'étais très, très intelligent(e),...
4. Si j'avais mal au ventre,...

Paul Bocuse (à gauche), le célèbre chef, fait la cuisine.

5. Si j'étais architecte,...
6. Si j'étais le professeur,...
7. Si j'étais un nuage *(cloud)*,...
8. Si j'étais gourmand(e),...
9. Si j'étais snob,...
10. Si j'étais gourmet,...
11. Si j'étais un couturier célèbre,...

C. Si vous étiez aux endroits suivants, qu'est-ce que vous y feriez probablement ? Répondez selon le modèle.

MODELE au café
Si j'étais au café, je bavarderais avec mes amis (je mangerais un croissant, je boirais de la limonade, je lirais le journal, etc.).

1. dans un restaurant chic
2. dans un grand magasin
3. au cinéma
4. à la montagne
5. dans une boîte
6. à l'hôpital
7. au bord de la mer
8. dans un vieux château

D. Qu'est-ce que vous auriez fait si vous aviez été les personnes suivantes ? Répondez selon le modèle.

MODELE Si vous aviez été Pierre ou Marie Curie ?
Si j'avais été Pierre ou Marie Curie, j'aurais découvert le radium.

1. Si vous aviez été Voltaire ?
2. Si vous aviez été Christophe Colomb ?
3. Si vous aviez été le président Clinton ?
4. Si vous aviez été Marie-Antoinette ?
5. Si vous aviez été Eve ?
6. Si vous aviez été Walt Disney ?
7. Si vous aviez été Coco Chanel ?
8. Si vous aviez été Picasso ?
9. Si vous aviez été le roi Louis XIV ?
10. Si vous aviez été Le Corbusier ?

E. Préparez deux questions sur le modèle de l'exercice D et posez-les à la classe.

Related Expressions

The imperfect and conditional *would*

Both the imperfect and conditional tenses may be translated by *would* in English. If *used to*, indicating a customary or repeated action, can be substituted for *would*, the imperfect tense is required. If not, a conditional tense is used.

Quand j'avais dix-sept ans, je lisais le journal satirique *Le Canard enchaîné* toutes les semaines.
When I was seventeen, I would read (used to read) the satirical newspaper Le Canard enchaîné *every week.*

Si la soupe était moins chaude, je la goûterais.
If the soup were less hot, I would taste it.

EXERCICES

A. Traduisez en français les verbes entre parenthèses.

1. Quand il était à Paris, il ____________ *(would visit)* un musée toutes les semaines.
2. Je ____________ *(would listen to)* ce guide s'il était plus intéressant !
3. Quand il était plus jeune, il ____________ *(would wear)* toujours des vêtements chic.
4. Après avoir mangé des oignons, il ____________ *(would have)* toujours une crise de foie !
5. ____________ *(Would you like)* goûter ce plat ?
6. Si j'avais de l'argent, je ____________ *(would pay)* l'addition.

B. Complétez avec imagination.

1. Si j'étais plus jeune, je...
2. Quand j'étais plus jeune, je...
3. Si Hélène avait plus d'argent, elle...
4. Quand Hélène avait plus d'argent, elle...

Devoir

The commonly used verb **devoir** has multiple meanings. When followed by an infinitive, it expresses necessity, or moral obligation, or probability. When used with a direct object, it means *to owe.*

Necessity or Moral Obligation

The expression of necessity or moral obligation is perhaps the most common function of **devoir.** The tenses are translated variously.

Present: must, have to

Chéri, tu dois éviter de manger ce dessert !
Dear, you must avoid eating that dessert! OR:
Dear, you have to avoid eating that dessert!

Future: will have to

Ils devront acheter une marque moins chère.
They will have to buy a less expensive brand.

Imperfect: had to[1], used to have to

Elle devait tout faire.
She had to do everything.

Quand j'étais jeune, je devais faire mon lit tous les matins.
When I was young, I had to (used to have to) make my bed every morning.

passé composé: had to[1]

J'ai dû prendre l'avion parce que j'avais raté le train.
I had to take the plane because I'd missed the train.

J'ai dû payer l'addition parce que mon père n'avait pas sa carte de crédit !
I had to pay the check because my father didn't have his credit card!

[1]Whether the imperfect or the passé composé is used to render *had to* depends on the meaning of *had to* in the context. See Chapter 4, pp. 109–111.

Present conditional: should, ought to

M. Courvoisier, vous ne devriez pas boire !
Mr. Courvoisier, you shouldn't drink!

Adam, vous devriez avoir honte !
Adam, you ought to be ashamed!

Past conditional: should have, ought to have

J'aurais dû l'avouer plus tôt. Je suis gourmand !
I should have admitted it sooner. I love to eat!

J'aurais dû acheter cette robe en solde !
I should have bought that dress on sale!

EXERCICES

A. Qu'est-ce que les personnes suivantes devraient faire ? Répondez selon le modèle.

MODELE une serveuse
Une serveuse devrait travailler vite (être aimable, sourire beaucoup, etc.).

1. une personne trop maigre *(thin)*
2. un garçon de café
3. un professeur
4. un politicien
5. un millionnaire
6. un végétarien
7. un étudiant
8. un architecte

B. Qu'est-ce que les personnes suivantes n'auraient pas dû faire ?

1. Pinocchio
2. Eve (la femme d'Adam)
3. le président
4. l'alcoolique
5. le gourmand
6. le voleur
7. le végétarien
8. le professeur

C. Répondez par une phrase complète.

1. Qu'est-ce que vous devez faire cette semaine ?
2. Quand vous étiez petit(e), deviez-vous faire des travaux ménagers ? Si oui, lesquels ? Deviez-vous aller à l'école à pied ou en autobus ? A quelle heure deviez-vous vous coucher ? Deviez-vous manger des haricots verts ?
3. Nous faisons, hélas, beaucoup d'erreurs dans la vie ! Réfléchissez à votre vie passée et nommez quelque chose que vous n'auriez pas dû faire. Nommez quelque chose que vous auriez dû faire.
4. Avez-vous dû préparer le dîner (faire la vaisselle, téléphoner à un ami) hier soir ?
5. Si le professeur annonce un examen pour demain, qu'est-ce que vous devrez faire ce soir ?

Un mannequin

D. Traduisez en français, puis jouez les dialogues.

1. **A:** I hate to cook!
   B: You shouldn't have said that.
   A: Why not?
   B: Because I love to eat!
   A: I shouldn't have said that . . .
2. **A:** Should we go shopping, or should we study for our French exam tomorrow?
   B: (smile)
3. **A:** Do I have to finish my meal, papa?
   B: Yes, if you want an ice cream . . .
   A: I have to hurry, then!
4. **A:** Darn it! Gisèle is late!
   B: She will have to miss the train.
   A: I hope not *(J'espère que non)*.
   B: She'll come soon. She must come!

Probability

Just as the English word *must* may express probability, as in the sentence, "He must be (is probably) crazy," the verb *devoir* may also express probability. It commonly does so in three tenses.

Present

Il doit être fou !
He must be (is probably) crazy!

Elle doit travailler très dur.
She must work (probably works) very hard.

Imperfect

Les architectes devaient être fiers de ce bâtiment !
The architects must have been (were probably) proud of this building!

Ce couturier célèbre devait avoir soixante-dix ans quand il est mort.
That famous designer must have been (was probably) seventy when he died.

passé composé

Gisèle est en retard. Elle a dû manquer l'avion.
Gisèle is late. She must have (has probably) missed the plane.

Tu as dû passer des heures à préparer ce plat !
You must have (have probably) spent hours preparing that dish!

EXERCICES

A. Comment sont probablement les personnes suivantes ? Répondez en employant **devoir** au temps présent selon le modèle.

MODELE Richard s'est marié hier.
Il doit être heureux (fou, malade, fatigué, anxieux, etc.).

1. Dominique vient d'avoir son premier enfant.
2. Georges vient de recevoir de tristes nouvelles : son père a eu un accident de voiture.
3. Sabine a trop bu au restaurant hier soir.
4. Georges va faire un tour des monuments parisiens.
5. Mme Florentin, qui a soixante ans, s'est mariée avec un homme de vingt-cinq ans.
6. Suzanne porte la même robe que Céleste !
7. Marie-France n'a pas bien dormi hier soir.

B. Préparez deux questions sur le modèle de l'exercice A et posez-les à la classe.

C. Répondez en employant le passé composé du verbe **devoir** selon le modèle.

MODELE Pourquoi Hélène est-elle arrivée en retard au bureau ce matin ?
Elle a dû manquer le train (elle a dû oublier sa montre, elle a dû faire la grasse matinée, etc.).

1. Pourquoi Isabelle est-elle toute bronzée *(tanned) ?*
2. Pourquoi Nicolas a-t-il mal au ventre ?
3. Pourquoi Jacqueline commande-t-elle un autre dessert ?
4. Pourquoi Simone marche-t-elle avec des béquilles *(crutches) ?*
5. Pourquoi Yves donne-t-il des cigares à tout le monde ce matin ?

D. Traduisez en français, puis jouez le dialogue.

1. **A:** Why did Marc leave early?
   B: He probably had an upset stomach.
   A: But why?
   B. He must have eaten Luigi's chicken!
2. **A:** When I was a waiter (waitress), I had to work hard.
   B: You must have been a good waiter (waitress).
   A: I must have been crazy; I didn't earn anything!

Meaning *to owe*

Devoir means *to owe* when it is used with a direct object.

Malheureusement, je dois trop d'argent à la banque.
Unfortunately, I owe the bank too much money.

Vous lui devez beaucoup de reconnaissance.
You owe him a lot of gratitude.

EXERCICE

Répondez par une phrase complète.

1. Devez-vous de l'argent à quelqu'un ? Si oui, à qui ?
2. A qui devez-vous du respect ?
3. Est-ce que le professeur vous doit quelque chose ?
4. Est-ce que quelqu'un vous doit de l'argent ?

Related Expression

The verb **devoir** may also express *to be supposed to*. It commonly does so in two tenses.

Present: am (is, are) supposed to

L'ambassadeur doit arriver bientôt.
The ambassador is supposed to arrive soon.

Imperfect: was (were) supposed to

Giscard devait faire des courses avec moi, mais il est parti !
Giscard was supposed to go shopping with me, but he left!

EXERCICE

Traduisez en français les verbes entre parenthèses en employant le verbe **devoir.**

1. Je ____________ *(was supposed to)* visiter une église romane cet après-midi.
2. Nous ____________ *(were supposed to)* nous lever à cinq heures, mais notre réveil n'a pas sonné.
3. ____________ *(Are they supposed to)* arriver les premiers au restaurant ?
4. Le professeur ____________ *(was supposed to)* faire une conférence sur les rapports entre la France et les Etats-Unis.
5. Il ____________ *(is supposed to)* trouver une solution mais il refuse de discuter le problème !
6. Nous ____________ *(are supposed to)* quitter le musée à 5 h.

Exercices d'ensemble

I. Traduisez en français.

1. If I were French, I would be proud of my country's monuments.
2. You will have to pay the check.

A l'hypermarché

3. French high fashion has influenced American fashion.
4. If that customer leaves without paying, stop him!
5. That American gourmet ought to appreciate French cooking.
6. I should have visited that gothic cathedral.
7. Each time he lifted his glass, he would say, "To your health!"
8. I never would have come, if she had been here.
9. The hors d'œuvres were good; the main course must be good, too.
10. If you must drink, try the Dubonnet.
11. When I go to Paris I will certainly visit Dior's boutique.
12. When will you understand that the French are not American?
13. He's supposed to be here at eight; he must have already left.
14. If you must do it, do it!

II. Mettez les verbes entre parenthèses au temps convenable.

1. Si j'avais assez d'argent, je ____________ (dîner) dans ce restaurant trois étoiles.
2. Si j'étais une personne cultivée, je ____________ (visiter) le Louvre.
3. Si Adrienne vient, je ____________ (partir) !
4. Tout le monde m' ____________ (admirer) si je porte cette robe élégante.
5. Si le professeur préparait un dessert, je le ____________ (manger) probablement.
6. Si je ____________ (voir) l'accident, j'aurais téléphoné à la police.
7. Si vous en avez l'occasion, ____________ (venir) me voir.
8. Si elle essaie ce bikini, elle l' ____________ (acheter) certainement.
9. Nous ____________ (avoir) mal au ventre si nous mangeons tous ces oignons !
10. Si j'avais pu goûter ce plat avant, je le ____________ (commander).

Sujets de discussion ou de composition

1. Imaginez que vous allez visiter des monuments français. Lesquels aimeriez-vous visiter ? Pourquoi aimeriez-vous les visiter ?
2. Est-ce que les Etats-Unis importent beaucoup de produits français ? Dressez une liste de tous les produits français que vous connaissez.
3. Avez-vous jamais fait un voyage en France ? Si oui, quelles différences essentielles avez-vous remarquées entre la vie française et la vie américaine ?
4. A votre avis, est-ce que la France a exercé une grande influence sur la vie américaine ? Expliquez.
5. Est-ce que la France a une bonne réputation actuellement aux Etats-Unis ? A votre avis, pourquoi ou pourquoi pas ?

8

Relative Pronouns and Demonstratives

La Francophonie

Chapter 8 at a Glance

Relative pronouns

I. Remplacez les tirets par **qui** ou **que.**

1. Comment ! Nous avons perdu les chèques de voyage __________ étaient dans nos valises ?
2. Voilà la belle étrangère __________ nous avons vue à Versailles.

II. Remplacez les tirets par **ce qui** ou **ce que.**

1. Expliquez-nous __________ vous avez vu en France.
2. Quel gourmand ! La cuisine française est tout __________ l'intéresse !

III. Remplacez les tirets par **qui** ou une forme de **lequel.**

1. Je vous présente Anne-Marie, la femme avec __________ je compte visiter le Sénégal.
2. Voici l'argent avec __________ je vais acheter les souvenirs.

IV. Remplacez les tirets par **où** ou **quoi.**

1. Je sais à __________ vous pensez.
2. Elle m'a dit « Bonjour » au moment __________ elle m'a vu.

V. Remplacez les tirets par **dont** ou **ce dont.**

1. Voici le touriste désagréable __________ je parlais.
2. C'est __________ il est si fier !

VI. Traduisez en français les mots entre parenthèses en employant le **pronom interrogatif** ou le **pronom relatif** convenable.

1. Il est francophone ? __________ *(What)* cela signifie ?
2. Voici __________ *(what)* on a trouvé dans la chambre d'hotêl !
3. Voilà la femme bizarre __________ *(whom)* j'ai rencontrée au Louvre.
4. __________ *(Whom)* avez-vous vu pendant les vacances ?

VII. Remplacez les tirets par **n'importe qui** ou **n'importe quoi.**

1. Idiot ! __________ pourrait lire cette carte !
2. Ce francophile ferait __________ pour visiter la Martinique.

Demonstratives

VIII. Remplacez les tirets par **ce, cet, cette** ou **ces.** Employez **-ci** et **-là** s'il y a lieu.

1. __________ dame
2. __________ étranger

3. ___________ coutumes nous sont familières mais ___________ coutumes nous sont étrangères.
4. ___________ livre
5. ___________ maisons

IX. Remplacez les tirets par **celui, celle, ceux** ou **celles.** Employez **-ci** ou **là** s'il y a lieu.

1. ___________ qui a l'esprit ouvert n'aura pas de problèmes.
2. Geneviève et Marguerite sont des touristes très différentes : ___________ est gentille tandis que ___________ est insolente !
3. Quelles photos préférez-vous, ___________ de Gisèle ou ___________ de Marc ?

X. Remplacez les tirets par **ceci** ou **cela (ça).**

1. ___________ m'est égal.
2. Faisons un échange ! Si vous me donnez ___________, je vous donne ___________ !

XI. Remplacez les tirets par **ce, c', il, elle, ils** ou **elles.**

1. Sont- ___________ françaises ou canadiennes ?
2. ___________ est une excursion qu'il faut faire !
3. ___________ sont les beaux souvenirs dont nous avons parlé.
4. ___________ est ma carte d'identité.

XII. Remplacez le premier tiret par **c'est** ou **il est** et le deuxième par **à** ou **de.**

1. ___________ intéressant ___________ comparer deux cultures différentes.
2. Vous êtes-vous jamais senti seul ? — Oui, et ___________ difficile ___________ supporter !

XIII. Complétez en traduisant l'expression entre parenthèses.

1. Nous avons rendu visite à nos parents ___________ *(that morning).*
2. Nous passons ___________ *(this month)* à la Guadeloupe.
3. Il est parti ___________ *(the next day).*
4. Moi, je pars ___________ *(tomorrow).*

Vocabulaire du thème : *La Francophonie*

Touristes et Voyageurs : les préparatifs

rêver de to dream of
faire des projets to make plans
l' **agence** *f* **de voyages** travel bureau
l' **agent** *m* **de voyages** travel agent
le **chèque de voyage** traveler's check
le, la **touriste** tourist
le **passeport** passport

le **visa** visa
la **carte d'identité** ID card
faire les préparatifs to make preparations
faire sa valise to pack one's suitcase

La Douane
passer la douane to pass through customs
le **douanier** customs officer
fouiller to search (a person, a suitcase, etc.)
avoir quelque chose à déclarer to have something to declare

Activités
faire un voyage to take a trip
faire une visite guidée to take a guided tour
prendre des photos to take pictures
rendre visite à to visit (a person)
visiter to visit (a place)
l' **appareil (appareil-photo)** *m* camera
la **carte** map; menu
la **carte postale** postcard
le, la **guide** tour guide
le **guide** guidebook
le **séjour** stay
le **souvenir** souvenir

Etrangers et Indigènes
la **patrie** homeland
l' **étranger** *m*, l'**étrangère** *f* foreigner
l' **indigène** *m, f* native
francophone French-speaking
francophile French-loving
francophobe French-hating

Aspects positifs
agréable pleasant
complaisant accommodating
avoir l'esprit ouvert (fermé) to have an open (closed) mind
l' **hospitalité** *f* hospitality
accueillir chaleureusement to welcome warmly
accueillant hospitable
être bien reçu to be well received
s' **adapter aux coutumes (aux habitudes) d'un peuple** to adapt to the customs (habits) of a people
se **débrouiller** to get along, to manage
se **fier à** to trust
se **sentir, être à l'aise** to feel, to be at ease
souhaiter la bienvenue à quelqu'un to welcome someone

Aspects négatifs
désagréable unpleasant
dépaysé out of one's element, lost
être mal reçu to be badly received
avoir le mal du pays to be homesick
se **méfier de** to distrust
se **sentir, être mal à l'aise, perdu, etc.** to feel, to be ill at ease, lost, etc.
exploité exploited
tomber malade to get sick

EXERCICES

A. **Mise en scène.** Complétez en employant une ou plusieurs expressions du *Vocabulaire du thème*, puis jouez les dialogues.

1. **A:** (nom), ça s'est bien passé, ton voyage en France ?
   B: (nom), ça a été un désastre !
   A: Comme c'est dommage ! Qu'est-ce qui est arrivé ?
   B: ...
   A: Non !
   B: Si ! Et...
   A: Pauvre (nom) ! Mais comment as-tu trouvé les Français ?
   B: ...
   A: Alors, ça n'a pas été un désastre complet !
2. **A:** (nom), on m'a donné une bourse ! Je vais étudier à l'étranger ! Je vais passer une année à (ville) !
   B: Félicitations, (nom) !
   A: J'ai beaucoup de choses à faire avant mon départ. Je dois...
   B: Pourquoi as-tu choisi (ville) ?
   A: Parce que là il y a beaucoup de choses intéressantes à faire. Je vais...
   B: Et quand est-ce que tu vas étudier ?
   A: Pendant mon temps libre !

A l'aéroport Charles de Gaulle

B. **Situations.** Répondez en employant une ou plusieurs expressions du *Vocabulaire du thème.*

1. A votre avis, quelles sont les qualités d'un bon touriste ? Quels sont les défauts d'un mauvais touriste ?
2. Imaginez que vous allez faire un voyage en France. Quels préparatifs allez-vous faire ?
3. Odile la francophile est amoureuse de tout ce qui est français. Par exemple, elle va voir des films français, elle achète des vêtements français, elle se parfume avec du parfum français, elle dîne dans des restaurants français, et elle étudie dans une bibliothèque française. Imaginez qu'Odile la francophile visite votre ville ou votre université. Qu'est-ce qu'elle y ferait pour satisfaire sa soif de tout ce qui est français ?

Relative Pronouns

A relative pronoun is a word that joins (relative = relates) a subordinate clause to a noun or pronoun in the main clause. A subordinate clause that begins with a relative pronoun is called a relative clause. The English relative pronouns are *who, whom, whose, that, which, what.*

L'étudiant qui a perdu son passeport a l'air nerveux.
The student who lost his passport seems nervous.
relative clause: **qui a perdu son passeport**
main clause: **L'étudiant a l'air nerveux.**

L'étranger que j'ai rencontré à Paris s'appelle Paul.
The foreigner whom I met in Paris is named Paul.
relative clause: **que j'ai rencontré à Paris**
main clause: **L'étranger s'appelle Paul.**

The noun or pronoun that precedes the relative pronoun, and to which the relative pronoun refers, is called the antecedent. In the preceding examples, **l'étudiant** and **l'étranger** are antecedents of **qui** and **que,** respectively. Relative pronouns may be used as the subject or direct object of a relative clause, or as the object of a preposition.

Relatives used as Subject or Direct Object of a Relative Clause

Antecedent	**Subject**		**Direct object**	
person	qui	*who*	que[1]	*whom*
things	qui	*that, which*	que[1]	*that, which*
indeterminate	ce qui	*what*	ce que[1]	*what*

[1] **Que** changes to **qu'** before a vowel or mute **h.**

To determine whether a relative pronoun is the subject or the direct object of a relative clause, it is first necessary to recognize the verb of the relative clause, as distinguished from that of the main clause.

Sentence 1: Le touriste **qui habite chez nous** vient de France.
The tourist who lives at our house comes from France.

Sentence 2: L'île **que nous avons explorée** était pittoresque.
The island that we explored was picturesque.

In these two sentences, the verbs in the relative clauses are **habite** and **avons explorée.** Knowing this, one must then determine whether the relative pronouns are used as the subject or direct object of these verbs. In Sentence 1, **qui** is the subject of the verb **habite.** In Sentence 2, **que** is the direct object of the verb **avons explorée** (whose subject is **nous**).

qui and *que*

Qui is the subject and **que** is the direct object, when the antecedent is a person or a specified thing.

Comment s'appelle la jeune fille qui nous a accueillis ?
What is the name of the girl who welcomed us?

Voilà un pays qui me plaît !
There's a country that pleases me!

Voilà l'agent de voyages que nous avons engagé.
Here is the travel agent (whom) we hired.

Tahiti est l'île que je trouve la plus charmante.
Tahiti is the island (that) I find the most charming.

Note that although the direct object relative pronoun is often omitted in English, its counterpart **que** must always be used in French.

EXERCICES

A. Imaginez que vous allez visiter un pays étranger. Naturellement, vous voudriez avoir un guide qui parle la langue du pays. Répondez en employant **qui** et une des langues dans la colonne de droite, selon le modèle.

MODELE Vous allez en France.
Je voudrais un guide qui parle français.

Vous allez...

1. en Espagne.	russe
2. en Angleterre.	japonais
3. aux Etats-Unis.	français
4. en Allemagne.	anglais

5. au Japon.	espagnol
6. en Chine.	chinois
7. au Canada.	allemand
8. en Russie.	italien
9. au Mexique.	
10. en Italie.	

B. Imaginez que vous êtes un(e) touriste curieux (curieuse). Chaque fois que vous visitez un pays étranger, vous achetez une carte postale avec le portrait d'un personnage célèbre qui vient de ce pays. Identifiez les pays en employant **que** selon le modèle.

MODELE Quel beau portrait de Sophia Loren !
C'est le portrait que j'ai acheté en Italie.

Devant Notre-Dame de Paris

1. Quel beau portrait de Mao !
2. Quel beau portrait du président Kennedy !
3. Quel beau portrait de Karl Marx !
4. Quel beau portrait de Jeanne d'Arc !
5. Quel beau portrait de Picasso !
6. Quel beau portrait de Goethe !
7. Quel beau portrait de Michel-Ange !
8. Quel beau portrait de l'empereur Hiro-Hito !
9. Quel beau portrait de Winston Churchill !

C. Créez six phrases logiques en employant les mots dans les quatre colonnes.

1. Le souvenir		a fouillé mes valises	était dangereux.
2. Le voleur		j'ai visité	était beau.
3. Le douanier	que	j'ai fait	était insupportable.
4. Le monument		est tombé malade	était sympathique.
5. Le voyageur	qui	a perdu son passeport	était cher.
6. Le voyage		la police a arrêté	était intéressant.
7. Le touriste		nous avons acheté	était fâché.

D. Complétez en employant **qui** ou **que** selon le modèle.

MODELE Un oiseau est un animal...
Un oiseau est un animal qui vole.
ou : *Un oiseau est un animal qu'on voit dans les arbres.*

1. Un francophile est une personne...
2. Un bikini est un vêtement...
3. Un francophobe est une personne...
4. Un étranger est une personne...
5. Un douanier est une personne...
6. Un souvenir est un objet...

ce qui and *ce que*

Ce qui is the subject and **ce que** is the direct object when the antecedent is indeterminate: that is, something other than a person or a specified thing (e.g., an idea or an unspecified thing). **Ce qui** and **ce que** are usually rendered by *what* in English.

Dites-moi tout de suite ce qui vous gêne !
Tell me right away what is bothering you!

Le guide ne sait pas ce que les touristes veulent voir.
The guide doesn't know what the tourists want to see.

Note that **tout ce qui** and **tout ce que** are used to express *all that* or *everything that.*

L'étude de la poésie africaine est tout ce qui l'intéresse.
The study of African poetry is all that interests her.

Montrez-moi tout ce que vous avez acheté pendant votre voyage.
Show me everything that you bought during your trip.

EXERCICES

A. Faites l'exercice B à la page 212 en employant **ce que** selon le modèle.

MODELE Quel beau portrait de Dante !
C'est ce que j'ai acheté en Italie.

B. Imaginez que vous avez perdu la mémoire. La police vous a trouvé(e) sur une belle plage à la Martinique, mais vous ne savez pas comment ou pourquoi vous vous y trouvez. Les médecins pensent que vous êtes devenu(e) amnésique, et ils vous posent des questions. Répondez en employant **ce que** ou **ce qui** selon le modèle.

MODELE Qu'est-ce que vous avez fait hier ?
Je ne me rappelle pas ce que j'ai fait.

Qu'est-ce qui vous intéresse ?
Je ne me rappelle pas ce qui m'intéresse.

1. Qu'est-ce que vous avez mangé hier ?
2. Qu'est-ce qui vous ennuie ?
3. Qu'est-ce que vous avez dit à la police ?
4. Qu'est-ce que vous avez fait la semaine dernière ?
5. Qu'est-ce qui vous rend heureux (heureuse) ? (triste) ?
6. Qu'est-ce qui vous amuse ?

C. Remplacez les tirets par **qui, que, (tout) ce qui,** ou **(tout) ce que,** puis jouez les dialogues.

1. **A:** Le douanier __________ a fouillé mes valises m'a posé beaucoup de questions.
   B: Qu'est-ce qu'il t'a demandé ?
   A: Où j'habite, __________ je vais faire ce soir...
   B: Ah, je sais __________ l'intéressait. Quel Don Juan !
2. **A:** Montre-moi les cartes postales __________ tu as achetées ce matin.
   B: Mais ce sont des cartes postales de Lyon, et nous sommes à Paris !
   A: Le monsieur __________ me les a vendues m'a dit qu'elles étaient très jolies...
   B: Pauvre Henriette (Henri) !
3. **A:** J'ai envie d'acheter beaucoup de souvenirs ce matin.
   B: Les souvenirs coûtent très cher...

Le château Frontenac et le vieux Québec

A: L'argent, l'argent, l'argent ! Est-ce que c'est __________ t'intéresse ?
B: Pas du tout, chéri(e). Voici un cadeau __________ je t'ai acheté hier...
A: (sourire embarrassé)

Relatives used with Prepositions

There are two groups of relatives that are used with prepositions: one group is used with all prepositions and the other only with the preposition **de.**

Relatives used with prepositions

Antecedent	**Relative**	
person	qui	*whom*
thing	lequel[1]	*which*
indeterminate	quoi	*what, which*
expression of time or place	où	*where, when*

[1]The form used—**lequel, laquelle, lesquels,** or **lesquelles**—depends on the number and gender of the antecedent. The forms contract normally with the prepositions **à** and **de: auquel, desquelles,** etc.

1. **Qui** is ordinarily used to refer to persons, whereas **lequel** is generally used for specified things.

   Voilà le guide avec qui nous allons partir.
   There's the guide we're going to leave with.

   Voici la fiche sur laquelle il a écrit son nom.
   Here's the form he wrote his name on.

Note in the preceding examples that the preposition often ends the sentence in English, but almost never does in French.

2. **Quoi** is used to refer to something indeterminate: something other than persons or specified things (e.g., ideas or unspecified things).

   Il a décidé de se marier, après quoi il s'est senti mal à l'aise.
   He decided to get married, after which he felt ill at ease.

   Je ne sais pas avec quoi elle compte acheter ces souvenirs !
   I don't know what she intends to buy these souvenirs with!

3. The relative **où** is often used after expressions of time and place:

au moment où	le pays où
la semaine où	la maison où
le jour où	

   Sa vie a changé le jour où elle est arrivée en France.
   Her life changed the day she arrived in France.

   Le pays où nous allons passer nos vacances est francophone.
   The country where we are going to spend our vacation is French-speaking.

   Note that the conjunction **quand** *(when)* is not a relative and cannot be used after expressions of time.

EXERCICES

A. Donnez votre réaction aux opinions suivantes selon le modèle.

MODELE La cuisine française est la meilleure du monde.
Voilà une opinion avec laquelle je suis (je ne suis pas) d'accord.

1. Un voyage en bateau est plus agréable qu'un voyage en avion.
2. Si on veut connaître un pays, il est nécessaire d'y habiter au moins un an.
3. Quand on a le mal du pays pendant un voyage à l'étranger, il vaut mieux retourner tout de suite chez soi.
4. En voyageant à l'étranger il est plus amusant de faire du camping que de loger à l'hôtel.
5. Il est important d'avoir des chèques de voyage quand on fait un voyage à l'étranger.

6. Avant de voyager à l'étranger, il est préférable de faire des préparatifs bien à l'avance *(well ahead of time)*.
7. Si on veut apprécier les voyages à l'étranger, il vaut mieux avoir l'esprit ouvert.

B. Remplacez les tirets par **qui, lequel** (**laquelle,** etc.), **quoi** ou **où.**

1. Ma vie a changé le jour ____________ j'ai quitté ce pays horrible !
2. Les touristes à ______________ je viens de parler, où sont-ils ?
3. Les habitants du village ____________ nous avons passé la nuit se méfiaient de nous.
4. Malheureusement, les indigènes à ____________ j'ai parlé n'ont pas compris mon accent.
5. Les Français avec ____________ j'ai dîné ont commandé un repas splendide !
6. Je ne comprends pas avec ____________ il compte fermer ses valises !
7. Nous avons senti une odeur délicieuse au moment ______________ nous sommes entrés dans ce restaurant français.
8. Elle a passé la douane, après ____________ sa famille l'a accueillie.
9. Ce guide n'était pas aussi vulgaire à l'époque ____________ je l'ai connu !
10. Est-ce que ce touriste vous a dit à ____________ il s'intéresse ?
11. Je cherche le bâtiment derrière ____________ notre autobus est stationné.

C. Traduisez en français, puis jouez les dialogues.

1. **A:** I loved this country the day we arrived. It's so beautiful!
   B: I loved it the moment I ate my first pizza.
   A: To each his own! *(A chacun son goût !)*
2. **A:** She has no money. I don't know what she's going to buy souvenirs with.
   B: She took your traveler's checks.
   A: What?
3. **A:** That guy *(type)* took the pen I was writing postcards with. What a nerve! *(Quel culot !)*
   B: Do you know the guy?
   A: No.
   B: He's the guide we're spending the afternoon with.
   A: Let's stay in the hotel!

Relatives *dont* and *ce dont*

Antecedent	**Relative**	
person	dont	*of whom, whom, whose*
thing	dont	*of which, which, that, whose*
indeterminate	ce dont	*of which, what*

The relatives **dont** and **ce dont** are generally used in two cases: with verbs and verbal expressions ending in **de,** and with the possessive construction.

1. Some verbs and expressions ending in **de:**

parler de	il s'agit de	être content de
se méfier de	rêver de	avoir peur de
avoir envie de	avoir besoin de	se souvenir de

Dont has an immediate antecedent—a person or a thing—to which it refers. **Ce dont,** on the other hand, does not have an immediate antecedent and refers to something other than persons or specified things (e.g., ideas or unspecified things).

Voici l'étranger dont elle se méfie !
Here is the foreigner (whom) she distrusts!

Avez-vous trouvé la carte dont j'ai besoin ?
Have you found the map (that) I need?

Je ne regrette pas ma décision. C'est précisément ce dont je suis si fier !
I don't regret my decision. That's precisely what I'm so proud of!

Faire un voyage à Paris ? Voilà ce dont j'ai besoin !
Take a trip to Paris? That's what I need!

Keep in mind that the preposition **de** in French verbal expressions often has no literal equivalent in English: **avoir besoin de,** *to need;* **se méfier de,** *to distrust.*

2. The possessive construction: **dont** meaning *whose*

Sentence 1:	La jeune touriste dont les valises étaient lourdes marchait lentement. *The young tourist whose suitcases were heavy was walking slowly.*
Sentence 2:	La garçon dont le père est douanier est d'origine africaine. *The boy whose father is a customs official is of African origin.*
Sentence 3:	Le guide dont j'ai remarqué la mauvaise humeur gênait tout le monde ! *The guide whose bad mood I noticed bothered everybody!*
Sentence 4:	L'amie dont j'ai cassé l'appareil s'est fâchée. *The friend whose camera I broke got angry.*

Note the position of **dont** and *whose* in the preceding sentences. In Sentences 1 and 2, **dont** and *whose* are both immediately followed by the subject of the relative clause. In Sentences 3 and 4, however, though **dont** is again immediately followed by the subject of the relative clause, *whose* is followed by the direct object. In the French sentence, **dont** is always immediately followed by the subject of the relative clause. As a practical guide, substitute *of whom* or *of which* for *whose;* the resulting word order will always be correct.

L'ami dont j'ai cassé l'appareil s'est fâché.
The friend whose camera I broke got angry.
The friend of whom I broke the camera got angry.

EXERCICES

A. Deux jeunes étudiantes décident de passer leurs vacances à Paris. Les parents d'une des étudiantes sont riches, tandis que ceux de l'autre étudiante sont pauvres. Identifiez l'étudiante en employant **dont** selon le modèle.

MODELE Elle habite dans un hôtel élégant.
C'est l'étudiante dont les parents sont riches.

Elle habite dans une pension très modeste.
C'est l'étudiante dont les parents sont pauvres.

1. Elle achète ses vêtements chez Dior.
2. Elle n'achète rien.
3. Elle boit du vin ordinaire.
4. Elle boit seulement du champagne.
5. Elle va partout en taxi.
6. Elle va partout à pied.
7. Elle dîne dans des restaurants très modestes.
8. Elle dîne dans des restaurants élégants.

B. Quel groupe a probablement besoin des choses suivantes ? Répondez en employant **ce dont** selon le modèle.

MODELE un guide Michelin
C'est ce dont les touristes (les guides) ont besoin.

1. un passeport
2. un revolver
3. un dictionnaire
4. du travail
5. du lait
6. un stéthoscope
7. beaucoup d'argent
8. une carte d'identité
9. une nouvelle valise

C. Traduisez en français, puis jouez les dialogues.

1. **A:** What a dream! This is the trip I've dreamed about all my life!
   B: I've lost my passport.
   A: What? The passport we need to continue our trip?
   B: Yes . . .
   A: The passport we need to pass through customs?
   B: Yes . . .
   A: What a nightmare (*cauchemar* [*m*])!

2. **A:** Look! There's the tourist whose traveler's checks we just found.
   B: He's talking to a policeman (*agent* [*m*] *de police*).
   A: They're looking at us . . .
   B: I know. That's what I was afraid of!

D. Révision : Remplacez les tirets par **qui, que, lequel, quoi, où, dont** ou **ce dont** dans l'histoire suivante.

Le rêve de Marie

1. Marie travaillait dans un bureau ____________ elle s'ennuyait terriblement.
2. Sa mère lui a suggéré un voyage aux Etats-Unis ____________ habitaient son oncle et sa tante.
3. Marie a décidé de faire ce voyage pendant ____________ elle pourrait peut-être rencontrer son prince charmant !
4. Marie est allée dans un grand magasin ____________ elle a acheté tout ____________ elle avait besoin.
5. Avant son départ elle a acheté un cadeau ____________ elle comptait offrir à son oncle et sa tante.
6. Elle s'est beaucoup amusée sur le bateau ____________ elle a rencontré Mike ____________ elle a apprécié le sens de l'humour, et Jim ____________ le sourire l'a charmée.
7. Elle a souri à la Statue de la Liberté ____________ semblait lui souhaiter la bienvenue.
8. A la douane elle a vu son oncle ____________ l'a accueillie chaleureusement.
9. Elle a été impressionnée par la ville de New York ____________ elle a trouvée grandiose.
10. Malheureusement, Marie n'a pas trouvé le prince charmant ____________ elle cherchait.
11. Elle a commencé à travailler dans un bureau à New York ____________ elle s'ennuyait plus qu'à Paris !
12. Après six mois elle a dit au revoir à son oncle et sa tante ____________ l'avaient traitée comme leur propre fille.
13. Elle est partie pour le Canada ____________ elle a continué à chercher son prince charmant.
14. Maintenant Marie est très vieille, hélas, et elle n'a jamais trouvé le prince ____________ elle avait rêvé.

Review of Interrogative and Relative Pronouns

This is a brief review for comparison. Students are referred to Chapter 5 for additional information on interrogative pronouns.

Who (subject)

1. Interrogative: **qui ?, qui est-ce qui ?**

   Qui veut voyager à l'étranger ?
   Qui est-ce qui veut voyager à l'étranger ?
   Who wants to travel abroad?

2. Relative: **qui**

   Ces gens qui sortent du Louvre sont des touristes.
   These people who are leaving the Louvre are tourists.

Whom (direct object)

1. Interrogative: **qui ?**

   Qui avez-vous vu à Rome ?
   Whom did you see in Rome?

2. Relative: **que**

   Matisse est le peintre que nous préférons.
   Matisse is the painter (whom) we prefer.

Of whom, whom (with *de*)

1. Interrogative: **de qui ?**

   De qui parliez-vous quand je suis entré ?
   Whom were you talking about when I entered?

2. Relative: **dont**

   Voici le type dont je me méfie.
   Here's the fellow (whom) I distrust.

What (subject and direct object)

1. Interrogative: **qu'est-ce qui ?** (subject); **que ?, qu'est-ce que ?** (direct object)

   Qu'est-ce qui se passe actuellement en France ?
   What's going on now in France?

   Qu'est-ce que vous avez rapporté d'Afrique ?
   Qu'avez-vous rapporté d'Afrique ?
   What have you brought back from Africa?

2. Relative: **ce qui** (subject); **ce que** (direct object)

   Dites-moi ce qui se passe actuellement en France.
   Tell me what's going on now in France.

   Montrez-moi ce que vous avez rapporté d'Afrique.
   Show me what you brought back from Africa.

Of what, what (with *de*)

1. Interrogative: **de quoi ?**

   De quoi a-t-on besoin pour aller à l'étranger ?
   What does one need to go abroad?

2. Relative: **ce dont**

   Il ne m'envoie jamais ce dont j'ai besoin !
   He never sends me what I need!

EXERCICES

A. Traduisez en français les mots anglais.

1. De __________ *(whom)* le guide se moque-t-il, de vous ou de moi ?
2. Comment s'appelle ce Français __________ *(who)* se sent si dépaysé ?
3. De __________ *(what)* s'agit-il dans ce roman ?
4. Je n'aime pas __________ *(what)* ces touristes ont l'intention de faire !
5. Il est francophile ? __________ *(What)* cela signifie ?
6. __________ *(What)* m'impressionne le plus, ce sont ses bonnes manières.
7. Cet agent de voyages ne sera jamais capable de me donner __________ *(what)* j'ai envie.
8. Voici __________ *(what)* j'ai trouvé dans ma chambre d'hôtel.
9. De __________ *(what)* a-t-elle besoin pour s'amuser à Paris ?
10. La touriste __________ *(of whom)* ils parlent n'est pas très agréable.
11. __________ *(What)* a-t-on trouvé à la douane ?
12. La cuisine dans le restaurant __________ *(which)* nous avons choisi était très bonne.
13. __________ *(Who)* est ce monsieur qui a l'air si méchant ?
14. __________ *(What)* vous impressionne dans la cuisine française ?
15. __________ *(What)* m'intéresse n'est pas très amusant !
16. Comment s'appelle la touriste __________ *(who)* est tombée malade ?

B. Dialogue : A la douane. Remplacez les tirets par le pronom interrogatif approprié, puis jouez le dialogue.

A: __________ vous avez à déclarer, Mademoiselle ?
B: Rien, Monsieur. Je n'ai rien acheté.
A: __________ il y a dans votre valise ?
B: Des vêtements, c'est tout.
A: A __________ avez-vous rendu visite ?
B: A ma vieille tante.
A: __________ vous allez faire ce soir, Mademoiselle ?
B: Ça ne vous regarde pas, Monsieur ! Au revoir !

Related Expressions

n'importe + qui, quoi, où, quand

The expression **n'importe** (lit., *no matter*) is used with **qui, quoi, où,** and **quand** to express a lack of discrimination.

n'importe qui	*anyone (at all)*
n'importe quoi	*anything (at all)*
n'importe où	*anywhere (at all)*
n'importe quand	*any time (at all)*

Chérie, je te suivrai n'importe où !
Darling, I will follow you anywhere (at all)!

Mon frère prend des photos de n'importe quoi !
My brother takes pictures of anything (at all)!

Il sort avec n'importe qui !
He goes out with just anybody!

EXERCICES

A. Remplacez les tirets par **n'importe qui, quoi, où** ou **quand.**

1. Vous pouvez me téléphoner le matin ou le soir, enfin __________ !
2. Elle vous adore tellement qu'elle irait __________ avec vous.
3. Vous savez qu'il ferait __________ pour gagner assez d'argent pour aller à la Martinique.
4. Il ne respecte pas beaucoup les guides ; il croit que __________ pourrait être guide !
5. Puisqu'elle parle si bien français, elle pourra se débrouiller __________ en France.

B. Remplacez les tirets par **n'importe qui, quoi, où** ou **quand,** puis jouez le dialogue.

A: Mais où vas-tu, chéri(e) ?
B: __________ !
A: Mais avec qui vas-tu rester ?
B: Avec __________ !
A: Mais qu'est-ce que tu vas faire ?
B: __________ !
A: Mais quand est-ce que nous allons nous marier, alors, __________ ?
B: Jamais !

Demonstratives

Demonstrative adjectives and pronouns are used to point something out.

The Demonstrative Adjective

	Masculine	Feminine	
singular	ce, cet	cette	*this, that*
plural	ces	ces	*these, those*

Like all adjectives, the demonstrative adjective agrees in number and gender with the noun it modifies. The masculine singular has two forms: **ce** is used before a noun or adjective beginning with a consonant; **cet** is used before a noun or adjective beginning with a vowel or mute *h*.

Cette autoroute est très dangereuse !
This highway is very dangerous!

Ces cathédrales sont célèbres.
Those cathedrals are famous.

Ce Français aime faire des visites guidées.
This Frenchman likes to take guided tours.

Cet énorme monument tombe en ruine !
That enormous monument is falling into ruin!

It is not usually necessary to distinguish between *this* and *that* in French. However, when a contrast is desired, **-ci** *(this)* and **-là** *(that)* are added to the noun with a hyphen.

Que pensez-vous de ce parfum-ci ?
What do you think of this perfume?

J'ai aimé tes cartes postales, mais cette carte-là était laide !
I liked your postcards, but that card was ugly!

EXERCICES

A. Créez une phrase originale en employant **ce, cet** ou **cette,** selon le modèle.

MODELE photo
J'aime beaucoup cette photo.

1. souvenir
2. excursion
3. hôtel
4. valise
5. étranger
6. étrangère
7. douanier
8. pays

B. Remplacez les tirets par l'**adjectif démonstratif** convenable. Employez **-ci** ou **-là** s'il y a lieu.

1. Donnez-moi ____________ appareil et gardez l'autre.
2. Pourquoi est-ce que vous vous méfiez du patron de ____________ restaurant ?
3. Je vais me renseigner sur ____________ hôtel de luxe.
4. ____________ agent de voyages a fait mille erreurs !
5. ____________ touristes bilingues m'impressionnent beaucoup.
6. J'ai visité beaucoup de monuments, mais pas ____________ monument.
7. Comment peuvent-ils s'habituer à ____________ coutumes bizarres ?
8. Pourquoi avez-vous pris ____________ photo ?

Une fête de mariage à Mali

9. __________ passeport est en règle, Monsieur, mais __________ passeport ne l'est pas !
10. Heureusement, __________ douanier n'a pas trop fouillé mes valises.

The Definite Demonstrative Pronoun

	Masculine	Feminine
singular	celui	celle
plural	ceux	celles

The definite demonstrative pronoun agrees in number and gender with the noun to which it refers. Never used alone, it is always followed by **-ci** or **-là,** a relative pronoun, or a preposition.

Followed by *-ci* or *-là*

The English equivalents are *this one, that one, these, those.*

Cet appareil-ci est peut-être joli, mais celui-là marche mieux.
This camera may be attractive, but that one works better.

Cet hôtel-ci est bon marché, mais celui-là est mieux situé.
This hotel is cheap, but that one is better situated.

Celui-là can also mean *the former*, and **celui-ci,** *the latter.*

On peut visiter des cabarets ou des monuments historiques. — Ceux-ci m'ennuient, ceux-là me passionnent.
We can visit cabarets or historical monuments. — The former excite me, the latter bore me.

Note that in French, contrary to English, the sentence begins with **ceux-ci** *(the latter)*. This is because the second noun in the first sentence (**monuments**) is closer to the second sentence, and is therefore referred to first (**ceux-ci** = *these*).

Followed by a relative pronoun

The English equivalents often are *he (she) who, the one(s) who/that, those who/that.*

Celui qui s'ennuie dans son pays va probablement s'ennuyer à l'étranger.
He who gets bored in his country will probably get bored abroad.

Voilà celle que j'ai achetée à Paris.
There's the one (that) I bought in Paris.

Followed by a preposition

The English equivalent is often *the one* or *the ones.*

Voyez-vous ces deux femmes ? La blonde est celle avec qui je suis sorti hier soir.
Do you see those two women? The blond is the one I went out with last night.

Les membres de notre groupe sont vraiment ennuyeux. Ceux avec qui nous avons fait notre dernière excursion étaient bien plus intéressants.
The members of our group are really boring. The ones we made our last trip with were much more interesting.

Note that the construction **celui** + **de** is equivalent to the English possessive expressed by *'s.*

Aimez-vous cette chambre ? — Non, je préfère celle de Nancy.
Do you like this room? — No, I prefer Nancy's.

Nous avons de bons guides. Que pensez-vous de ceux de l'autre groupe ?
We have good guides. What do you think of the other group's?

The indefinite demonstrative pronouns

ceci	*this*
cela, ça	*that*

Unlike the definite demonstrative pronouns, which refer to a noun that they agree with in number and gender, the indefinite demonstrative pronouns refer to things without number and gender, such as facts or ideas. **Cela** often means both *this* and *that,* except when a contrast is desired. **Ça** is a familiar form of **cela.**

Cela (Ça) m'intéresse beaucoup.
That (This) interests me very much.

Je n'aurais jamais pensé à cela !
I'd never have thought of that!

Prenez ceci ; laissez cela.
Take this; leave that.

EXERCICES

A. Répondez en employant la forme correcte de **celui de** + *personne* selon le modèle.

MODELE Quels sont vos films préférés ?
Ceux de Fellini (de Kurosawa, de Truffaut, etc.).

1. Quelles symphonies préférez-vous ?
2. Quels romans préférez-vous ?
3. Quelles chansons préférez-vous ?
4. Quels tableaux préférez-vous ?
5. Quels poèmes préférez-vous ?

B. Formulez des proverbes en employant **celui qui** selon le modèle.

MODELE Si on voyage, on apprendra beaucoup.
Celui qui voyage apprendra beaucoup.

1. Si on ne risque rien, on n'aura rien.
2. Si on s'excuse, on s'accuse.
3. Si on va lentement, on va sûrement.
4. Si on ne dit rien, on consent.
5. Si on mange trop de tartes, on grossira.
6. Si on a l'esprit ouvert, on se débrouillera.

C. Préparez deux phrases personnelles (sérieuses ? amusantes ? bizarres ?) comme celles de l'exercice B et demandez à un(e) autre étudiant(e) de formuler des proverbes.

D. Traduisez en français.

1. He who adapts himself to the customs of a foreign country will get along very well.
2. He liked neither the natives nor the foreigners. The former seemed too warm and the latter too cold.
3. This trip will be more interesting than last year's.
4. Take this and run!
5. There's the one I distrust!
6. Paul is the one who comes from Canada.

7. If you give me this, I will give you that.
8. Americans welcome warmly those who seem pleasant and accommodating.
9. She likes neither France nor the United States. The former is too old and the latter too modern.

E. Traduisez en français, puis jouez le dialogue.

A: I'd like to buy a camera. Would you show me a good camera?
B: Do you want to look at this one or that one?
A: Which one *(lequel)* is the better one?
B: This one, but it's expensive.
A: Show me that one, then!

The Demonstrative Pronoun *ce*

Ce is most frequently used with the verb **être: c'est, ce sont.** It is rendered in English by *he, she, it, they, that.*

ce or subject pronoun with *être*

Should **ce** or the subject pronouns **il, elle, ils, elles** be used as the subject of **être?** As a general rule, if what follows **être** makes sense grammatically as its subject, **ce** is used. If what follows **être** could not be its subject, a subject pronoun is used.

1. **Ce** is used when **être** is followed by a noun, a pronoun, or a superlative. The noun in this case is often preceded by a modifier such as an article or a possessive adjective, except when it is a proper name. Note that **c'est** is used for all persons except the third person plural, for which **ce sont** is generally preferred.

   Qui est à la porte ? — C'est votre frère Paul.
   Who's at the door? — It's your brother Paul.

   Que fait votre fils actuellement ? — C'est une bonne question !
   What is your son doing now? — That's a good question!

   Qui est au téléphone ? — C'est Louise.
   Who's on the phone? — It's Louise.

   C'est la plus belle île du monde !
   It's the most beautiful island in the world!

   Qui est là ? — C'est moi.
   Who's there? — I am!

   Qui a volé nos valises ? — Ce sont eux !
   Who stole our suitcases? — They did!

In the above sentences, what follows the verb **être** also makes sense grammatically as its subject.

Votre frère Paul est...
Une bonne question est...
Louise est...
La plus belle île du monde est...
Moi, je suis...
Eux sont...

2. The subject pronouns **il, elle, ils, elles** are used when **être** is followed by an adjective, an adverb, a preposition, or a phrase—none of which could serve grammatically as the subject of **être.**

   Comment trouvez-vous les Français ? — Ils sont très fiers.
   How do you find the French? — They are very proud.

   Y a-t-il beaucoup d'Américains à l'étranger ? — Ils sont partout !
   Are there a lot of Americans abroad? — They're everywhere!

   Où est ma malle ? — Elle est à côté de vous !
   Where is my trunk? — It's next to you!

   Note that an unmodified noun of profession, nationality, political allegiance, religion, or social class is treated like an adjective.

   Quel est son métier ? — Il est guide.
   What is his trade? — He's a guide.

   Et sa religion ? — Il est protestant.
   And his religion? — He's a Protestant.

EXERCICES

A. Remplacez les tirets par **c'est, il est** ou **elle est,** puis jouez les dialogues.

1. **A:** Qui est la jeune fille sur la photo ?
   B: ____________ ma sœur Catherine.
   A: Comme ____________ belle !
2. **A:** Connaissez-vous cet étranger ?
   B: Oui, ____________ le cousin de Mimi Lachaise.
   A: Comme ____________ idiot!
3. **A:** Vous voyez cette femme ?
   B: Oui, oui.
   A: Comme ____________ bête !
   B: Vraiment ?
   A: ____________ la femme la plus bête du monde !
   B: Merci. ____________ ma cousine !

B. Préparez un exercice original sur le modèle de l'exercice A, puis demandez aux autres étudiants de le compléter et de le jouer.

C. Complétez par **c'est, il est** ou **elle est** selon le modèle.

MODELE __________ une touriste.
C'est une touriste.

__________ content.
Il est content.

1. __________ dangereuse.
2. __________ femme d'affaires.
3. __________ notre guide.
4. __________ moi !
5. __________ folle !
6. __________ Gisèle.
7. __________ mon passeport.
8. __________ complaisant.
9. __________ mon avocat.
10. __________ protestante.
11. __________ derrière nous.
12. __________ une bonne idée !
13. __________ très petite.
14. __________ sa valise.

D. Remplacez les tirets par **c'est, il est, elle est, ils sont** ou **elles sont,** puis jouez les dialogues.

1. De quelle nationalité est cet étranger ? — __________ canadien, je crois.
2. Votre appareil marche-t-il bien ? — Non, __________ un catastrophe !
3. Pourquoi votre amie admire-t-elle tellement Pasteur ? — Probablement parce que __________ médecin.
4. Je voudrais bien poser quelques questions à nos guides. — Mais __________ partis !
5. Pourquoi ne veulent-elles pas nous accompagner à l'église catholique ? — Je crois que __________ protestantes.
6. Il ne parle pas bien, ce monsieur. — Bien sûr que non, __________ un étranger !
7. Où se trouve votre agence de voyages ? — __________ au coin de la rue, là-bas.
8. Pourquoi n'aimez-vous pas ces touristes ? — Parce que __________ vulgaires !

c'est or *il est* + adjective referring to an idea

1. **C'est** + *adjective* is used when referring to a previously mentioned idea.

   Je vais faire un voyage à la Martinique. — C'est génial !
   I'm going to take a trip to Martinique. — That's great!

   J'ai commencé à me découvrir à l'étranger. — C'est normal.
   I began to discover myself abroad. — That's normal.

If an infinitive follows in sentences beginning with **c'est** + *adjective*, the preposition **à** precedes the infinitive.

J'aimerais visiter Québec. — C'est facile à faire !
I would like to visit Quebec. — It's easy to do!

2. **Il est** + *adjective* is used when introducing a new idea not previously mentioned; the **il** is impersonal. **C'est** may replace **il est** in informal conversational French.

   Il est (C'est) parfois difficile de bien faire tous les préparatifs.
   It is sometimes difficult to make all the preparations properly.

   Il est (C'est) important de ne pas perdre sa carte d'identité.
   It is important not to lose one's ID card.

   Il est (C'est) intéressant de faire des voyages imaginaires !
   It's interesting to take imaginary trips!

In sentences beginning with **il est (c'est)** + *adjective*, the preposition **de** precedes the infinitive.

EXERCICES

A. Complétez en employant l'expression **il est** + *adjectif* + **de** selon le modèle.

MODELE S'il fait beau...
S'il fait beau, il est bon de se promener (il est bête de rester à la maison ; il est agréable de sortir avec un ami ; il est absurde de rester à la bibliothèque ; etc.).

1. Si on est trop gros...
2. Si on voyage beaucoup...
3. Si on a le mal du pays...
4. Si on attend un enfant...
5. Si on perd son passeport...
6. Si on veut être bien reçu à l'étranger...

B. Répondez en employant l'expression **c'est** + *adjectif* + **à faire** selon le modèle.

MODELE faire un voyage dans la lune
C'est intéressant (difficile, dangereux, agréable, bête, etc.) à faire.

1. faire le tour du monde
2. se promener en ville à trois heures du matin
3. passer l'hiver à la Martinique
4. acheter le guide Michelin avant de faire un voyage en France
5. boire dix bouteilles de bière avant de passer un examen important

A l'agence de voyages

6. comprendre la théorie de la relativité
7. prêter sa carte d'identité à un inconnu
8. visiter le musée du Louvre

C. Remplacez le premier tiret par **c'est** ou **il est** et le deuxième par **à** ou **de,** s'il y a lieu.

1. Est-ce que ____________ difficile ____________ comprendre le créole, la langue d'Haïti ?
2. Elle a fait un voyage en Afrique et elle ne veut pas rentrer ; ____________ difficile ____________ comprendre.
3. Mon fils sourit constamment à la serveuse ! — ____________ normal !
4. ____________ utile ____________ apprendre le français avant de voyager au Québec.
5. ____________ plus facile ____________ imaginer les voyages que de les faire !
6. La cuisine française a-t-elle influencé la cuisine américaine ? — ____________ possible.
7. Je ne comprends pas pourquoi ____________ si nécessaire ____________ faire des projets avant de faire un voyage.
8. J'allais passer ma troisième année universitaire à l'étranger, mais ____________ impossible maintenant.

9. ____________ intéressant ____________ comparer deux cultures différentes.
10. ____________ presque impossible ____________ se sentir tout à fait à l'aise dans un pays étranger.

Related Expressions

The demonstrative adjective *ce* followed by a temporal expression

The demonstrative adjective **ce** is often used with temporal expressions that indicate the present or the past.

***ce* + temporal expression**

Present		**Past**	
cette année	*this year*	cette année-là	*that year*
cet après-midi	*this afternoon*	cet après-midi-là	*that afternoon*
ce matin	*this morning*	ce matin-là	*that morning*
cette semaine	*this week*	cette semaine-là	*that week*
ce soir	*tonight*	ce soir-là	*that night*
ce mois-ci	*this month*	ce mois-là	*that month*
aujourd'hui	*today*	ce jour-là	*that day*
en ce moment	*at this time, now*	à ce moment-là	*at that time, then*

1. When **ce (cet, cette)** precedes a temporal expression of the present, it usually means *this.* Note that the suffix **-ci** must be added to the noun **mois.**

   Où allez-vous ce matin ?
   Where are you going this morning?

   Elle est à la Guadeloupe ce mois-ci.
   She's in Guadeloupe this month.

2. When **ce (cet, cette)** precedes a temporal expression of the past, however, **-là** must be added to the expression. The English equivalent is *that.* **En ce moment** changes to **à ce moment-là** in the past.

   Où êtes-vous allé ce matin-là ?
   Where did you go that morning?

   J'avais l'intention de visiter le Louvre ce jour-là.
   I intended to visit the Louvre that day.

   Cette année-là, il a fait très chaud à la Guadeloupe.
   That year, it was very hot in Guadeloupe.

   Pourquoi avez-vous ri à ce moment-là ?
   Why did you laugh then?

demain, hier, le lendemain, la veille

Demain *(tomorrow)* and **hier** *(yesterday)* are used relative to a point in the present. The equivalent expressions, relative to a point in the past, are **le lendemain** *(the next day)* and **la veille** *(the day before)*.

Je fais mes valises demain.
I'm packing tomorrow.

J'ai fait mes valises le lendemain.
I packed the next day.

J'ai retrouvé ma carte d'identité hier.
I found my ID card yesterday.

J'avais retrouvé ma carte d'identité la veille.
I had found my ID card the day before.

EXERCICES

A. Mettez les verbes au passé composé et changez les expressions temporelles.

MODELE Je vais au cinéma ce soir.
Je suis allé au cinéma ce soir-là.

1. Je fais un voyage cette semaine.
2. Nous visitons Québec cet après-midi.
3. Nous rendons visite à la comtesse ce soir.
4. Je vais à la Martinique cette année.
5. Je prends des photos aujourd'hui.
6. Je suis en vacances ce mois-ci.
7. Nous passons la douane ce matin.

B. Traduisez en français.

1. I didn't feel at ease that day.
2. We passed through customs that morning.
3. She lost her traveler's checks that afternoon.
4. That week was the best week of my life!
5. The next day I took a guided tour.
6. I was homesick at that time.
7. We had arrived the day before.

Exercices d'ensemble

I. Traduisez les mots anglais en français et complétez avec imagination.

1. ____________ *(He who)* visite un pays étranger pour la première fois...
2. Vous savez que ____________ *(it)* est nécessaire ____________ *(to)*... avant de faire un long voyage.

3. Les Français, ___________ *(who)* sont fiers de leur passé, ont exercé une influence considérable dans le domaine de...
4. Si vous êtes un Français ___________ *(who)* parle bien anglais, les Américains vont...
5. L'étudiant ___________ *(who)* a passé sa troisième année universitaire à l'étranger, et ___________ *(whose)* la vie en a été transformée, va... quand il rentrera aux Etats-Unis.
6. Ce touriste ___________ *(whose)* le français est impeccable est probablement...
7. ___________ *(He who)* a l'esprit ouvert...
8. Pourquoi voudriez-vous visiter ___________ *(this)* pays exotique ? — J'ai envie de...
9. En passant la douane ___________ *(it)* est important, me semble-t-il, ___________ *(to)*...
10. Voici le genre de guide ___________ *(whom)* je trouve insupportable !

II. Traduisez en français.

1. That foreigner gets along very well with the natives.
2. How did she get used to the customs of that country?
3. Is it really important to make preparations if one is going to take a short trip?
4. I found that guide arrogant, demanding, and totally unpleasant!
5. When I went through customs, one customs officer searched this suitcase and another searched that one.
6. He adapted so well to life in that country that he wanted to stay there!
7. She decided to spend a year in that small African country.
8. It isn't necessary to open your suitcase; I trust you.
9. John is the one I was talking about; he has already lost his traveler's checks and his camera!
10. They felt at ease the day they arrived.
11. My boyfriend is homesick, and I feel out of my element in this strange country.
12. That foreigner trusts everyone; she'll go anywhere at all!
13. The customs officer closed my suitcase, and at that moment I began to laugh!

Sujets de discussion ou de composition

1. Racontez un vrai voyage que vous avez fait. Si vous n'avez rien d'intéressant à raconter, inventez un voyage imaginaire à l'étranger. Racontez, par exemple :
   a. le voyage le plus culturel
   b. le voyage le plus comique
   c. le voyage le plus désastreux que vous pouvez imaginer

2. Vous êtes douanier. Racontez vos difficultés avec deux des personnes suivantes :
   a. une dame impossible
   b. une riche capitaliste désagréable
   c. un gangster international
   d. un(e) enfant gâté(e)
   e. un(e) jeune Français(e) séduisant(e)
3. Arrivé(e) en Europe, vous comptez faire un magnifique voyage en auto-stop *(hitchhiking)*. Vous n'avez qu'un seul blue-jean très usé *(worn)*, un sac à dos *(backpack)*, un beau sourire et peu d'argent. La police vous arrête *(stop)* à la première frontière *(border)* et vous demande quelles sont vos intentions. Racontez.

9

The Subjunctive

Interactions

Chapter 9 at a Glance

Subjunctive

I. Mettez les verbes au **présent du subjonctif.**

1. parler :
   a. que je ___________
   b. que tu ___________
   c. qu'elle ___________
   d. que nous ___________
   e. que vous ___________
   f. qu'elles ___________
2. que je ___________ (faire)
3. que tu ___________ (réfléchir)
4. qu'il ___________ (répondre)
5. que nous ___________ (crier)
6. que vous ___________ (venir)
7. qu'ils ___________ (venir)

II. Mettez les verbes au **passé du subjonctif.**

1. bavarder :
   a. que je ___________
   b. que tu ___________
   c. qu'elle ___________
   d. que nous ___________
   e. que vous ___________
   f. qu'elles ___________
2. partir :
   a. que je ___________
   b. que tu ___________
   c. qu'elle ___________
   d. que nous ___________
   e. que vous ___________
   f. qu'elles ___________

III. Mettez les verbes entre parenthèses au **présent** ou au **passé du subjonctif.**

1. Faut-il que nous ___________ (parler) français pour bien comprendre la culture française ?
2. Je voudrais que vous ___________ (allumer) la télé.
3. Je suis contente qu'il ___________ (faire) plus beau demain.
4. Il est désolé que vous ___________ (ne pas perfectionner) votre accent à Paris l'année dernière.

IV. Mettez les verbes entre parenthèses au temps convenable du **subjonctif** ou de l'**indicatif,** selon le cas. Indiquez si c'est l'indicatif ou le subjonctif que vous avez employé.

1. Je suis étonnée que vous ne ___________ (comprendre) pas l'argot.
2. Elle sait que nous ___________ (se fâcher) quand nous apprendrons cette nouvelle !
3. Je suis heureux que vous ___________ (venir) hier.
4. Il est vrai qu'on ___________ (apprécier) mieux sa propre langue après avoir étudié une langue étrangère.
5. Il faut que vous ___________ (s'exprimer) lentement mais correctement.
6. Bien que nous ___________ (se disputer) de temps en temps, nous nous tutoyons toujours.
7. Je suis certain que nous ___________ (être) abonnés à *L'Express.*

8. Vous n'apprendrez pas une langue en une semaine, qui que vous ________ (être).
9. Je pense que cette émission ________ (être) bête.
10. Croyez-vous que ce journaliste ________ (être) malhonnête ?
11. Y a-t-il un étudiant qui ________ (savoir) toute la grammaire française ?
12. Est-ce la meilleure plaisanterie que vous ________ (jamais entendre) ?

V. Gardez les **infinitifs** ou mettez-les au **subjonctif,** selon le cas.

1. Je voudrais ________ (être) polyglotte un jour.
2. Je voudrais que vous ________ (lire) l'éditorial de ce journal.
3. Faut-il que nous ________ (payer) la publicité ?
4. Il faut ________ (manger) pour vivre et non pas vivre pour manger !
5. Parlez plus fort pour que je ________ (pouvoir) vous entendre !
6. Il est parfois important de ________ (parler) couramment une langue étrangère.

Vocabulaire du thème : *Interactions*

Langue et Langage

la **langue** language (of a people)
la **langue maternelle** native language
une **langue vivante (morte)** a living (dead) language
une **langue étrangère** a foreign language
le **langage** language (of an individual; vocabulary)
l' **argot** *m* slang
le **jargon** jargon
le **dialecte** dialect
un **langage cultivé, vulgaire, populaire** a cultivated, vulgar, popular (i.e., common) language

l' **idiotisme** *m* idiom
le **lieu commun** commonplace
le **proverbe** proverb
le **néologisme** neologism
la **plaisanterie** joke
le **barbarisme** barbarism
l' **anglicisme** *m* anglicism

s' **exprimer** to express oneself
s' **entendre avec** to get along with
parler français comme une vache espagnole to murder French (lit., to speak French like a Spanish cow)
parler bas (fort) to speak softly (loudly)
se **disputer** to quarrel
la **dispute** quarrel
insulter to insult
l' **insulte** *f* insult
se **taire** to be quiet
perfectionner son accent (son français) to improve one's accent (one's French)
parler couramment to speak fluently

être bilingue to be bilingual
être polyglotte to be a polyglot, to speak many languages
tutoyer to use the familiar **tu** with someone

vouvoyer to use **vous** with someone

Les Mass Media

la **télévision** television
le **magnétoscope** VCR
les **mass media** *m* mass media
l' **écran** *m* screen
la **chaîne** channel
l' **émission** *f* program, telecast
allumer (éteindre) le poste to turn on (off) the set
diffuser to broadcast
le **journal télévisé** (TV) news report
le **dessin animé** cartoon
le **téléspectateur,** la **téléspectatrice** television viewer
le **speaker,** la **speakerine** commentator, speaker

l' **Internet** *m* Internet
visiter un site to visit a site
surfer sur le net to surf the net
télécharger un fichier to download a file
le **forum de discussion** chatroom
discuter to chat

la **publicité** advertising, advertisement
faire de la publicité to advertise
la **presse** press
le **journal** newspaper
le **magazine** magazine
s' **abonner à** to subscribe to
les **nouvelles** *f*, les **actualités** *f* news

l' **article** *m* article
la **rubrique** heading
l' **éditorial** *m* editorial
l' **horoscope** *m* horoscope
la **météo(rologie)** weather report
les **mots** *m* **croisés** crossword puzzle
les **petites annonces** *f* classified ads
les **sports** *m* sports
le **courrier du cœur** lonely hearts column
la **rubrique nécrologique** obituary
la **bande dessinée** cartoon, comics

quotidien, quotidienne daily
hebdomadaire weekly
mensuel, mensuelle monthly

le, la **journaliste** journalist
le **reporter** reporter
le **lecteur,** la **lectrice** reader

la **radio** radio
le **journal radiophonique** radio news
la **musique** music
l' **auditeur** *m*, l'**auditrice** *f* listener

EXERCICES

A. **Mise en scène.** Complétez en employant une ou plusieurs expressions du *Vocabulaire du thème*, puis jouez les dialogues.

1. **A:** (nom), qu'est-ce que tu aimes lire dans le journal ?
B: J'aime les sports et les bandes dessinées mais je déteste le courrier du cœur ! Et toi ?

A: Moi, j'aime... mais je n'aime pas... Quel est ton journal préféré ?
B: Je lis souvent... Et toi ?
A: Moi, j'aime...
B: Tu aimes ce journal-là ? (nom), tu es fou (folle) !

2. **A:** Il est neuf heures ! Vite, allume la télé !
B: Mais pourquoi ? Qu'est-ce que tu veux voir ?
A: ...
B: Mais cette émission est bête ! Est-ce que nous pouvons regarder autre chose ?
A: ...
B: C'est beaucoup mieux, ça !

B. **Situations.** Répondez en employant une ou plusieurs expressions du *Vocabulaire du thème.*

1. Imaginez que vous voulez faire connaître votre université. Préparez une publicité pour : a) votre classe de français ; b) votre université en général.
2. Dressez une liste de sites Internet, de magazines ou de journaux français que vous connaissez et/ou aimez.
3. Combien de langues parlez-vous ? Etes-vous bilingue (polyglotte) ?
4. Ecrivez un petit paragraphe (amusant ? bizarre ? ridicule ?) pour le courrier du cœur.
5. Ecrivez l'horoscope imaginaire du professeur de français.

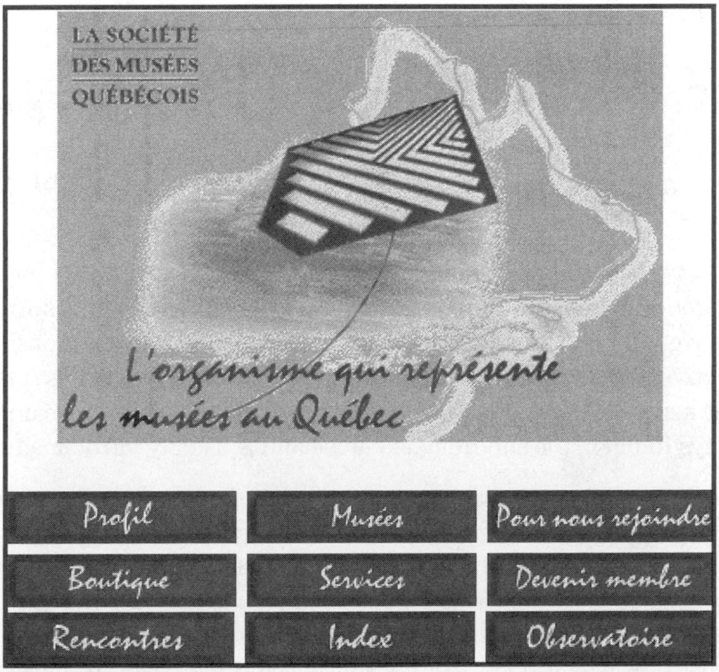

Un site Internet

The Subjunctive

The subjunctive is a mood. The term *mood* is used to define the attitude a speaker has toward a fact or action. Two of the principal moods in French are the indicative and the subjunctive. A statement in the indicative mood is considered by the speaker to be certain or objective. A statement in the subjunctive mood, on the other hand, is considered by the speaker to be uncertain, hypothetical, or affective. The subjunctive is sometimes called the affective (emotional) mood.

Indicative

Richelieu a fondé l'Académie française. *Richelieu founded the French Acdemy.*	(An objective fact)
Je suis certain que le mot anglais « petty » vient du mot français « petit ». *I am certain that the English word "petty" is derived from the French word "petit."*	(The speaker is certain.)
La radio ne marche plus. *The radio isn't working any more.*	(The speaker is certain.)

Subjunctive

Pensez-vous que Francine soit polyglotte ? *Do you think Francine is polyglot?*	(The speaker is uncertain.)
Je suis étonnée que vous puissiez comprendre ça ! *I'm astounded that you can understand that!*	(The speaker is surprised.)
Il est possible qu'il y ait de la vie sur la planète Mars. *It is possible that there is life on the planet Mars.*	(A hypothetical statement.)

The verbs **a fondé, vient,** and **marche,** above, are in the indicative because the statements are considered certain and objective. The verbs **soit, puissiez,** and **ait,** above, are in the subjunctive because the statements are considered uncertain, affective, hypothetical. Note that the verb in the subjunctive is rarely the main verb in the sentence. Since its use is governed by the nature of the main verb, it is almost always found in the subordinate clause and is usually introduced by **que.**

English-speaking students sometimes find the French subjunctive difficult because it differs from modern English. Once a frequently used mood with its own distinct forms, the English subjunctive has gradually disappeared, surviving in only a few forms: *Long live the King; I wish I were dead; wherever he may be;* etc. The French subjunctive, however, is an actively used and carefully preserved mood. It has four tenses, of which only two, the present and the past, are normally used in spoken

French. The imperfect and pluperfect, both literary tenses, are explained in the Appendix.

Formation of the Present Subjunctive

Regular formations

The present subjunctive of most verbs is formed by replacing the third person plural **-ent** ending of the present indicative with the endings **-e, -es, -e, -ions, -iez, -ent.**

1. Group 1: infinitive ending in **-er**

parler (stem, **parl-**)			
que je	parl**e**	que nous	parl**ions**
que tu	parl**es**	que vous	parl**iez**
qu'il / qu'elle / qu'on	parl**e**	qu'ils / qu'elles	parl**ent**

Note that verbs ending in **-ier** (e.g., **crier, étudier**) have a double **i** in first and second person plural forms: **que nous étudiions, que vous étudiiez.**

2. Group 2: infinitive ending in **-ir**

   a. Verbs like **finir:**

finir (stem, **finiss-**)			
que je	finiss**e**	que nous	finiss**ions**
que tu	finiss**es**	que vous	finiss**iez**
qu'il / qu'elle / qu'on	finiss**e**	qu'ils / qu'elles	finiss**ent**

   b. Verbs like **mentir:**

mentir (stem, **ment-**)			
que je	ment**e**	que nous	ment**ions**
que tu	ment**es**	que vous	ment**iez**
qu'il / qu'elle / qu'on	ment**e**	qu'ils / qu'elles	ment**ent**

Common verbs like **mentir** include **dormir, partir, sentir, servir,** and **sortir.**

3. Group 3: infinitive ending in **-re**

répondre (stem, **répond-**)

que je	répond**e**	que nous	répond**ions**
que tu	répond**es**	que vous	répond**iez**
qu'il / qu'elle / qu'on	répond**e**	qu'ils / qu'elles	répond**ent**

Irregular formations

The present subjunctive stem of many of the most common verbs is irregular. These verbs fall into three groups: **avoir** and **être;** verbs with one stem; and verbs with two stems. With the exception of **avoir** and **être,** the regular present subjunctive endings are added to the stems.

1. **Avoir** and **être**

avoir

que j'	aie	que nous	ayons
que tu	aies	que vous	ayez
qu'il / qu'elle / qu'on	ait	qu'ils / qu'elles	aient

être

que je	sois	que nous	soyons
que tu	sois	que vous	soyez
qu'il / qu'elle / qu'on	soit	qu'ils / qu'elles	soient

2. Verbs with one stem

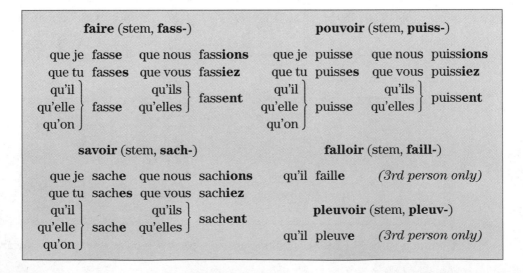

faire (stem, **fass-**)

que je	fass**e**	que nous	fass**ions**
que tu	fass**es**	que vous	fass**iez**
qu'il / qu'elle / qu'on	fass**e**	qu'ils / qu'elles	fass**ent**

pouvoir (stem, **puiss-**)

que je	puiss**e**	que nous	puiss**ions**
que tu	puiss**es**	que vous	puiss**iez**
qu'il / qu'elle / qu'on	puiss**e**	qu'ils / qu'elles	puiss**ent**

savoir (stem, **sach-**)

que je	sach**e**	que nous	sach**ions**
que tu	sach**es**	que vous	sach**iez**
qu'il / qu'elle / qu'on	sach**e**	qu'ils / qu'elles	sach**ent**

falloir (stem, **faill-**)

qu'il faill**e** *(3rd person only)*

pleuvoir (stem, **pleuv-**)

qu'il pleuv**e** *(3rd person only)*

3. Verbs with two stems

   Some verbs have one stem for the entire singular and the third person plural (stem 1), and another for the first and second person plural (stem 2).

aller

stem 1		stem 2	
que j'	**aille**	que nous	all**ions**
que tu	aill**es**	que vous	all**iez**
qu'il / qu'elle / qu'on	aill**e**		
qu'ils / qu'elles	aill**ent**		

Other commons verbs with two stems:

	stem 1	stem 2
boire	que je **boiv**e	que nous **buv**ions
croire	que je **croi**e	que nous **croy**ions
devoir	que je **doiv**e	que nous **dev**ions
envoyer	que j'**envoi**e	que nous **envoy**ions
mourir	que je **meur**e	que nous **mour**ions
prendre	que je **prenn**e	que nous **pren**ions
recevoir	que je **reçoiv**e	que nous **recev**ions
tenir	que je **tienn**e	que nous **ten**ions
venir	que je **vienn**e	que nous **ven**ions
voir	que je **voi**e	que nous **voy**ions
vouloir	que je **veuill**e	que nous **voul**ions

Formation of the Past Subjunctive

The past subjunctive is composed of the present subjunctive of **avoir** or **être** and the past participle.

bavarder (conjugated with **avoir**)

que j'	aie bavardé	que nous	ayons bavardé
que tu	aies bavardé	que vous	ayez bavardé
qu'il / qu'elle / qu'on	ait bavardé	qu'ils / qu'elles	aient bavardé

venir (conjugated with **être**)

que je	sois venu(e)	que nous	soyons venu(e)s
que tu	sois venu(e)	que vous	soyez venu(e)(s)
qu'il	soit venu	qu'ils	soient venus
qu'elle	soit venue	qu'elles	soient venues
qu'on	soit venu		

EXERCICES

A. Mettez les verbes au **présent du subjonctif.**

MODELE (parler) nous
que nous parlions

1. (répondre) nous, je
2. (prendre) je, vous
3. (flatter) vous, tu
4. (traduire) ils, je
5. (boire) il, nous
6. (parler) je, vous
7. (tenir) je, vous
8. (s'exprimer) nous, elle
9. (comprendre) vous, je
10. (aller) je, nous
11. (faire) ils, il
12. (étudier) nous, tu
13. (dire) elle, vous
14. (finir) je, nous
15. (devoir) tu, nous
16. (entendre) nous, elle
17. (savoir) il, vous
18. (partir) nous, je
19. (être) je, nous
20. (vouvoyer) vous, il
21. (s'entendre) vous, tu
22. (promettre) nous, elles
23. (insulter) ils, vous
24. (avoir) nous, tu
25. (pouvoir) elle, nous
26. (vouloir) je, nous
27. (venir) il, vous
28. (mentir) nous, tu
29. (se taire) nous, elle
30. (falloir) il

B. Mettez les verbes au **passé du subjonctif.**

MODELE (venir) ils
qu'ils soient venus

1. (parler) nous, il
2. (s'exprimer) vous, tu
3. (demander) je, nous
4. (mentir) ils, vous
5. (partir) elles, il
6. (se taire) ils, je
7. (finir) tu, nous
8. (entendre) nous, tu
9. (regarder) elles, je
10. (aller) elle, ils
11. (s'entendre) ils, nous
12. (flatter) je, vous
13. (sortir) elles, je
14. (se tutoyer) elles, nous
15. (causer) vous, elles
16. (arriver) tu, vous

Use of the present and past subjunctive

The present subjunctive is used when the action in both the subordinate clause and the main clause is in the present. If the action in the subordinate clause took place before the action in the main clause, the past subjunctive is used.

Il est curieux que Jeanne ne réponde pas au téléphone.
It's strange that Jean doesn't answer (isn't answering) the telephone.

Je suis heureuse que France 2 ait diffusé cette émission.
I am happy that Channel 2 broadcast that program.

It is important to note that there is no future subjunctive form. The present subjunctive is used to express the future.

Il est possible que nous nous abonnions à un magazine français l'année prochaine.
It is possible that we'll subscribe to a French magazine next year.

EXERCICES

A. Traduisez les mots entre parenthèses en français en employant le **présent** ou le **passé du subjonctif.**

1. Je doute que ce speaker __________ *(knows)* la grammaire !
2. Chut ! Si vous voulez m'entendre, il faut que vous __________ *(be quiet).*
3. Je suis heureuse que mon fils __________ *(wrote)* cet article.
4. Mes amis sont étonnés que je __________ *(understood)* cet éditorial.
5. L'Académie française ne veut pas que les Français __________ *(use)* trop d'anglicismes.
6. C'est dommage que vous __________ *(cannot)* venir.
7. Mais il est impossible que notre professeur nous __________ *(will give)* encore une composition pour demain !
8. Il est possible que ce journaliste __________ *(will say)* tout ce qu'il pense.
9. Je ne veux pas que nous __________ *(spend)* toute la journée à surfer sur le net !

B. Complétez en employant le présent ou le passé du subjonctif, puis jouez les dialogues.

1. **A:** Je veux que tu...
   B: Comment ? Je ne peux pas faire ça !
   A: Mais si ! Essaie !
2. **A:** Je suis heureux (heureuse) que...
   B: Moi aussi. Il fallait le faire.
3. **A:** Il est possible que nous... demain.
   B: Ah, oui ? Quelle bonne idée !

Expressions that Always Require the Subjunctive

Expressions that by their very nature are uncertain, hypothetical, or affective are always followed by the subjunctive.

Expressions of will, doubt, and emotion

vouloir que
douter que
avoir peur que
craindre que
regretter que
être content, désolé, étonné, heureux, ravi, surpris, triste, etc., que

Je veux que nous sortions ensemble ce soir.
I want us to go out together tonight.

Mon professeur doute que je lise *Le Monde* tous les jours.
My professor doubts that I read Le Monde *every day.*

J'ai peur que vous ne[1] disiez des bêtises !
I am afraid you'll talk nonsense!

Il est ravi que nous nous soyons enfin mariés !
He's delighted that we got married at last!

1. The subjunctive is not used if the subject of the main and subordinate clauses is the same; the infinitive is used instead. In such cases, expressions of will are followed directly by the infinitive. Expressions of affect with *être (e.g. être content, désolé, etc.)* require the preposition **de** before the infinitive.

   Parfois j'ai peur de parler français.
   Sometimes I'm afraid to speak French.

   Je voudrais dire du bien de ce journaliste, mais je ne peux pas.
   I'd like to speak well of this journalist, but I can't.

   Je serais heureux de vous tutoyer, mais pas tout de suite.
   I would be happy to use the tu *form with you, but not right away.*

2. The verb **espérer** in the affirmative is followed by the indicative and not the subjunctive.

   J'espère que nous parlerons couramment français avant la fin du semestre.
   I hope we'll speak French fluently before the end of the semester.

[1] The pleonastic **ne** is optional after expressions of fear in the affirmative. It has no negative value and is not translated.

EXERCICES

A. Que voulez-vous que je fasse dans les situations suivantes ? Répondez selon le modèle.

MODELE Si j'ai froid ?
Je veux que vous buviez du thé chaud (que vous mettiez un manteau, que vous preniez un bain chaud, etc.).

1. Si j'ai soif ?
2. Si j'ai envie de nager ?
3. Si je m'ennuie toujours ?
4. Si je grossis trop ?
5. Si j'ai envie de voir un bon film ?
6. Si j'ai faim et je veux manger quelque chose de bon ?
7. Si je regarde constamment la télévision ?
8. Si je parle français comme une vache espagnole ?

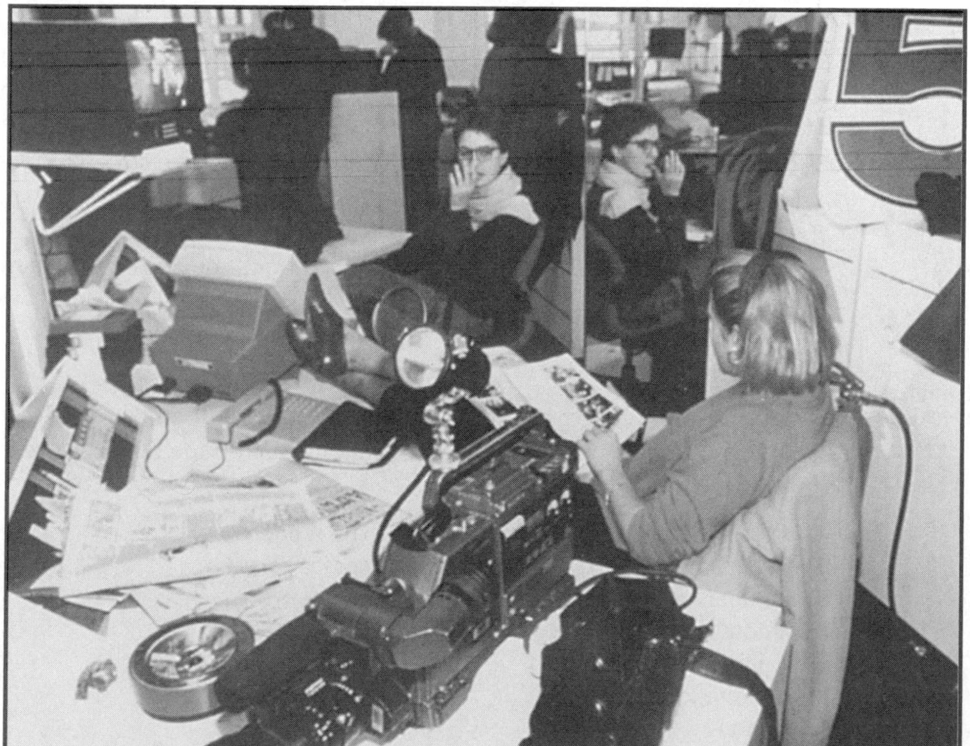

On prépare une émission.

B. Complétez en employant **Je doute que** ou **Je suis certain(e) que.** Mettez les verbes entre parenthèses au subjonctif ou à l'indicatif, selon le cas.

MODELE ... le président (être) bilingue.
Je doute que le président soit bilingue.
ou : Je suis certain(e) que le président est bilingue.

1. ... le professeur (surfer) sur le net.
2. ... la météo (être) toujours correcte.
3. ... les millionnaires (faire) la vaisselle.
4. ... le professeur (lire) les bandes dessinées.
5. ... les clochards (employer) l'argot.
6. ... la langue maternelle de Catherine Deneuve (être) le français.
7. ... les mères françaises (tutoyer) leurs enfants.
8. ... nous (parler) couramment le français après avoir fini ce cours.
9. ... nous (parler) français comme une vache espagnole.
10. ... Gérard Depardieu (être) bilingue.

C. Traduisez en français.

1. I want you to leave immediately!
2. We're sorry you did that.
3. We doubt he will be able to do it.
4. I'm happy we get along.
5. I know it won't rain.
6. I am surprised he insulted you!
7. He wants you to be bilingual.
8. I'm certain they've left.
9. I don't want us to surf the net.
10. I am astounded they got married!
11. She's sorry you know the truth.
12. They want you to speak louder.
13. He hopes she says what she thinks.
14. Our professor doesn't want us to murder French.
15. I doubt he knows our chatroom.

Impersonal expressions

Impersonal expressions that indicate an uncertain, hypothetical, or affective point of view are followed by the subjunctive. Among such impersonal expressions are the following:

Il est bizarre que
Il est bon que
C'est dommage que
Il est douteux que
Il est étonnant que
Il est étrange que
Il faut que
Il est honteux que
Il est important que
Il est impossible que
Il est naturel que
Il est nécessaire que
Il se peut que
Il est possible que
Il est rare que
Il est regrettable que
Il semble que
Il est surprenant que
Il vaut mieux que

Il est regrettable que cette publicité soit si bête.
It's too bad that advertisement is so stupid.

Il est possible qu'ils soient encore malades.
It's possible that they're still sick.

The following impersonal expressions stress a certain or objective point of view and are followed by the indicative. When these expressions are used negatively or interrogatively, however, they imply uncertainty or doubt, and they are thus normally followed by the subjunctive.

Il est certain que
Il est clair que
Il est évident que
Il est probable que[1]
Il me semble que[2]
Il est sûr que
Il est vrai que

Il est clair que ce reporter connaît le français.
It is clear that this reporter knows French.

BUT:

Est-il clair que ce reporter connaisse le français ?
Is it clear that this reporter knows French?

Il n'est pas clair que ce reporter connaisse le français.
It isn't clear that this reporter knows French.

Note that impersonal expressions introducing general statements are followed by **de** + *infinitive.* **Il faut** and **il vaut mieux,** however, are followed directly by the infinitive.

Est-il possible de communiquer sans se servir de paroles ?
Is it possible to communicate without using words?

Il faut apprendre les proverbes parce qu'ils expriment souvent la vérité.
One must learn proverbs because they often express the truth.

Il vaut mieux être oiseau de campagne qu'oiseau de cage.
It is better to be a bird in the country than a bird in a cage.

EXERCICES

A. Imaginez que vous êtes le père ou la mère d'un(e) enfant très gâté(e). Répondez en employant **il faut que** selon le modèle.

MODELE Enfant gâté(e) : Je ne veux pas aller au lit !
Père ou mère : *Il faut que tu ailles au lit !*

[1] Probability is considered more certain than uncertain and therefore takes the indicative.

[2] Note that **il me semble que** takes the indicative, whereas **il semble que** takes the subjunctive. The first expresses certainty and the second uncertainty on the part of the speaker.

1. Je ne veux pas me laver !
2. Je ne veux pas faire mon lit !
3. Je ne veux pas boire mon lait !
4. Je ne veux pas sortir !
5. Je ne veux pas me taire !
6. Je ne veux pas faire mes devoirs !
7. Je ne veux pas dormir !
8. Je ne veux pas finir les légumes !
9. Je ne veux pas aller à l'école !
10. Je ne veux pas aller chez le dentiste !

B. Quelles rubriques faut-il que les personnes suivantes lisent ? (Consultez le *Vocabulaire du thème*). Répondez selon le modèle.

MODELE Gisèle veut rire.
Il faut qu'elle lise les bandes dessinées.

1. Pierre cherche une voiture d'occasion *(used).*
2. Denise et Paulette veulent lire quelque chose de romantique et de sentimental.
3. Xavier veut savoir si le grand-père de son ami est mort.
4. Christine veut comprendre les événements politiques récents.
5. Je veux savoir s'il va pleuvoir demain.
6. Bernard veut savoir qui a gagné le match de football hier.
7. Jeanne cherche un nouvel appartement.
8. Je veux connaître l'avenir.

C. Créez des dialogues en employant les proverbes suivants selon le modèle.

MODELE — Comme je déteste Joséphine !
— Il ne faut pas[1] dire du mal des absents.

Il ne faut pas réveiller le chat qui dort.
Il ne faut pas dire du mal des absents.
Il faut tourner sept fois la langue dans la bouche avant de parler.
Il ne faut jamais remettre au lendemain ce que l'on peut faire le jour même.
Il faut manger pour vivre et non pas vivre pour manger.
Il vaut mieux être seul qu'en mauvaise compagnie.
Il faut laver son linge sale en famille.
Il faut manger comme un homme en bonne santé et boire comme un malade.

1. — J'adore le vin, mais parfois j'en bois trop.
2. — J'en ai assez mangé, je sais, mais j'ai tout de même envie de commander un autre plateau de fromages.
3. — Mon mari critique toujours nos filles devant nos amis. A-t-il raison de faire cela ?
4. — Tu sais, j'ai vu le petit ami de Josette avec une autre jeune fille hier soir. Josette est ma meilleure amie. Est-ce que je devrais lui en parler ?

[1]Note that the expression **il ne faut pas** means *one (you) must not* and **not** *it isn't necessary.*

5. — Mes amis commencent à me gêner. Ils n'étudient jamais et ils veulent passer toutes leurs soirées au café.
6. — Je n'ai pas envie de faire mes devoirs aujourd'hui. Je pense que je vais les faire demain.

D. Voici une liste d'expressions d'argot. Complétez les phrases suivantes en employant ces expressions. Utilisez le subjonctif ou l'indicatif, selon le cas.

avoir l'estomac dans les talons
to be starving (lit., to have one's stomach in one's heels)
avoir la gueule de bois
to have a hangover (lit., to have a wooden jaw)
avoir la langue bien pendue
to be very talkative (lit., to have one's tongue hanging out a lot)
bouffer
to eat like a glutton, to eat (lit., to puff out)
faire dodo
to sleep (children's language)
faire l'école buissonnière
to play hooky (lit., to go to school in the bushes)
mettre les voiles
to take off, to depart (lit., to set sail)
perdre les pédales
to be nuts (lit., to lose one's pedals)

MODELE — Le professeur a bu trop de vin. Il est possible qu'il...
— *Il est possible qu'il ait la gueule de bois.*

1. — Il est étrange que mon psychiatre...
2. — Mon ami, tu as passé trop de temps au bar, et il est clair que tu...
3. — Tu as sommeil, ma petite. Il vaut mieux que tu...
4. — J'ai l'estomac dans les talons! Il faut que je...
5. — Le petit Nicolas déteste l'école. C'est dommage qu'il...
6. — Il est déjà minuit. Il faut que nous...
7. — Elle ne s'arrête pas de parler ! Il est évident qu'elle...

E. Parlons de la classe de français ! Complétez en employant le présent ou le passé de l'indicatif ou du subjonctif, ou l'infinitif, selon le cas.

1. Il est regrettable que le professeur...
2. Il est important de... dans la classe.
3. Est-il évident que les étudiants... ?
4. Il est étonnant que je...
5. Il est certain que les étudiants...
6. C'est dommage que les examens...
7. Il ne faut pas... dans cette classe.
8. Il est clair que le professeur...
9. Il est impossible de... dans la classe.
10. Il n'est pas vrai que le français...

Allô ! Christine ?

Conjunctions

Conjunctions introducing hypothetical or restrictive statements are followed by the subjunctive.

à condition que *on condition that*
à moins que *unless*
afin que, pour que *in order that, so that*
avant que *before*
bien que, quoique *although*
jusqu'à ce que *until*
pourvu que *provided that*
sans que *without*
que... ou non *whether . . . or not*

Notre professeur parle lentement pour que nous puissions le comprendre.
Our professor speaks slowly so that we can understand him.

Je compte la tutoyer à moins qu'elle ne[1] me vouvoie.
I intend to say tu *to her unless she says* vous *to me.*

Qu'il se mette en colère ou non, je vais lui dire la vérité.
Whether he gets angry or not, I'm going to tell him the truth.

[1] The pleonastic **ne** is optional after the conjunctions **à moins que** and **avant que.** It has no negative value and is not translated.

If the subject of the main and subordinate clauses is the same, certain conjunctions are replaced by a corresponding preposition and followed by an infinitive. Thus, the subjunctive is not used.

Conjunction	**Preposition**
à condition que	à condition de
à moins que	à moins de
afin que	afin de
avant que	avant de
pour que	pour
sans que	sans

Comment comptez-vous être au courant des affaires internationales sans consulter l'Internet ?
How do you intend to keep up on international affairs without consulting the Internet?

Mon amie Jacqueline me téléphone pour bavarder.
My friend Jacqueline calls me to (in order to) chat.

The conjunctions **bien que, quoique, jusqu'à ce que,** and **pourvu que** do not have corresponding prepositions. Even when there is no change of subject these conjunctions must be used, repeating the subject of the main clause. As always, they are followed by a verb in the subjunctive.

J'aime beaucoup mon cours de français bien que (quoique) je sois toujours en retard !
I like my French course a lot, although I'm always late!

Je vais continuer à étudier cette langue jusqu'à ce que je la connaisse parfaitement !
I'm going to keep on studying this language until I know it perfectly!

EXERCICES

A. Jean-Marc est loin d'être parfait, mais sa fiancée, Mimi, l'adore quand même. Elle voudrait devenir sa femme. Donnez la réaction de Mimi aux déclarations de Jean-Marc, selon le modèle.

MODELE Jean-Marc : Je suis jaloux, Mimi.
Mimi : *Je serai ta femme bien que (quoique) tu sois jaloux.*

1. Je suis égoïste, Mimi.
2. Je suis passionné de l'Internet, Mimi.
3. J'ai des complexes, Mimi.
4. Je vais au bar tous les soirs, Mimi.
5. Je ne lis jamais, Mimi.
6. J'ai des dettes, Mimi.
7. J'ai perdu mon emploi, Mimi.
8. J'ai insulté ta mère, Mimi.
9. Je suis paresseux, Mimi.
10. Je t'ai menti, Mimi.

B. Remplacez les tirets avec **à condition que (de), à moins que (de), avant que (de), sans (que)** ou **pour (que).**

1. Je vais prendre une douche ____________ nous sortions.
2. Je ne peux pas regarder ce dessin animé ____________ rire !
3. Je parlerai français avec toi ____________ tu puisses perfectionner ton accent.
4. Réfléchissez ____________ parler.
5. Je te tutoierai ____________ tu me tutoies aussi.
6. J'ai acheté le cadeau d'André ____________ il le sache.
7. Je n'irai pas au théâtre ____________ tu m'y accompagnes.

C. Traduisez en français.

1. Speak more slowly so that I can understand you!
2. We won't quarrel unless he turns on the television set!
3. Although she has never gone to France, she speaks French fluently.
4. You will never know what is going on *(se passer)* unless you watch the news.
5. I'll be quiet, provided you tell me the joke.

D. Complétez avec imagination.

1. Adèle, je me marierai avec toi pourvu que...
2. Je resterai au bar jusqu'à ce que...
3. Je regarderai cette émission bien que...

Un météorologiste

4. Vous ne pourrez pas parler français sans...
5. J'aime visiter les forums de discussion pour...
6. Nos parents font des sacrifices pour que...
7. Il faut écouter la météo avant de...
8. Vite ! Finis ton travail avant que...

Expressions of concession

The expressions of concession below are followed by the subjunctive:

qui que	*whoever*
où que	*wherever*
si + *adjective* + que	*however*
quel que	*whatever*
quoi que	*whatever*

Qui que vous soyez, vous avez les mêmes droits que les autres.
Whoever you are (may be), you have the same rights as others.

Si intelligente qu'elle soit, elle n'apprendra pas tous ces idiotismes en un jour !
However intelligent she is (may be), she will not learn all those idioms in one day!

Note that **quel que** and **quoi que** both mean *whatever.* **Quel que** is most often used in the expression **quel que soit** + *noun.* Since **quel** is an adjective, it must agree with the noun it modifies. **Quoi que,** on the other hand, is a pronoun and is thus invariable.

Quelle que soit ton excuse, tu ne devrais pas faire cela !
Whatever your excuse is (may be), you shouldn't do that!

Quelles que soient vos raisons, vous ne devriez pas vous disputer !
Whatever your reasons are (may be), you shouldn't quarrel!

Quoi que je fasse, je ne peux pas contenter mon patron.
Whatever I do, I can't please my boss.

EXERCICES

A. Remplacez les tirets par **qui que, où que, quoi que,** ou la forme correcte de **quel que.**

1. Vous ne pouvez pas désobéir à la loi, ____________ vous soyez !
2. ____________ soient ses raisons, à l'âge de trente ans il ne devrait pas lire les bandes dessinées !
3. Les touristes se trouvent partout ; ____________ j'aille, je les vois !
4. Je vais dire la vérité, ____________ vous fassiez !
5. ____________ soient vos objections, elle continuera à regarder la télé.
6. Il ne vous acceptera pas, ____________ vous fassiez.
7. On parle de ce nouveau site internet ____________ j'aille.

B. Traduisez en français.

1. Wherever we go in France, we hear franglais[1]!
2. I'll learn that language, however difficult it is.
3. They like surfing the net wherever they go.
4. Whatever you tell him, he'll keep his word *(tenir parole)*.
5. We listen to the news wherever we travel.
6. Please try to tell the truth, whatever you do!
7. Whatever your true intentions may be, try to hide them!
8. However honest they are, they cannot keep a secret.
9. Whatever the speaker does, he can't influence his listeners.
10. I will do it, whatever the consequences may be!

C. Traduisez en français, puis jouez les dialogues.

1. **A:** I will follow you wherever you go!
   B: Thanks, but I'm staying home.
2. **A:** Whatever you do, be prudent.
   B: However stupid I am, I'll try.
3. **A:** Whoever you are, go away!
   B: Whatever you do, I'll stay!

Expressions that Sometimes Require the Subjunctive

Some expressions that are not inherently uncertain, hypothetical, or affective become so because of the attitude of the speaker. In these cases they often take the subjunctive.

Verbs of thinking and believing

Affirmative verbs of thinking and believing (e.g, **penser, croire, trouver**) are always followed by the indicative. Negative and interrogative verbs of thinking and believing, however, often imply doubt in the mind of the speaker and are thus usually followed by the subjunctive. But if a future action is expressed, the indicative is normally used.

Affirmative:

Je trouve qu'il est raisonnable.
I find that he is reasonable.

Je crois que ce journal est très bon.
I think this paper is very good.

[1] The neologism *franglais* describes the highly anglicized French spoken by some French people today. The term was popularized by the scholar Etiemble's book *Parlez-vous franglais ?* (1964), which attacks the use of such jargon.

Negative and interrogative:

Je ne pense pas que vous ayez compris cette question.
I don't think you've understood this question.

Croyez-vous que je sois jolie ?
Do you think I'm pretty?

Trouvez-vous que ce reporter soit sérieux ?
Do you find that this reporter is serious?

Croyez-vous que David sera ici demain ?
Do you think David will be here tomorrow?

EXERCICES

A. Mettez les verbes entre parenthèses à l'**indicatif** ou au **subjonctif,** selon le cas.

1. Je crois que mon amie ____________ (mentir) quand elle m'a parlé hier.
2. Pensez-vous que ce fou ____________ (dire) toujours la vérité ?
3. Je crois que la vie à la campagne ____________ (être) plus tranquille que la vie en ville.
4. Pensez-vous que Georges, ce grand menteur, ____________ (être) sincère ?
5. Notre professeur trouve que nous ____________ (s'exprimer) très bien.
6. Je ne pense pas que cette émission ridicule ____________ (pouvoir) m'intéresser.
7. Croyez-vous que je ____________ (sortir) avec elle demain soir ?
8. Je ne pense pas que vous ____________ (perfectionner) votre accent l'année dernière !
9. Pensez-vous que ma vie ____________ (être) heureuse ?
10. Je ne pense pas qu'elle ____________ (revenir) l'année prochaine.

B. Traduisez en français.

1. Robert doesn't think he can finish the article.
2. I don't believe we have enough money to buy a new VCR.
3. Do you think that advertisement is artistic?
4. I don't think that George can come.
5. Do you think they downloaded the file without permission?
6. I don't think it will rain tomorrow.
7. Do you think she insulted you on purpose *(exprès)* ?

C. Traduisez en français, puis jouez le dialogue.

A: M. (Mme) Tête is so serious!
B: Do you think he (she) reads the lonely hearts column?
A: *(Ironic)* Every day. Do you think he (she) also reads the funnies?

B: *(Laughter)* For sure *(Certainement)!* I think he (she) reads the editorials, drinks a glass of milk, and goes to bed!

Relative clauses

Verbs in relative clauses are normally in the indicative. The subjunctive is generally used, however, if the speaker doubts or denies the existence or attainability of the antecedent. In such cases the verb in the main clause is often in the negative or interrogative.

Indicative:

Je connais plusieurs étudiants qui sont complètement bilingues. *I know several students who are completely bilingual.*	(An objective statement of fact)
Nous avons trouvé un reporter qui sait parler japonais. *We have found a reporter who can speak Japanese.*	(An objective statement of fact)

Subjunctive:

Je ne connais personne qui dise toujours la vérité. *I don't know anyone who always tells the truth.*	(The speaker doubts the existence of such a person.)
Y a-t-il une publicité qui soit tout à fait objective ? *Is there an ad that is completely objective?*	(The speaker questions the attainability of such an ad.)

EXERCICES

A. Traduisez en français.

1. I have a friend who reads his horoscope every day.
2. Is there a journalist who understands the situation?
3. I know a reporter who can speak Chinese, Japanese, and Russian.
4. Is there a crossword puzzle he can't do?
5. I don't know anyone who can do that.
6. I know several people who lived in that apartment.
7. Is there a newspaper that satisfies everyone?

B. Complétez avec imagination en employant l'**indicatif** ou le **subjonctif.**

1. Y a-t-il des étudiants...
2. Nous voulons trouver un magazine...

On lit le journal.

3. Il n'y a pas de politicien...
4. Je connais des Américain(e)s...
5. Il n'y a pas de forum de discussion...

The superlative

Verbs in relative clauses following superlative expressions and the adjectives **premier, dernier,** and **seul** are in the indicative when the speaker is stating an objective fact. They are normally followed by the subjunctive, however, when the speaker expresses a subjective feeling, a personal opinion, or a doubtful attitude.

Indicative:

Robert est le plus jeune étudiant qui a réussi à l'examen.
Robert is the youngest student who passed the exam. (An objective statement of fact)

Le Brésil est le plus grand pays qu'ils ont visité.
Brazil is the biggest country they visited. (An objective statement of fact)

Subjunctive:

Est-ce vraiment la meilleure plaisanterie que vous ayez jamais entendue ?
Is this really the best joke you've ever heard? (The speaker is doubtful, surprised.)

C'est le site le plus fascinant que je connaisse.
It's the most fascinating site I know. (The speaker is expressing a personal opinion.)

Est-ce le seul étudiant qui sache ce que c'est qu'un néologisme ?
Is he the only student who knows what a neologism is? (The speaker is surprised.)

EXERCICES

A. Traduisez en français.

1. That's the worst advertisement I've ever seen!
2. Paris is the biggest city we visited.
3. Is that the only thing you can say?
4. It's the best chatroom I know.
5. Is Jean-Marc the only reporter who knows grammar?
6. Robert is the only American who lives here.
7. It's the best job I can find.

B. Traduisez en français, puis jouez les dialogues.

1. **A:** Poor Nancy! She murders French!
   B: That's the worst *(pire)* insult I've ever heard!
   A: (puzzled expression)
   B: I'm her teacher!

2. **A:** Here's my horoscope.
   B: What does it say?
   A: That you will marry me soon . . .
   B: That's the most pleasant horoscope I've ever heard!
   A: I'm kidding *(plaisanter)*.
   B: (puzzled expression)

Exercices d'ensemble

I. Mettez les verbes entre parenthèses au **subjonctif** ou à l'**indicatif,** s'il y a lieu.

1. Est-il nécessaire de __________ (traduire) ces phrases françaises en anglais ?
2. Il ne faut pas que nous __________ (insulter) les auditeurs !
3. C'est dommage que vous __________ (flatter) ces journalistes.
4. Nous doutons que notre fils __________ (pouvoir) comprendre cette émission politique.
5. Nous croyons que la langue écrite __________ (être) plus précise que la langue parlée.
6. Il est probable qu'ils __________ (arriver) hier soir.
7. Je crois que vous __________ (pouvoir) me tutoyer dès maintenant.
8. Qui que vous __________ (être), vous serez obligé de travailler comme les autres !
9. Je cherche un sage qui __________ (savoir) la réponse à toutes les questions !

10. Croyez-vous que je __________ (pouvoir) réussir ?
11. Il a beaucoup étudié les langues étrangères parce qu'il __________ (vouloir) devenir polyglotte.
12. Il est vrai que le mot anglais « too-da-loo » __________ (venir) de l'expression française « tout à l'heure ».

II. Complétez avec imagination.

1. Je vais vous poser des questions jusqu'à ce que...
2. Nous espérons que ce journaliste...
3. Pour se libérer véritablement, il faut que les femmes...
4. Je doute que ce forum de discussion...
5. Trouvez-vous que l'amour...
6. Nous avons peur que la civilisation américaine...
7. Je ne crois pas que l'Internet...
8. Si vous voulez scandaliser le monde, il faut que vous...
9. Ils sont contents que ce vieux...
10. Il voudrait devenir millionnaire sans...
11. J'irai voir ce film avec toi bien que...
12. Je vais faire un voyage en France pour...

Sujets de discussion ou de composition

1. Quels journaux et quels magazines aimez-vous lire ? A quels journaux et à quels magazines êtes-vous abonné(e) ? Avez-vous des rubriques préférées ? Quelles rubriques n'aimez-vous pas ? Pouvez-vous recommander un journal ou un magazine aux autres étudiants ? Pourquoi voulez-vous qu'ils le lisent ?
2. Que pensez-vous de la publicité ? Qui, à votre avis, est influencé par la publicité ? Avez-vous des publicités préférées à la télé ou dans le journal ? Y en a-t-il que vous détestez ? Expliquez pourquoi. Préparez une publicité en employant des verbes au subjonctif et présentez-la à la classe.
3. L'Internet et vous. Que pensez-vous de l'Internet ? Vous en servez-vous souvent ? Pourquoi ou pourquoi pas ? Avez-vous des sites préférés ? Pourquoi les préférez-vous ? Y en a-t-il que vous trouvez offensants, bêtes ou ennuyeux ? Si oui, lesquels et pourquoi ? Quel est, selon vous, le rôle que l'Internet peut jouer dans le monde moderne ? Est-il probable que l'Internet devienne de plus en plus important ?
4. Malheureusement, les gens ne s'entendent pas toujours très bien. Parfois ils se disputent ouvertement. Pourquoi les gens ont-ils du mal à s'entendre ? Quelles sont, à votre avis, les barrières à la communication ? Est-il possible, à votre avis, de remédier à ce manque de communication ?
5. Les Français ont dénoncé les emprunts *(borrowings)* à l'anglais qu'ils appellent le franglais. Les Américains, au contraire, n'ont pas dénoncé les nombreux emprunts au français (par exemple, *de rigueur, chic, détente, comme il faut)*. Pensez-vous que les Américains et les Français aient des attitudes différentes à l'égard de leur langue ?

10

Possessives and Prepositions

La Scène et les Lettres

Chapter 10 at a Glance

Possessives

I. Traduisez en français les mots entre parenthèses.

1. *(my)* livre
2. *(her)* maison
3. *(his)* imagination
4. *(our)* bibliothèque
5. *(your)* romans
6. *(their)* idées

II. Traduisez les possessifs en français en employant l'**adjectif possessif** ou l'**article défini.**

1. Cette actrice ne se lave jamais __________ *(her)* cheveux !
2. __________ *(His)* poète favori est Baudelaire.

III. Traduisez en français **les pronoms possessifs.**

1. L'imagination de cet écrivain est moins riche que __________ *(yours).*
2. Cet auteur aime bien critiquer les romans des autres, mais il ne veut pas qu'on critique __________ *(his) !*

IV. Traduisez en français en employant **être à.**

1. Voyons ! Ce roman policier __________ *(is not yours) !*
2. Mais si ! Il __________ *(is mine) !*

V. Traduisez en français en employant une expression avec **de.**

1. __________ *(Racine's play)* est une tragédie.
2. __________ *(Your friends' ideas)* me scandalisent !

VI. Traduisez en français en employant **être malade** ou **avoir mal à.**

1. Je crois qu'elle __________ *(has a headache).*
2. L'acteur n'a pas joué parce qu'il __________ *(was sick).*

Prepositions

VII. Traduisez en français.

1. behind the tree
2. against the house
3. between us
4. in the middle of his room
5. near the library

VIII. Traduisez en français les mots entre parenthèses.

1. Mon livre est __________ *(on the table next to the window).*
2. Je peux lire ce best-seller __________ *(in one hour) !*
3. Cette actrice __________ *(with brown eyes)* est très gentille.

IX. Remplacez les tirets par **à** ou **de** s'il y a lieu.

1. Nous avons trois romans __________ lire cette semaine.
2. Ce romancier a essayé __________ scandaliser le public mais il n'a pas réussi __________ le faire.
3. Voulez-vous __________ assister au spectacle avec moi ?
4. Dans ce roman il s'agit d'un homme qui refuse __________ mentir.
5. Mon ami m'a conseillé __________ suivre un cours de littérature.

X. Traduisez en français les mots entre parenthèses.

1. Je __________ *(am looking for)* un livre de poche intéressant.
2. Nous __________ *(are interested in)* la littérature moderne.
3. Les spectateurs __________ *(laugh at)* vous parce que vous __________ *(resemble)* Charlie Chaplin !

XI. Remplacez les tirets par **à** ou **de.**

1. Que pensez-vous __________ Balzac ?
2. Un acteur pense toujours __________ son public.
3. La littérature pornographique manque souvent __________ valeur artistique.
4. Juliette manque beaucoup __________ Roméo.

XII. Remplacez les tirets par **à, en** ou **dans.**

1. Ils vont au spectacle __________ bicyclette.
2. Nous allons au festival d'Avignon __________ bateau.

Vocabulaire du thème : *La Scène et les Lettres*

La Scène : la pièce de théâtre

l' **auteur dramatique** *m* playwright
le **metteur en scène** director
l' **acteur** *m* actor
l' **actrice** *f* actress
la **troupe** troupe
jouer un rôle to play or act a role, part
savoir (oublier) son texte to know (forget) one's lines
avoir le trac to have stage fright
l' **interprétation** *f* interpretation
la **répétition** rehearsal
répéter to rehearse, to practice
la **scène** stage, scene
le **costume** costume
le **décor** decor, scenery
le **maquillage** makeup
la **pièce** play
le **spectacle** show
la **tragédie** tragedy
la **comédie** comedy
la **représentation** performance
la **mise en scène** production, staging

le **héros** hero
l' **héroïne** *f* heroine
le **personnage** character (in a play, book, etc.)

l' **intrigue** *f* plot
l' **orchestre** *m* orchestra
l' **entracte** *m* intermission

La Critique et le Public

la **critique** criticism
le **critique** critic
critiquer to criticize
le **public** audience
le **spectateur,** la **spectatrice** spectator
assister à to attend
applaudir frénétiquement to applaud wildly
siffler to hiss, to whistle; to boo
louer to praise
le **succès** hit
le **four** flop (theater)
scandaliser to scandalize, to shock

Les Lettres : écrivains et lecteurs

l' **écrivain** *m* writer
le **lecteur,** la **lectrice** reader
le **poète** poet
l' **essayiste** *m* essayist
le **conteur,** la **conteuse** short-story writer
le **romancier,** la **romancière** novelist
raconter une histoire to tell a story
la **lecture** reading
décrire to describe
l' **éditeur** *m,* l'**éditrice** *f* publisher

Le Livre

le **bouquin** *(colloq.)* book
l' **ouvrage** *m* work
les **écrits** *m* writings
le **conte,** la **nouvelle** short story
la **poésie** poetry
l' **essai** *m* essay
le **roman** novel
le **roman policier** mystery (novel)
le **roman d'aventures** adventure story
le **roman d'amour** love story
le **livre de chevet** bedside book
le **manuel** textbook
le **best-seller** best seller
le **livre de poche** paperback

le **style** style
le **ton** tone
le **thème** theme

EXERCICES

A. **Mise en scène.** Complétez en employant une ou plusieurs expressions du *Vocabulaire du thème*, puis jouez les dialogues.

1. **A:** (nom), comment as-tu trouvé la pièce ?
   B: C'est un four !
   A: Un four ? Pourquoi dis-tu ça ?
   B: Parce que...

Une librairie parisienne

A: Tu critiques trop, (nom) !

B: Et...

A: Tu es trop sévère, (nom) !

B: Et...

A: Au revoir, (nom), j'en ai assez !

2. **A:** Je me suis endormi(e) à trois heures ce matin. Le livre que je lisais était si passionnant que je n'ai pas pu m'arrêter de le lire.

B: Quelle sorte de bouquin est-ce ?

A: C'est...

B: Quel en est le titre ?

A: ...

B: Qu'est-ce qu'il y avait de si passionnant ?

A: ...

B: C'est très intéressant ! Tu me le prêteras quand tu l'auras fini ?

A: ...

B. **Situations.** Répondez en employant une ou plusieurs expressions du *Vocabulaire du thème.*

1. Indiquez vos préférences et comparez vos réponses avec celles de vos camarades de classe. Quel est : a) votre romancier préféré ? b) votre poète préféré ? c) votre auteur dramatique préféré ?
2. Connaissez-vous des auteurs français ? Si oui, dressez-en une liste et comparez votre liste avec celles de vos camarades de classe.

3. Avez-vous jamais joué dans une pièce de théâtre ? Si oui, quel était le titre de la pièce et quel rôle avez-vous joué ? Est-ce que la pièce a été un succès ou un four ? Avez-vous eu le trac ?
4. Quel genre de roman préférez-vous ?

Possessives

Possessives are used to indicate that something belongs to someone. Four common constructions express possession in French: possessive adjectives, possessive pronouns, **être à,** and **de** + *noun.*

Adjective:	Zut ! J'ai perdu mon manuel !
	Darn it! I lost my textbook!
Pronoun:	Sers-toi du mien pour le moment. Le voici.
	Use mine for the time being. Here it is.
être à :	Ce manuel n'est pas à vous ! Il est à moi ! Mon prénom est écrit sur la première page !
	This text isn't yours! It's mine! My name is written on the first page!
de + *noun:*	Idiot ! C'est l'ancien bouquin de mon frère Jean ! Il a le même prénom que toi !
	Idiot! It's my brother John's old book! He has the same first name as you!

Possessive Adjectives

Masculine	Feminine	Plural	
mon	ma (mon)	mes	*my*
ton	ta (ton)	tes	*your*
son	sa (son)	ses	*his, her, its*
notre	notre	nos	*our*
votre	votre	vos	*your*
leur	leur	leurs	*their*

Agreement

Like all adjectives, the possessive adjectives agree in number and gender with the noun they modify.

Singular	**Plural**
notre roman	nos romans
our novel	*our novels*

leur place
their seat

leurs places
their seats

mon ouvrage
my work

mes ouvrages
my works

Note that the feminine singular has two forms. **Ma, ta,** and **sa** are used before feminine singular nouns or adjectives beginning with a consonant or aspirate *h.* **Mon, ton,** and **son** are used before feminine singular nouns or adjectives beginning with a vowel or mute *h.*

ma bibliothèque
my library

mes bibliothèques
my libraries

ma hache
my ax

mes haches
my axes

ton autre nouvelle
your other short story

tes autres nouvelles
your other short stories

mon héroïne
my heroine

mes héroïnes
my heroines

son costume
his (her) costume

ses costumes
his (her) costumes

Note in the preceding example that **son** and **ses** may mean either *his* or *her*, depending on the context.

French possessive adjectives are repeated before each noun; this is usually not the case in English.

Il oublie toujours son manuel et son cahier.
He always forgets his textbook and notebook.

The definite article expressing possession

1. The definite article is often used to express possession with parts of the body.

   Elles ont fermé les yeux pour ne pas voir.
   They shut their eyes in order not to see.

   Il a les cheveux roux.
   He has red hair. OR: *His hair is red.*

   Elle a levé la tête pour mieux voir la scène.
   She raised her head to see the stage better.

2. When the subject performs an action on a part of his or her own body, a reflexive verb is used.

   Elle se lave les cheveux le matin.
   She washes her hair in the morning.

Remember that in such constructions the part of the body is the direct object and the reflexive pronoun is the indirect object. Therefore, there is no agreement of the past participle in compound tenses, since the past participle does not agree with preceding indirect objects.

Elles se sont lavé les cheveux.
They washed their hair.

EXERCICES

A. Traduisez en français et créez une phrase originale en employant les expressions dans la colonne de droite.

1. My costume	est meilleur que mon livre de chevet.
2. Her writings	ne marche plus.
3. Their opinions	est belle.
4. Our car	est bien organisée.
5. Your bedside book	adore la littérature.
6. Their ideas	est trop simple.
7. My girlfriend	sont difficiles à comprendre.
8. Her essay	a confiance en eux.
9. Our roles	sont faciles à jouer.
10. Your interpretation	est originale.
11. His poetry	sont toujours intéressantes.
12. My troupe	a gagné un prix littéraire.
	sont bêtes.

B. Remplacez les mots entre parenthèses par un **adjectif possessif** ou l'**article défini.**

1. Bien que cet acteur joue bien ____________ *(his)* rôles, je n'aime pas le caractère de ____________ *(his)* personnages !
2. Ils se promènent le long de la Seine en parlant de ____________ *(their)* poètes préférés.
3. Cette actrice sera obligée de se laver soigneusement ____________ *(her)* visage pour enlever ____________ *(her)* maquillage.
4. Comment ! Les spectateurs s'ennuyaient pendant la représentation de ____________ *(his)* pièce !
5. Je relis souvent ____________ *(my)* pièce et ____________ *(my)* roman favoris.
6. Ils iront au théâtre avec vous pourvu que vous payiez ____________ *(their)* places *(seats)*.
7. J'admire beaucoup cette danseuse ! Elle lève ____________ *(her)* mains et baisse ____________ *(her)* tête avec tant de grâce !
8. Ce romancier s'identifie à ____________ *(his)* héros et à ____________ *(his)* héroïne.

9. ____________ *(Our)* professeur et ____________ *(our)* parents trouvent que ce roman érotique n'a pas de valeur littéraire, hélas.

C. Répondez à chaque question en employant une des expressions de la colonne de droite. Répondez par une phrase complète au présent.

Que fait-on avec :

1. une brosse à dents ?	se calmer les nerfs
2. une petite main en plastique ?	se couper les ongles
3. des ciseaux à ongles *(nail clippers)* ?	s'essuyer le front
4. un shampooing / ʃɑ̃pwɛ̃ / ?	se teindre les cheveux
5. du savon ?	se gratter le dos
6. un oreiller *(pillow)* ?	se brosser les dents
7. un calmant *(tranquilizer)* ?	se laver le visage
8. un couteau, si on ne fait pas attention ?	se reposer la tête
9. de la teinture *(dye)* ?	se laver les cheveux
10. un mouchoir, s'il fait chaud ?	se couper le doigt

D. Traduisez en français, puis jouez les dialogues.

1. **A:** Do you like Flaubert?
   B: I adore his style but I don't like his characters, especially Madame Bovary, his most famous heroine.
2. **A:** Hurry up, please! We're late!
   B: One minute, I have to brush my teeth.
   A: But it's noon!
   B: I brush my teeth three times a day *(par jour)*.
3. **A:** Did you wash your face this morning?
   B: Of course.
   A: Why do you have jam on your nose?
   B: I just had my breakfast, darling.

Possessive Pronouns and the Expression *être à*

Singular		Plural		
Masculine	**Feminine**	**Masculine**	**Feminine**	
le mien	la mienne	les miens	les miennes	*mine*
le tien	la tienne	les tiens	les tiennes	*yours*
le sien	la sienne	les siens	les siennes	*his, hers, its*
le nôtre	la nôtre	les nôtres	les nôtres	*ours*
le vôtre	la vôtre	les vôtres	les vôtres	*yours*
le leur	la leur	les leurs	les leurs	*theirs*

The possessive pronoun

Like the possessive adjectives, possessive pronouns agree in number and gender with the object possessed. The definite article contracts normally with **à** and **de.**

Sa place est bien plus confortable que la mienne !
His (her) seat is much more comfortable than mine!

Leurs manuels coûtent moins cher que les nôtres.
Their textbooks cost less than ours.

Elle s'intéresse plus à votre problème qu'au sien.
She's more interested in your problem than in his (hers).

être à + noun or disjunctive pronoun

The expression **être à** followed by a *noun* or *disjunctive pronoun* is used frequently to express ownership. It may be translated by a possessive pronoun or by the verb *to belong.*

Ce livre de poche est-il à vous ou à votre camarade de chambre ?
Does this paperback belong to you or your roommate?

Ce roman policier est probablement à lui.
This mystery is probably his.

Note that **appartenir à** is a synonym of **être à,** and that it takes an indirect object pronoun.

Ce bouquin ne m'appartient pas; il lui appartient.
This book doesn't belong to me; it belongs to her (him).

EXERCICES

A. Répondez par une phrase complète en employant l'expression **être à.**

1. A qui est le chien Snoopy ?
2. A qui est le cheval Silver ?
3. A qui est le costume rouge et bleu décoré d'une grande lettre *S* ?
4. A qui est le singe Cheetah ?
5. A qui est la voiture que vous conduisez ?

B. Préparez deux questions originales comme celles de l'exercice A et posez-les à un(e) autre étudiant(e).

C. Répondez par une phrase complète en employant un pronom possessif.

1. Mon livre de français est dans mes mains. Où est celui de Jean ?
2. Mes romans préférés sont les romans policiers. Quels sont les vôtres ?

Le Cirque du Soleil

3. Ma maison est très petite. Comment est la maison de vos parents ?
4. Ma boisson préférée est le vin. Quelle est la vôtre ?
5. Mon auteur préféré est Molière. Quel est le vôtre ?
6. Ma pauvre voiture est au garage ! Où est la vôtre ?
7. Mon portefeuille *(wallet)*, hélas, est vide ! Est-ce que le vôtre est vide aussi ?

D. Traduisez en français, puis jouez les dialogues.

1. **A:** That book's mine!
 B: No, it's mine!
 A: Actually *(En fait)*, it's Pierre's. It belongs to him.
 B: I'll take it, then. Pierre's my friend!
2. **A:** I have my textbook. Where's yours?
 B: At home.
 A: But you need yours to study.
 B: I'll use yours.
 A: But if you use mine, what will I use?
 B: You'll find a solution.
 A: What nerve! *(Quel culot !)*

The expression *de* + noun

The structure **de** + *noun* is equivalent to the English expression *noun* + *'s* or *s'*. The preposition **de** contracts normally with a definite article.

Comment s'appelle la pièce de Sartre qui contient l'expression « l'Enfer, c'est les autres » ?
What's the name of Sartre's play that contains the expression "Hell is other people"?

Marcel Proust est l'auteur préféré de mes parents.
Marcel Proust is my parents' favorite author.

Note that **chez** + *noun* or *disjunctive pronoun* means *at the home of* or *at the place of.* When referring to artists, it often means *in the works of.*

Avant d'aller au théâtre, nous dînons souvent chez les Dupont.
Before going to the theater, we often dine at the Duponts'.

Chez Balzac il y a plus de deux mille personnages !
In Balzac's works there are more than two thousand characters!

EXERCICES

A. Créez des phrases originales en employant un mot ou une phrase de chaque colonne, selon le modèle. Faites l'accord de l'adjectif si nécessaire.

MODELE *Les interprétations de l'actrice sont bonnes.*

1. Les interprétations	du romancier		original
2. Le maquillage	des critiques		assuré
3. L'intrigue	de l'actrice	est	insupportable
4. Le point de vue	de la pièce	sont	ridicule
5. Le roman	des acteurs		intéressant
6. Le succès	de Voltaire		bête
7. Les costumes	du metteur en scène		bon

B. Traduisez en français.

1. Do you know the title of Proust's famous novel?
2. If there is a rehearsal at the Smiths' tonight, I want to go.
3. Let's rehearse at our place.
4. The spectators applauded the performance of Shakespeare's play, *Hamlet.*
5. What is the hero's name?
6. The play's characters don't interest me.
7. If an author's imagination is lively *(vif)*, he will probably write interesting works.
8. Flaubert's novel *Madame Bovary* shocked its readers.
9. Style is very important in that essayist's writings.
10. That new playwright's production is great!

Related Expressions

avoir mal à

The expression **avoir mal à** is used to indicate the precise part of the body that is sick. It is followed by the *definite article + the part of the body.* The preposition **à** contracts normally with the definite article.

Tu as mal aux yeux parce que tu as lu trop longtemps.
Your eyes hurt because you've read too long.

Si les acteurs continuent à parler trop fort, j'aurai mal à la tête !
If the actors continue to speak too loudly, I'll have a headache!

Some common parts of the body:

la **bouche** mouth
le **bras** arm
les **cheveux** *m* hair
la **dent** tooth
le **derrière** behind
le **doigt** finger
le **dos** back
le **ventre** stomach
la **jambe** leg
le **menton** chin
le **nez** nose
l' **œil** *m*, les **yeux** *pl* eye, eyes
l' **oreille** *f* ear
le **pied** foot
la **tête** head
le **visage** face

être malade

The expression **être malade** means *to be sick.* It does not indicate a precise part of the body.

Elle a manqué la répétition parce qu'elle était malade.
She missed the rehearsal because she was sick.

EXERCICES

A. Répondez en employant l'expression **avoir mal à.**

Où aurez-vous mal...

1. si vous courez trop ?
2. si vous essayez de lever un objet trop lourd ?
3. si vous restez assis(e) trop longtemps dans la même position ?
4. si vous entendez un bruit très aigu *(shrill)* ?
5. si vous surfer trop longtemps sur le net ?
6. si vous buvez trop de bière ?
7. si vous mangez comme un cochon ?

8. si vous dansez toute la soirée ?
9. si vous vous battez avec un type *(guy)* très fort ?
10. si vous mangez des bonbons tous les jours ?

B. Créez deux situations originales comme celle de l'exercice A et demandez aux étudiants de répondre en employant l'expression **avoir mal à.**

C. Traduisez en français.

1. He has a stomachache because he drank five cups of coffee last night.
2. The actress who forgot her lines was probably sick.
3. The audience booed so frequently that I got[1] a headache.
4. I can't go tonight because I'm very ill.
5. We rehearsed for *(pendant)* eight hours. My feet, my back, and my legs hurt!

Prepositions

French prepositions often have exact English equivalents.

Qui a caché mon livre de poche **sous** la table ?
*Who hid my paperback **under** the table?*

Elle est allée **avec** lui.
*She went **with** him.*

But the use of many prepositions differs significantly from English. In some cases a preposition is used in French where none is used in English, and vice versa. In other cases, the same verb requires one preposition in French and another one in English.

Ce jeune romancier **refuse de** se critiquer.
*This young novelist **refuses** to criticize himself.*

Voulez-vous m'**attendre** ici ?
*Do you want **to wait for** me here?*

Comme elle joue bien ! Elle **tient de** sa mère !
*How well she acts! She **takes after** her mother!*

In French, prepositions may be followed by nouns, pronouns, or verbs. Phrases composed of a *preposition* + *noun* or *pronoun* are called prepositional phrases.

Prepositions Followed by Nouns or Pronouns

Simple prepositions

à *to, at, in*
après *after*
avant *before*
avec *with*

[1] Use the *passé composé.*

contre *against*
chez *at the home, at the place of*
dans *in, into*
de *of, from*
derrière *behind*
dès *from + temporal expression + on*
devant *in front of*
entre *between*
malgré *in spite of*
par *by*
parmi *among*
pour *for*
sans *without*
sauf *except*
selon, suivant, d'après *according to*
sous *under*
sur *on*

Si je m'assieds derrière cette colonne, je ne verrai pas la scène.
If I sit behind this column, I won't see the stage.

Selon les critiques, la nouvelle pièce à la Comédie-Française est un four.
According to the critics, the new play at the Comédie-Française is a flop.

Dès maintenant je vais lire un livre par semaine.
From now on I'm going to read one book a week.

Compound prepositions

à cause de *because of*
à côté de *beside, next to*
à l'égard de, au sujet de *regarding, about*
à l'insu de *unknown to, without the knowledge of*
au-delà de *beyond*
au lieu de *instead of*
au milieu de *in the middle of*
autour de *around*
en dépit de *despite*
en face de *opposite*
jusqu'à *as far as, until*
le long de *along*
loin de *far from*
près de *near*
quant à *as for*

The end prepositions **de** and **à** contract normally with the definite article.

Est-il possible de trouver une place au milieu de la salle de théâtre ?
Is it possible to find a seat in the middle of the theatre?

Elle va devenir actrice en dépit des protestations de ses parents !
She is going to become an actress despite her parents' protests!

Do not confuse the preposition **à cause de,** meaning *because of,* with the conjunction **parce que,** meaning *because.* The preposition **à cause de** is followed by a noun or pronoun, whereas **parce que** is followed by a clause.

J'aime ce roman à cause de son intrigue intéressante.
I like this novel because of its interesting plot.

J'aime ce roman parce que son intrigue est intéressante.
I like this novel because its plot is interesting.

EXERCICES

A. Traduisez en français les mots entre parenthèses.

1. Il a beaucoup aimé le théâtre de Racine __________ *(because of its themes)*.
2. Quelle chance ! Il est assis __________ *(between two beautiful girls) !*
3. J'admire tous les personnages dans ce roman __________ *(except the hero)*.
4. __________ *(Unknown to my best friends)*, j'étais hypocrite !
5. Mon professeur est __________ *(against)* la littérature uniquement « artistique ».
6. J'étais assis si __________ *(far from the stage)* que je n'ai entendu que des murmures.
7. Le monsieur __________ *(next to me)* sifflait si souvent que j'ai dû lui demander de se taire.

A la terrasse d'un café

8. Dans cette farce il y avait des acteurs partout __________ *(on stage, in front of the stage, behind the stage, and under the stage) !*
9. Les acteurs répètent leurs rôles dans une salle __________ *(opposite the theater).*
10. Cet écrivain a des idées originales __________ *(regarding his writings).*
11. Cette troupe réussira __________ *(because)* elle est vraiment exceptionnelle.
12. Je ne comprends pas pourquoi le metteur en scène a choisi ce mauvais acteur __________ *(instead of you) !*
13. Mon frère, qui se passionne pour le théâtre, compte suivre cette troupe __________ *(as far as Paris).*
14. Dans ce spectacle, l'action a lieu __________ *(among the spectators).*

B. Traduisez en français.

1. We couldn't hear because they were booing.
2. She likes Balzac because of his passion.
3. I read the novel because of you.
4. The audience applauded wildly because the play was excellent.
5. He won't read it because he doesn't like love stories.

C. Traduisez les mots entre parenthèses, puis jouez le dialogue.

A: *(According to)* ce critique, ma nouvelle pièce est *(without)* valeur.
B: *(Between us)*, ce critique est bête ! Il possède toutes les qualités *(except)* l'intelligence !
A: C'est vrai, mais *(because)* de lui ma pièce ne réussira pas.
B: Mais non ! Elle réussira *(despite)* lui !

D. Créez un dialogue original en employant au moins trois prépositions et des mots et expressions dans le *Vocabulaire du thème.*

French equivalents of English prepositions

In some cases, two or more French prepositions may be used to render one English preposition.

1. **Avec, de, à** meaning *with*

a. **Avec** means *with* in most cases.

Pourquoi êtes-vous allé au théâtre avec ma meilleure amie ?
Why did you go to the theater with my best friend?

b. **De** means *with* after expressions of satisfaction and dissatisfaction, and after certain past participles.

content de *pleased with*
satisfait de *satisfied with*
mécontent de *dissatisfied with*
chargé de *loaded with*
couvert de *covered with*
entouré de *surrounded with (by)*
rempli de *filled with*

Cette actrice est satisfaite de son rôle.
That actress is satisfied with her part.

Quel succès ! L'actrice est entourée d'admirateurs !
What a hit! The actress is surrounded with (by) admirers!

La scène est couverte de bouquets de fleurs.
The stage is covered with bouquets.

c. **à** + *definite article* means *with* in expressions denoting distinguishing characteristics.

Cette actrice aux longs cheveux noirs a l'air séduisante.
This actress with long black hair looks attractive.

Ce monsieur au chapeau gris est mon père.
That gentleman with (in) the gray hat is my father.

2. **En** and **dans** meaning *in* with temporal expressions

a. **En** stresses the duration of time needed to perform an action. It is often synonymous with *within* in English.

Robert compte terminer ce roman en un jour !
Robert intends to finish that novel in (within) one day!

b. **Dans** stresses the moment an action is to begin.

La pièce va commencer dans cinq minutes.
The play is going to begin in five minutes.

3. **Pendant** and **depuis** meaning *for*

a. **Pendant** expresses duration. It means *for* in the sense of *during* and, like *for* in English, it is often omitted in French.

J'ai attendu (pendant) dix minutes.
I waited (for) ten minutes.

Pour usually replaces **pendant** after verbs of motion.

Cette troupe est venue pour une semaine seulement.
This troupe has come for one week only.

b. **Depuis** means *for* when used with verbs in the present or imperfect. It expresses continuous duration, which is rendered by the present perfect or the past perfect in English: *I have (had) been reading for . . .*

Nous sommes dans cette librairie depuis deux heures et vous n'avez rien acheté !
We've been in this bookstore for two hours and you've bought nothing!

Je le lisais depuis dix minutes quand je me suis endormi.
I had been reading it for ten minutes when I fell asleep.

EXERCICES

A. Traduisez en français les mots entre parenthèses.

1. Cette jeune actrice __________ *(with blue eyes)* me plaît énormément.
2. Comment ! Vous ne pouvez pas lire ce petit bouquin __________ *(in one hour) ?*
3. Le public n'est pas du tout satisfait __________ *(with his performance).*
4. J'ai assisté à quatre représentations théâtrales __________ *(during my stay)* à Londres.
5. Il devrait être très content __________ *(with his hit).*
6. J'ai mal aux oreilles parce que les spectateurs ont applaudi __________ *(for five minutes) !*
7. J'ai eu peur __________ *(during the reading)* des nouvelles de Poe.
8. La Comédie-Française va venir aux Etats-Unis __________ (*for two months*).
9. Comment s'appelle le personnage __________ *(with a long nose)* qui n'ose pas déclarer son amour à Roxane ?
10. Balzac a écrit *Le Père Goriot* __________ *(in three weeks).*
11. Le texte de la pièce était rempli __________ *(with errors).*
12. La musique de cette comédie musicale ne va pas du tout __________ *(with the decor).*
13. Est-elle satisfaite __________ *(with)* son rôle ?
14. Nous partons __________ *(in five minutes).*

B. Traduisez en français, puis jouez les dialogues.

1. **A:** Who are you going to the movies with?
   B: Julie.
   A: Julie?
   B: My friend with blond hair.
   A: Her? The one who isn't satisfied with anything?
   B: She can be a little difficult, but I like to go out with her.

2. **A:** Hurry up! The play's beginning in an hour.
   B: I'm getting dressed . . .
   A: But you've been getting dressed for two hours!
   B: It's a long play . . .

Prepositions Following Verbs

Two kinds of verbs are followed by prepositions in French: verbs that are followed by **à** or **de** before an infinitive (though many verbs take no preposition at all), and verbs that require certain prepositions before a noun or pronoun.

Verbs followed by *à* before an infinitive

aider à *to help*
s'amuser à *to amuse oneself, to have fun*
avoir à *to have to (do something)*
apprendre à *to learn; to teach how to*
arriver à *to succeed*
hésiter à *to hesitate*
commencer à[1] *to begin*
consentir à *to consent*
continuer à[1] *to continue*
encourager à *to encourage*
enseigner à *to teach*
s'habituer à *to get used to*
inviter à *to invite*
se mettre à *to begin, to start*
recommencer à *to begin again*
réussir à *to succeed*
songer à *to think; to dream*
tarder à *to delay*

Invitons les Mercier à dîner chez nous.
Let's invite the Merciers to have dinner at our place.

Elle n'a pas réussi à terminer le nouveau best-seller.
She didn't succeed in finishing the new best seller.

Verbs followed by *de* before an infinitive

s'agir de *to be a question of*
avoir peur de *to be afraid of*
cesser de *to stop*
commencer de[1] *to begin*
continuer de[1] *to continue*
craindre de *to fear*
décider de *to decide*
se dépêcher de *to hurry*
essayer de *to try*
finir de *to finish*
oublier de *to forget*
refuser de *to refuse*
regretter de *to regret*
remercier de *to thank*
tâcher de *to try*

Il s'agit de lire très attentivement.
It's a question of reading very closely.

Elle a décidé de sortir deux livres de la bibliothèque.
She decided to take out two books from the library.

Verbs that take no preposition before an infinitive

Many common verbs require neither **à** nor **de** before an infinitive. These verbs are followed directly by the infinitive.

[1] The verbs **commencer** and **continuer** may be followed by **à** or **de.**

aimer *to like*
aimer mieux *to prefer*
aller *to go*
compter *to intend*
croire *to believe*
désirer *to desire, to wish*
oser *to dare*
paraître *to appear*
pouvoir *to be able, can*
préférer *to prefer*
savoir *to know, to know how*

devoir *to have to, ought*
entendre *to hear*
espérer *to hope*
faire *to do; to make*
falloir *to be necessary*
laisser *to leave; to let*
sembler *to seem*
venir *to come*
voir *to see*
vouloir *to want, to wish*

Savez-vous critiquer une pièce ?
Do you know how to criticize a play?

Cet auteur préfère vivre dans son imagination.
This author prefers to live in his imagination.

EXERCICES

A. Examinez-vous les un(e)s les autres ! En choisissant parmi les trois groupes de verbes ci-dessus *(above)*, chaque étudiant(e) prépare une liste de dix verbes qu'il (qu'elle) apporte en classe. Un(e) étudiant(e) lit ses verbes, un à un, à un(e) autre étudiant(e) qui répond le plus vite possible par « **à** », « **de** » ou « **rien** » . Tous les livres sont fermés pendant l'exercice.

B. Traduisez en français les verbes entre parenthèses. Ajoutez **à** ou **de** s'il y a lieu.

1. Il ____________ *(decided)* sortir un roman de Camus de la bibliothèque.
2. Elle ____________ *(hopes)* assister à la nouvelle représentation de *Tartuffe.*
3. Cet auteur célèbre ____________ *(continues)* scandaliser le public avec ses romans pornographiques !
4. Il ____________ *(prefers)* lire les biographies parce qu'il aime les histoires vraies.
5. Zut ! Je ____________ *(forgot)* demander le nom du type que j'ai rencontré au spectacle !
6. Nous ____________ *(will begin)* applaudir dès que le deuxième acte sera terminé.
7. L'intrigue ____________ *(ceased)* m'intéresser au moment où elle est devenue trop compliquée.
8. La troupe ____________ *(will finish)* répéter demain ou après-demain.
9. Est-ce que la littérature ____________ *(should)* plaire ou enseigner ?
10. Cet auteur ____________ *(didn't succeed)* créer l'illusion de la vie réelle dans son nouveau roman.

Il est bien mort, n'est-ce pas ?

11. A l'université il ____________ *(learned)* lire des pièces mais il ____________ *(didn't learn)* les critiquer.
12. Je ____________ *(tried)* trouver la pièce *Le Cid* de Corneille à la bibliothèque municipale.
13. Elle ____________ *(hesitated)* acheter le nouveau best-seller parce qu'il était très cher.
14. Je suis contente que le public ____________ *(refused)* applaudir ce four !
15. Il ____________ *(had to)* lire une pièce de Sartre pour son cours de littérature française.
16. Elle ____________ *(dared)* me dire que la littérature était plus intéressante que la télévision !
17. ____________ *(Let's hurry)* trouver nos places avant que la pièce commence !
18. Je vous ____________ *(will help)* critiquer la littérature si vous me promettez de lire plus attentivement.
19. Notre professeur nous ____________ *(encouraged)* lire les pièces et les romans de Samuel Beckett.
20. ____________ *(Would you like)* aller voir cette comédie musicale avec moi la semaine prochaine ?

C. Demandez à un(e) autre étudiant(e) ou au professeur...

1. ce qu'il (elle) refuse de faire.
2. ce qu'il (elle) oublie souvent de faire.

3. qui il (elle) aimerait inviter à dîner.
4. s'il (si elle) arrive à comprendre un film français.
5. s'il (si elle) a jamais essayé de jouer dans une pièce de théâtre.
6. s'il (si elle) sait nager (écrire un essai, faire la cuisine, jouer d'un instrument de musique).
7. s'il (si elle) a beaucoup de choses à faire ce soir.

Verbs followed by *à* + noun and *de* + infinitive

Some French verbs that are followed by **de** + *infinitive* also take an indirect object.

conseiller à quelqu'un de *to advise someone to*
défendre à quelqu'un de *to forbid someone to*
demander à quelqu'un de *to ask someone to*
dire à quelqu'un de *to tell someone to*
écrire à quelqu'un de *to write someone to*
ordonner à quelqu'un de *to order someone to*
permettre à quelqu'un de *to permit someone to*
promettre à quelqu'un de *to promise someone to*

Son professeur de chimie a conseillé à Jean de suivre au moins un cours de littérature française.
His chemistry professor advised John to take at least one French literature course.

Mon ami m'a demandé d'acheter un billet.
My friend asked me to buy a ticket.

Je lui ai promis de ne pas fumer.
I promised him (her) not to smoke.

EXERCICES

A. Imaginez que vous êtes la mère ou le père de Caroline, une enfant de dix ans. Qu'est-ce que vous lui permettez de faire et qu'est-ce que vous ne lui permettez pas de faire ? Répondez selon le modèle.

MODELE regarder la télé pendant des heures
Je lui permets de regarder la télé pendant des heures.
ou : *Je ne lui permets pas de regarder la télé pendant des heures.*

1. jouer avec ses amies
2. se coucher à minuit
3. manger beaucoup de bonbons
4. se maquiller
5. lire des livres pour enfants
6. lire des magazines de mode
7. sortir seule en ville
8. acheter des CD
9. fumer des cigarettes
10. surfer sur le net

B. Qu'est-ce que vous conseillez aux personnes suivantes de faire ou de ne pas faire ? Répondez selon le modèle.

MODELE à un acteur qui joue mal
Je lui conseille de répéter beaucoup.
ou : *Je lui conseille de ne pas jouer.*

1. à quelqu'un qui suit un régime ?
2. à un menteur ?
3. à un alcoolique ?
4. à quelqu'un qui a mal à la tête (au ventre) ?
5. à quelqu'un qui a beaucoup d'imagination ?
6. à quelqu'un qui a joué au tennis pendant deux heures ?
7. à un acteur qui a le trac ?
8. à un auteur qui vient de gagner le prix Goncourt ?
9. à un plombier qui veut devenir poète ?

C. Traduisez en français.

1. Ask your French professor to recommend a good bedside book.
2. Promise them to listen attentively.
3. I advise you to rehearse every day.
4. My parents forbid me to read the novels of the Marquis de Sade!
5. The director ordered the actor to begin.
6. Will you permit me to play the main *(principal)* character in your play?
7. If I criticize her poetry, she tells me to shut up.
8. I told the director I had stage fright.

Some other verbs and prepositions

1. Some common verbs take a preposition in English but none in French.

attendre	*to wait for*	écouter	*to listen to*
chercher	*to look for*	payer	*to pay for*
demander	*to ask for*	regarder	*to look at*

Allez-vous écouter l'opéra de Bizet à la radio ce soir ?
Are you going to listen to the Bizet opera on the radio tonight?

Je vous attends depuis deux heures !
I have been waiting for you for two hours!

EXERCICES

A. Demandez à un(e) autre étudiant(e) ou au professeur...

1. s'il (si elle) paie toujours ses dettes.
2. s'il (si elle) attend le professeur quand le professeur est en retard. Si oui, demandez-lui combien de temps il (elle) l'attend.

3. s'il (si elle) cherche des disputes (le bonheur, un nouveau dentiste, une nouvelle bicyclette).
4. avec qui il (elle) aime regarder la lune.

B. Traduisez en français.

1. I'm asking for a good novel.
2. The director is looking for you.
3. Don't listen to that awful critic!
4. We've been waiting for them for three hours.
5. That girl refuses to pay for her books.
6. Look at that!
7. Listen to your friends.
8. Wait for me!
9. What are you listening to?
10. Pay for this but don't pay for that.

2. Some common verbs take a preposition in French but none in English.

s'approcher de *to approach*
assister à *to attend*
changer de *to change*
douter de *to doubt*
se douter de *to suspect (the existence of)*
entrer dans *to enter*
se fier à *to trust*
se marier avec *to marry*
se méfier de *to distrust*
obéir à *to obey*
plaire à *to please*
se rendre compte de *to realize*
répondre à *to answer*
résister à *to resist*
ressembler à *to resemble*
se servir de *to use*
se souvenir de *to remember*
téléphoner à *to telephone*

L'enfant se fie à elle et il lui obéit.
The child trusts her and he obeys her.

Je téléphone souvent à mes parents.
I often phone my parents.

The end prepositions **de** and **à** contract normally with the definite article.

Elle ne veut pas assister aux représentations de cette troupe.
She doesn't want to attend the performances of that troupe.

EXERCICES

A. Demandez à un(e) autre étudiant(e) ou au professeur...

1. avec quelle sorte de personne il (elle) aimerait se marier.
2. avec quelle sorte de personne il (elle) n'aimerait pas se marier.
3. à quelle(s) tentation(s) il (elle) ne peut pas résister.
4. quelle sorte de romans lui plaisent.

5. s'il (si elle) assiste régulièrement à tous ses cours.
6. s'il (si elle) se fie à ses meilleurs amis.
7. s'il (si elle) doute quelquefois de son talent.
8. à qui il (elle) ressemble.
9. s'il (si elle) se sert de ses mains pour manger.
10. s'il (si elle) obéit à sa conscience (aux agents de police).
11. s'il (si elle) se souvient de son premier amour.
12. s'il (si elle) téléphone au président.

B. Traduisez en français, puis jouez les dialogues.

1. **A:** I'm going to marry a man who resembles my father.
   B: Oh, really *(Ah, oui)?*
2. **A:** Our director doesn't please me.
   B: Why not?
   A: I doubt his sincerity, and he's always changing his mind *(changer d'avis)*.
   B: Is that all?
   A: No. He dares to say I have to practice more *(davantage)*.
   B: I'm beginning to understand . . .

3. Some common verbs take one preposition in French and another in English.

dépendre de *to depend on*
se mettre en colère contre *to get angry with*
s'intéresser à *to be interested in*
s'occuper de *to busy oneself with, to attend to*
remercier de, remercier pour *to thank for*
rire de *to laugh at*
tenir de *to take after (resemble)*

Je m'intéresse beaucoup à la philosophie de Sartre.
I'm very interested in Sartre's philosophy.

Je vous remercie du livre que vous m'avez donné comme cadeau.
I thank you for the book that you gave me as a gift.

Allez-vous vous occuper des costumes ?
Are you going to attend to the costumes?

EXERCICES

A. Répondez par une phrase complète.

1. De qui ou de quoi les personnes suivantes s'occupent-elles : les infirmières ? les parents ? les jardiniers ? les acteurs ? les auteurs ?
2. De qui ou de quoi riez-vous (ne riez-vous pas) ?
3. De qui tenez-vous ?
4. De qui dépendez-vous ?

5. Vous mettez-vous quelquefois en colère contre le gouvernement (l'université, le destin) ? Si oui, pourquoi ?
6. Nommez trois choses auxquelles vous vous intéressez.

B. Traduisez les mots entre parenthèses en faisant tous les autres changements nécessaires.

MODELE Elle __________ *(is interested in)* la poésie.
Elle s'intéresse à la poésie.

1. Vous ne devriez pas __________ *(get angry with him)* tout simplement parce qu'il est impoli !
2. On __________ *(laughs at)* toutes les plaisanteries de ce comédien.
3. La qualité de la lecture __________ *(depends on)* la qualité du lecteur.
4. Vous __________ *(don't take after)* votre mère.
5. Il __________ *(will thank you for)* votre conseil.
6. On __________ *(is interested in the)* théâtre parce qu'on a l'habitude de jouer des rôles dans la vie.
7. __________ *(Don't get angry with)* moi si je vous dis que vous êtes un critique bête.
8. Moi, je __________ *(attend to the)* décor tandis que lui __________ *(attends to the)* costumes.

C. Traduisez en français, puis jouez le dialogue.

A: Do you take after your father or your mother?
B: That depends.
A: That depends on what?
B: On my parents. When my father gets angry with me, I take after my mother, and when my mother gets angry with me, I take after my father!

4. Some common French verbs may be followed by either **à** or **de.**

a. The verb **jouer à** means *to play a game;* **jouer de** means *to play a musical instrument.*

Vous ne devriez pas jouer au bridge pendant la répétition !
You shouldn't play bridge during rehearsal!

C'est mon frère qui joue de la guitare dans la comédie musicale.
It's my brother who plays the guitar in the musical.

Ma sœur joue de la trompette et de la clarinette.
My sister plays the trumpet and the clarinet.

b. The verb **manquer à** means *to miss someone, to feel the absence of someone.* When the French sentence is translated into English, subject and object are reversed.

Minnie manque à Mickey.
Mickey misses Minnie. (lit., Minnie is lacking to Mickey.)

La Comédie-Française

Il m'a beaucoup manqué.
I missed him very much. (lit., He was very much lacking to me.)

Manquer de means *to lack something.*

Ce jeune auteur manque de talent.
This young author lacks talent.

But when **manquer** is followed directly by a direct object, it means *to miss* in the sense of *not to catch or hit.*

J'ai manqué le dernier métro.
I missed the last subway.

Il a lancé un œuf qui m'a manqué !
He threw an egg that missed me!

c. The verb **penser à** means *to think of* in the sense of *to reflect about.*

A quoi pensez-vous ? — Je pense à mon prochain succès !
What are you thinking about? — I'm thinking about my next hit!

But **penser de** means *to think of* in the sense of *to have an opinion about.*

Que pensez-vous de cette actrice ? — Je la trouve brillante !
What do you think of that actress? — I find her brilliant!

EXERCICES

A. Traduisez en français les mots entre parenthèses en faisant tous les autres changements nécessaires.

1. Cet acteur ____________ *(plays the piano and the guitar).*
2. Que ____________ *(do you think of)* la représentation de *Phèdre* à la Comédie-Française ?
3. Voudriez-vous ____________ *(to play tennis)* avec moi ?
4. Quand je commence à ____________ *(to think about)* ce spectacle, j'ai envie de pleurer !
5. Dites-moi franchement ce que ____________ *(you think of)* ma poésie.
6. ____________ *(Let's play cards)* ce soir.
7. Ce critique de théâtre ____________ *(lacks)* respect pour nos acteurs.

B. Traduisez en français en employant **manquer** ou **manquer à.**

1. Françoise misses Marc.
2. Marc doesn't miss Françoise.
3. I miss you a lot.
4. We missed the plane.
5. Will you miss me tomorrow?
6. Do you miss your dentist?
7. Fortunately the tomato *(la tomate)* missed me!
8. I missed rehearsal!

Related Expressions

Expressions of means of locomotion

As a rule, the preposition **à** is used if one rides *on* the means of locomotion, and **en** if one rides *in* it.

à bicyclette *by bicycle*
à cheval *on horseback*
à moto *by motorcycle*
à pied *on foot*
à vélo *by bike*
en autobus *by bus*
en autostop *by hitchhiking*
en avion *by plane*
en bateau *by boat*
en métro *by subway*
en taxi *by taxi*
en train *by train*
en voiture *by car*
en diligence *by stagecoach*

EXERCICES

A. De quel(s) moyen(s) de transport vous serviriez-vous pour aller aux endroits suivants ? Répondez selon le modèle.

MODELE Pour aller en France ?
J'irais en avion (en bateau).

1. Pour aller à l'université ?
2. Pour aller au théâtre à New York ?
3. Pour rendre visite à un ami qui habite dans la même rue ?
4. Pour aller faire un pique-nique à la campagne ?
5. Pour aller en Angleterre ?
6. Pour visiter des monuments à Paris ?
7. Pour aller en Californie en 1700 ? en 1849 ? en 1950 ?

B. Répondez par une phrase complète.

1. Où allez-vous à bicyclette ?
2. Où allez-vous en avion ?
3. Où allez-vous en autobus ?
4. Où allez-vous à pied ?
5. Où allez-vous en taxi ?
6. Où allez-vous en train ?

C. Si on veut faire un long voyage, quel est le moyen de transport le moins cher ? le moyen de transport le plus snob ? le plus sain ? le moins dangereux ? le plus reposant ? le plus bruyant ? celui qui pollue le moins ?

Exercices d'ensemble

I. Répondez en français par une phrase complète.

1. Quel est votre acteur favori ?
2. Pouvez-vous nommer une pièce de Molière ?
3. Quand avez-vous mal à la tête ?
4. Invitez-vous souvent vos amis chez vous ? Pourquoi ou pourquoi pas ?
5. Avez-vous été souvent malade ce semestre ?
6. Aimez-vous mieux les notes de votre camarade de chambre ou les vôtres ?
7. La voiture que vous conduisez actuellement est-elle à vous ou à vos parents ?
8. Quel est votre livre de chevet en ce moment ?
9. Quelle est votre pièce favorite ? votre roman favori ?

II. Répondez en français par une phrase complète.

1. Combien avez-vous payé vos livres ce semestre ?
2. De quel instrument jouez-vous ?
3. A quel sport jouez-vous ?
4. A qui ressemblez-vous ?

5. Qu'est-ce qui vous manque le plus ce semestre ? Qu'est-ce qui vous manque le moins ?
6. De qui tenez-vous ?
7. De quoi vous servez-vous pour écrire une composition ?
8. En combien de temps pouvez-vous lire un roman de trois cents pages ?
9. Pendant combien de temps comptez-vous rester à l'université ?

III. Remplacez les tirets par **à** ou **de** s'il y a lieu.

1. A-t-il essayé __________ jouer dans une pièce ?
2. Elle commence __________ critiquer ma conduite *(conduct)*.
3. Ose-t-il __________ parler au président ?
4. Ils n'ont pas fini __________ applaudir.
5. N'oubliez pas __________ le faire !
6. Elle s'amuse __________ lire mes poèmes.
7. Il a réussi __________ jouer un rôle difficile.
8. Ils refusaient __________ répéter.
9. Nous avons peur __________ avoir le trac.
10. Je dois __________ cesser __________ mentir !

IV. Traduisez en français.

1. His last role lacked life, but it wasn't totally dull *(ennuyeux)*.
2. The book in your room belongs to me.
3. The actress's face was covered with makeup.
4. My professor permitted me to read one of Voltaire's books instead of another novel.
5. His essays pleased me so much that I decided to ask for them at the bookstore.
6. I go to the theater because I can't resist it!
7. I had to read Hugo's novel very attentively because the style was difficult.
8. The play was a flop for many reasons: the plot was not good, the actors didn't know their lines, and the scenery and costumes lacked style.
9. I liked the actress with black hair and blue eyes!
10. Virginie washed her hair because she was going out with Paul.

Sujets de discussion ou de composition

1. Résumez une pièce ou un roman dont vous admirez le thème, les personnages, l'action, l'intrigue, le décor, les costumes, le style, etc.
2. Vrai ou faux ? Ceux qui lisent et écrivent des romans veulent échapper *(escape)* à la vie réelle.
3. Avez-vous jamais lu un roman, un poème, ou une pièce de théâtre qui a eu une grande influence sur votre vie ? Si oui, expliquez.
4. Avez-vous un livre de chevet maintenant? Si oui, décrivez-le.

11

Passive Voice, Present Participle, and Causative Construction

Chanson et Cinéma

Chapter 11 at a Glance

The passive voice

I. Traduisez en français les verbes entre parenthèses.

1. Cette chanson folklorique __________ *(is sung by)* un groupe sensationnel.
2. Le morceau de Debussy ____________ *(will be played by)* un pianiste américain.
3. Cette farce __________ *(was written)* au Moyen Age.

II. Mettez les phrases à la **voix passive.**

1. Ce documentaire violent a scandalisé le grand public.
2. Cet acteur jouera deux rôles.

III. Mettez les phrases passives à la **voix active** en employant **on** comme sujet.

1. Cette scène a été filmée en noir et blanc.
2. Comment ! Le dessin animé de Disney a été censuré ?

IV. Traduisez en français en employant **se faire** ou **se dire.**

1. That is easily done.
2. That isn't said in French.

The present participle

V. Mettez les verbes au **participe présent.**

1. écouter
2. finir
3. vendre
4. faire
5. avoir
6. vouloir

VI. Traduisez en français les mots entre parenthèses en employant le **participe présent.** Employez **en** s'il y a lieu.

1. __________ *(Being)* amateur de musique, il est allé au concert.
2. Ce compositeur buvait de la bière __________ *(while composing)* une chanson à boire.
3. Quelle chanson __________ *(touching)* !

VII. Traduisez en français les verbes entre parenthèses.

1. Il passe plus de temps à __________ *(looking at)* les westerns à la télévision qu'à __________ *(studying)* !
2. Comment peut-elle regarder ce film __________ *(without laughing)* ?
3. Je l'ai entendu __________ *(singing)* une chanson sentimentale au cabaret.

The causative construction

VIII. Traduisez en français en employant la construction **faire** + *infinitif.*

1. He is having his car washed.
2. Is he having it done right away?
3. He had his friend leave.

Vocabulaire du thème : *Chanson et Cinéma*

La Chanson : les Musiciens

le **chanteur,** la **chanteuse** singer
le **compositeur** composer
composer to compose
le **chansonnier** chansonnier: a composer and singer of risqué and/or satirical songs who is somewhat akin to the American folk singer
le **musicien,** la **musicienne** musician
jouer (de la guitare, du piano, du violon, etc.) to play (the guitar, piano, violin, etc.)
répéter to practice, rehearse
le **débutant** beginner
le **concert** concert
la **discothèque** discothèque

L'Enregistrement

l' **enregistrement** *m* recording
enregistrer to record
la **cassette** cassette
le **magnétophone** tape recorder
le **disque** record (music)
le **disque compact** compact disc (CD)[1]
le **lecteur de disque compact** compact disc player
la **chaîne stéréo** stereo

L'Art de la chanson

l' **harmonie** *f* harmony
la **mélodie** melody, tune
les **paroles** *f* words, lyrics
le **rythme** rhythm
le **rock, le jazz, le blues, le rap** rock music, jazz, blues, rap
la **musique classique** classical music
la **musique populaire** popular music
la **musique folklorique** folk music

Le Cinéma : le Film

le **cinéma** movies, cinema; movie theater
cinématographique cinematographic
le **film** film
filmer to film
la **caméra** (movie) camera
le **magnétoscope** videocassette recorder (VCR)
louer une vidéo to rent a video
tourner un film to make a film
le **plan** shot (film)
la **piste sonore** soundtrack
le **navet** flop (lit., *turnip*)
le **scénario** script, scenario

[1] Le sigle *(acronym)* CD est invariable : un CD, des CD.

le **réalisateur** film director
la **vedette** (movie) star
le **dénouement heureux** happy ending
en version originale in the original version
le **sous-titre** subtitle
sous-titrer to subtitle (a film)
doubler to dub (a film)
l' **écran** *m* screen

le **film d'épouvante** horror film
le **film de science-fiction** science-fiction film
le **western** western
le **documentaire** documentary
le **dessin animé** cartoon
le **film d'aventures** adventure film
le **film de guerre** war film
la **comédie musicale** musical comedy

Le Public

le, la **cinéphile** movie fan
le **grand public** the general public
apprécier to appreciate
censurer to censor
faire la queue to wait in line
siffler to whistle; to boo
se **passionner pour** to be crazy about

EXERCICES

A. **Mise en scène.** Complétez en employant une ou plusieurs expressions du *Vocabulaire du thème*, puis jouez les dialogues.

1. **A:** Quoi de neuf, (nom) ?
   B: Je suis un peu fatigué(e), c'est tout. J'ai chanté et dansé toute la nuit !
   A: Où ça ?
   B: Dans mon lit ! J'ai rêvé que j'étais chanteur (chanteuse) de rock, et dans mon rêve...
   A: Et le public ? Il répondait ?
   B: Oui,...
   A: Pauvre (nom), tu es toujours dans les nuages !
   B: Tu verras. Un jour, je serai... !
2. **A:** Quel genre de film veux-tu voir ce soir ?
   B: J'ai envie de voir... Et toi ?
   A: Moi, j'ai envie de voir...
   B: Tu sais que je déteste...
   A: Et toi, tu sais que je déteste...
   B: Allons voir... , alors.
   A: D'accord !

B. **Situations.** Répondez en employant une ou plusieurs expressions du *Vocabulaire du thème.*

La chanteuse Vanessa Paradis

1. Complétez en employant le nom d'un musicien (d'une musicienne) de votre choix.

MODELE ... préfère la musique populaire.
Céline Dion préfère la musique populaire.

   a. ... préfère la musique classique.
   b. ... préfère le rock.
   c. ... préfère la musique folklorique.
   d. ... préfère le jazz.
   e. ... préfère le blues.
   f. ... préfère la musique populaire.
   g. ... préfère le rap.

2. Avez-vous une chaîne stéréo (des disques, des cassettes, des disques compacts, une télévision, un magnétoscope) dans votre chambre ?

3. Quel genre de film iriez-vous voir si vous vouliez voir : a) un monstre ? b) des martiens ? c) un cowboy ? d) des chanteurs et des danseurs ? e) Donald le canard ? f) des batailles ?

The Passive Voice

Like English verbs, most French verbs possess an active and a passive voice. A verb is in the active voice if the subject acts, and in the passive voice if the subject is acted upon.

Active voice: Un débutant a composé cette chanson folklorique.
A beginner composed this folk song.

Jean analyse les films de Truffaut dans son cours de cinéma.
John analyzes Truffaut's films in his cinema course.

Passive voice: Cette chanson folklorique a été composée par un débutant.
This folk song was composed by a beginner.

Ce film sera discuté par toute la classe.
This film will be discussed by the entire class.

Formation of the Passive

The passive sentence is composed of: *subject* + *passive verb* (+ *agent*).

Le rôle principal sera joué par un acteur inconnu.
The main role will be played by an unknown actor.

Ce film d'épouvante a été beaucoup discuté.
This horror film has been discussed a lot.

Note that, as in the second example, the agent is not always expressed.

The passive verb

A verb in the passive is composed of two parts: a tense of **être** + *past participle*. The past participle agrees in number and gender with the subject.

Ces CD cassés ont été vendus par un vendeur malhonnête !
These broken CDs were sold by a dishonest salesman!

Les paroles seront écrites par la chanteuse elle-même.
The lyrics will be written by the singer herself.

The agent

The person or thing that performs the action on the subject is called the agent. The preposition **par** is normally used to introduce the agent.

Le scénario a été écrit par un romancier célèbre.
The script was written by a famous novelist.

Tout le pop-corn a été mangé par ma camarade de chambre !
All the popcorn was eaten by my roommate!

EXERCICES

A. Traduisez en français les mots entre parenthèses en employant la **voix passive.**

1. Cette chanson sentimentale __________ *(was composed by)* un compositeur célèbre et __________ *(was sung by)* Edith Piaf.
2. Ce film français __________ *(was dubbed by)* un type qui ne connaît pas le français !
3. Vous êtes venu trop tard ! Tous les diques de Piaf __________ *(have already been sold).*
4. La musique française moderne __________ *(was influenced by)* le jazz américain.
5. Ces concerts à la télévision __________ *(will be heard by)* beaucoup de spectateurs.
6. Comment ! Est-il possible que ce film documentaire __________ *(will be censored by)* le gouvernement ?
7. Ce morceau de musique __________ *(was composed by)* un débutant.
8. Elle préfère les films d'amour qui __________ *(were made by)* les grands réalisateurs d'Hollywood parce qu'elle aime les dénouements heureux.

B. Traduisez en français, puis jouez les dialogues.

1. **A:** This song was composed by Brel.
   B: It was sung by Brel, but it was composed by Moustaki.
   A: No! It was sung by Brel and it was composed by Brel also.
   B: It was sung by Brel and it was composed by Moustaki!
   A: It was sung by Brel, it was composed by Brel, and it was recorded by Brel!
   B: It's beautiful, isn't it?
   A: So what? *(Et alors ?)*
   B: So *(Alors)* let's shut up and listen to it!
2. **A:** I didn't realize that Gérard Depardieu spoke English like an American.
   B: The film was dubbed, darling!

Use of the Passive

The passive voice is used only with verbs that normally take a direct object in the active voice (i.e., transitive verbs). As a rule of thumb, the direct object of an active verb becomes the subject of a passive verb, and the subject of an active verb becomes the agent of a passive verb.

Active voice	**Passive voice**
Marie chante la chanson. *Mary sings the song.*	La chanson est chantée par Marie. *The song is sung by Mary.*
Jean a tourné le film. *John made the film.*	Le film a été tourné par Jean. *The film was made by John.*

Note that reflexive verbs and verbs that take only indirect objects cannot be made passive in French.

Tout le monde s'est amusé à la fête.
Everyone had a good time at the party.
A good time was had by all at the party.

No passive possible: **s'amuser** is a reflexive verb.

Cette musique plaît à Nancy.
This music pleases Nancy.
Nancy is pleased by this music.

No passive possible: **plaire (à)** takes only an indirect object.

EXERCICES

A. Mettez les phrases actives à la **voix passive.**

MODELE Les étudiants ont chanté une chanson.
Une chanson a été chantée par les étudiants.

1. Ce film a scandalisé le public.
2. Brel a composé cette chanson.
3. Moustaki a écrit les paroles.
4. Dion a chanté cette chanson.
5. Toute la famille a apprécié ce film.
6. Truffaut a réalisé ce film.
7. Un amateur a doublé ce film !
8. Mon camarade de chambre a loué cette vidéo.
9. Mes parents ont acheté ce CD.

B. Par qui les morceaux de musique, les ouvrages et les films suivants ont-ils été composés, écrits ou réalisés ? Répondez selon le modèle.

MODELE le film *Huit et demi*
Il a été réalisé par Fellini.

la chanson *Boléro*
Elle a été composée par Ravel.

la pièce *Cyrano de Bergerac*
Elle a été écrite par Rostand.

1. le conte *Candide*
2. le roman *Le Vieil Homme et la mer*
3. l'opéra *Carmen*
4. la pièce *Un Tramway nommé Désir*
5. le roman *Madame Bovary*
6. le roman *L'Etranger*
7. l'opéra *La Traviata*
8. le film *Jules et Jim*
9. le poème *La Divine Comédie*
10. la pièce *Le Tartuffe*

C. Préparez une liste personnelle de trois morceaux de musique, ouvrages ou films et demandez à un(e) étudiant(e) ou au professeur par qui ils ont été composés, écrits ou réalisés.

The Active Voice as an Alternative to the Passive

The French tend to prefer the active voice to the passive voice.

1. If a passive sentence has an agent expressed, the passive verb may be put into the active voice with the passive agent as subject.

   Passive: La Marseillaise a été chantée par les spectateurs.
   The Marseillaise was sung by the spectators.

   Active: Les spectateurs ont chanté la Marseillaise.
   The spectators sang the Marseillaise.

2. If the passive sentence has no agent expressed, the passive verb is put into the active voice with the indefinite pronoun **on** as subject. **On** may be translated in English by *we*, *they*, or *one*, or more often by the English passive voice.

   Passive: La voiture a été lavée en cinq minutes.
   The car was washed in five minutes.

   Active: On a lavé la voiture en cinq minutes.
   We (they) washed the car in five minutes. OR: *The car was washed in five minutes.*

   Passive: Une audition m'a été accordée.
   An audition was granted to me.

   Active: On m'a accordé une audition.
   They granted me an audition. OR: *I was granted an audition.*

   Note that **on** is used as a subject only if the unexpressed agent is a person. Otherwise, the sentence remains in the passive voice.

   Le cinéma a été totalement détruit en deux minutes.
   The movie theater was totally destroyed in two minutes.
   (It was destroyed by a natural disaster.)

3. English may use the passive voice to state general facts or actions. This English construction is often rendered in French by a reflexive verb. Some of the most common reflexives used in this way are **se faire, se dire, se comprendre, se voir, se vendre**, and **s'acheter.**

   CDs are sold everywhere.
   Les CD se vendent partout.

   That is not easily understood.
   Ça ne se comprend pas facilement.

   Ca ne se dit pas en française.
   That's not said in French.

   That's not done here.
   Ça ne se fait pas ici.

EXERCICES

A. Transformez les phrases suivantes à la **voix active** en employant **on** selon le modèle.

MODELE Le film a été censuré.
On a censuré le film.

1. La vedette a été critiquée.
2. Le pop-corn a été dévoré !
3. La salle de cinéma a été fermée.
4. Le réalisateur a été sifflé.
5. La chaîne stéréo a été volée !
6. Le film de guerre a été apprécié.
7. Le secret a été révélé.
8. La vidéo a été louée.
9. Amélie a été menacée !
10. Le public a été choqué.

B. Imaginez que vous êtes dans une salle de cinéma à l'université. Les étudiants qui regardent le film sont très agités. Quelle serait la réaction du public dans les situations suivantes ? Répondez en employant les verbes **siffler** ou **applaudir** selon le modèle.

MODELE Si le film était un navet ?
On le sifflerait !

Si les acteurs étaient sensationnels ?
On les applaudirait !

1. Si le héros arrêtait le bandit ?
2. Si la vedette jouait mal ?
3. Si le héros embrassait passionnément l'héroïne ?
4. Si le scénario était bête ?
5. Si le film était mal doublé ?
6. Si le film avait un dénouement heureux ?
7. Si l'orchestre jouait mal ?
8. Si le professeur payait vos billets ?

C. Répondez en employant l'expression **Ça se voit** et un genre de film (voir *Vocabulaire du thème*) selon le modèle.

MODELE des cowboys qui se battent
Ça se voit dans les westerns.

1. des personnages comme Mickey la souris et Donald le canard qui font des choses amusantes
2. des voyages interplanétaires
3. des soldats qui se battent
4. des monstres qui agissent de façon grotesque
5. des acteurs qui chantent et dansent
6. des acteurs qui ont des aventures passionnantes

Chez le disquaire

D. Traduisez en français.

1. Cassettes aren't sold here.
2. That is not done here..
3. Does rap sell better than classical music?
4. That's easily understood.
5. That's seen only in the movies.
6. That isn't said any more.

The Present Participle

The present participle is called a verbal adjective because it can be used as both a verb and an adjective. The present participle in English ends in *-ing: acting, singing, interesting.*

Formation of the Present Participle

The French present participle is formed by dropping the **-ons** ending of verbs in the present tense and adding **-ant.**

chanter :	**nous chantons**	→	**chantant**	*singing*
applaudir :	**nous applaudissons**	→	**applaudissant**	*applauding*
mentir :	**nous mentons**	→	**mentant**	*lying*
vendre :	**nous vendons**	→	**vendant**	*selling*

The present participles of **avoir, être,** and **savoir** are irregular.

avoir :	**ayant**	*having*
être :	**étant**	*being*
savoir :	**sachant**	*knowing*

Note that with verbs ending in **-cer** and **-ger, c** changes to **ç (c cédille)** and **g** to **ge** before the ending **-ant: commençant, nageant.**

EXERCICE

Changez les infinitifs en **participes présents.**

1. interpréter
2. applaudir
3. être
4. choisir
5. étouffer
6. insulter
7. apprécier
8. mentir
9. savoir
10. passionner
11. rire
12. critiquer
13. changer
14. réfléchir
15. partir
16. émouvoir
17. tourner
18. finir
19. commencer
20. vendre

Use of the Present Participle

The participle used as a verb

1. When used as a verb, the present participle is invariable. Like all verbs, it may indicate an action or a state of being.

   Voulant devenir musicien, il a étudié la guitare.
   Wanting to become a musician, he studied the guitar.

   Se sentant triste, il est allé au cinéma.
   Feeling sad, he went to the movies.

2. The expression **en** + *present participle* is used to indicate that two actions are somewhat simultaneous. When **en** is so used, its English equivalent is often *while.* The expression generally refers to the subject of the sentence.

   Elles chantaient en jouant de la guitare.
   They sang while playing the guitar.

En se promenant dans le parc, il a rencontré un accordéoniste.
While walking in the park, he met an accordionist.

Tout is placed before **en** to stress the idea of simultaneity and /or opposition.

Ce réalisateur tournait un film d'amour tout en écrivant le scénario d'un documentaire.
This director was making a romantic film while at the same time writing the script of a documentary.

Ce morceau moderne est harmonieux tout en étant discordant.
This modern piece is harmonious even while being discordant.

The participle used as an adjective

When used as an adjective, the present participle, like all adjectives, agrees in gender and number with the noun it modifies.

Quelle remarque insultante !
What an insulting remark!

Il y a des scènes touchantes dans ce film.
There are some touching scenes in this film.

EXERCICES

A. Changez l'infinitif en **participe présent** et complétez la phrase selon le modèle.

MODELE (Etre) fou de rock, il...
Etant fou de rock, il allait toujours aux concerts de rock (il est devenu membre d'un groupe de rock, etc.).

1. (Etre) hypocrite, Tartuffe...
2. (Vouloir) entendre de la musique, elle...
3. (Avoir) mal à la tête, elle...
4. (Savoir) très bien les paroles de la chanson, elles...
5. (Passer) devant la boîte, ils...

B. Faites une seule phrase en employant **en** + *participe présent* selon le modèle.

MODELE Je dîne. Je regarde la télé en même temps.
Je dîne en regardant la télé.

1. Je regarde la vidéo. Je rêve en même temps.
2. Nous jouons du piano. Nous chantons en même temps.
3. Vous riez. Vous pleurez en même temps.
4. Je mets un chapeau. Je cours en même temps.

L'actrice Jacqueline Bisset et le réalisateur François Truffaut

5. Dracula se regarde dans le miroir. Il sourit en même temps.
6. Babette parle au téléphone. Elle écoute de la musique en même temps.
7. Céleste joue de la harpe. Elle pense au paradis en même temps.
8. Abélard embrasse Héloïse. Il ferme les yeux en même temps.

C. Complétez avec imagination en employant **en** + *participe présent.*

1. Je parlais au téléphone...
2. J'écoutais de la musique...
3. Je prenais mon petit déjeuner...
4. Je jouais de la guitare...
5. J'étudiais...
6. Je conduisais...

D. Changez l'infinitif en **participe présent** et faites l'accord si le participe est employé comme adjectif.

1. ____________ (Vouloir) tourner un film sur l'enfance, le jeune réalisateur a étudié les films ____________ (passionner) de Truffaut.
2. Quittons cette boîte. La musique est ____________ (assourdir) et l'ambiance ____________ (étouffer) !
3. ____________ (Ouvrir) la fenêtre, il a entendu des cris ____________ (percer).
4. J'ai trouvé que la nouvelle version de ce film est ____________ (décevoir).
5. Quelle mélodie ____________ (émouvoir) !
6. ____________ (Surprendre) son public, le réalisateur a tourné un documentaire.

The English Present Participle and the French Infinitive

It is often necessary to render an English present participle by an infinitive in French.

commencer par and *finir par* + infinitive

The verbs **commencer** and **finir** require **par** + *infinitive* instead of **en** + *present participle.*

Le musicien a commencé par jouer ses morceaux préférés.
The musician began by playing his favorite pieces.

Il a fini par accepter le rôle.
He ended up accepting (finally accepted) the role.

passer du temps à + infinitive

When the verb **passer** means *to spend time,* the expression **à** + *infinitive* must be used to render the English present participle.

Elle a passé une heure à répéter.
She spent an hour practicing.

avant de, sans, and *après* + infinitive

The prepositions **avant de** and **sans** followed by the infinitive render the English *before* and *without* + *present participle.*

Il faut répéter beaucoup avant de chanter devant le public.
It is necessary to rehearse a lot before singing in public.

Il est allé voir le film sans savoir que c'était un navet !
He went to see the film without knowing it was a flop!

Note that the preposition **après** must be followed by the past infinitive (**avoir** or **être** + *past participle*). Its most frequent English equivalent is *after* + *present participle.*

Il a décidé d'aller voir le film après en avoir lu une critique favorable.
He decided to go see the film after reading (having read) a favorable review of it.

Après être rentrés, ils ont bu du vin.
After returning home, they drank some wine.

Verbs of perception + infinitive

An infinitive, rather than a present participle, is usually used after verbs of perception such as:

apercevoir	regarder
écouter	sentir
entendre	voir

The infinitive is rendered in English by the present participle.

Je l'ai vu parler avec elle il y a cinq minutes.
I saw him speaking with her five minutes ago.

Passant devant le cabaret, j'ai entendu chanter mon chansonnier favori.
Passing in front of the cabaret, I heard my favorite chansonnier singing.

J'ai vu construire le nouveau cinéma.
I saw the new movie theater being built.

This construction may also be used to state a fact rather than to express an action in progress.

Je l'ai entendu chanter bien des fois.
I heard him sing many times.

The idiomatic expression **entendre parler de** means *to hear of.* It may be followed by a noun or a disjunctive pronoun. The expression **entendre dire que** means *to hear that* and is followed by an entire clause.

Avez-vous jamais entendu parler d'Isabelle Adjani ?
Have you ever heard of Isabelle Adjani?

Oui, j'ai entendu parler d'elle.
Yes, I've heard of her.

J'ai entendu dire qu'Isabelle Adjani est une très bonne actrice.
I've heard that Isabelle Adjani is a very good actress.

EXERCICES

A. Répondez par une phrase complète.

1. Combien de temps passez-vous à déjeuner (à faire votre toilette le matin, à faire vos devoirs de français) ?
2. De quels réalisateurs (écrivains) français avez-vous entendu parler ?
3. Qu'est-ce que vous faites avant de sortir sous la pluie (avant d'aller à la plage, avant de vous coucher) ?
4. Qu'est-ce que vous faites après avoir passé un examen très important (après avoir pris un grand repas) ?
5. De quelles actrices ou acteurs français avez-vous entendu parler ?

B. Complétez en employant **avant de** selon le modèle.

MODELE Je prends mon petit déjeuner...
Je prends mon petit déjeuner avant de sortir (avant de me coucher).

1. Je me lave les mains...
2. J'ai mis un manteau...

Le réalisateur Louis Malle

3. J'ai mis mes lunettes de soleil...
4. Je suis allé(e) à la banque...

C. Traduisez en français, puis jouez les dialogues.

1. **A:** Have you ever heard of Georges Brassens?
   B: Yes, I've heard he's a very good French singer.
   A: I've heard him sing a few times.
   B: Is he really good?
   A: He's fantastic!

2. **A:** After eating last night I spent two hours looking at a video.
   B: Which one?
   A: *Le Retour de Martin Guerre,* with Gérard Depardieu.
   B: You know, I've heard of Gérard Depardieu, but I've never seen him act.
   A: You've never seen him act?
   B: I don't spend my time looking at videos. I study!

D. Traduisez en français les mots entre parenthèses.

1. Le professeur de cinéma a commencé ____________ *(by describing)* le film et il a fini ____________ *(by discussing)* sa signification profonde.

2. Ils lisent toujours des critiques ____________ *(before going to see)* un film.
3. Elle a passé toute la soirée ____________ *(listening to)* ses nouveaux disques compacts.
4. Quelle chance ! Nous avons vu un grand réalisateur ____________ *(making)* un film.
5. Les spectateurs ont commencé ____________ *(by applauding)* et ils ont fini ____________ *(by booing)*.
6. Pendant sa jeunesse, ce musicien américain a passé beaucoup de temps ____________ *(composing)* de la musique populaire.
7. Ils étaient plus impressionnés quand ils l'ont vu ____________ *(singing)* le blues en personne que quand ils l'ont entendu ____________ *(singing)* le blues à la radio.
8. ____________ *(After finishing)* de jouer le morceau de Bach, la violoniste s'est assise.
9. Cet acteur comique a fini ____________ *(by playing)* un rôle sérieux dans un film de guerre.
10. Mon frère vient de passer cinq heures ____________ *(rehearsing)* pour son concert demain.
11. Elle ne peut pas aller voir un film ____________ *(without dreaming)* qu'elle en est la vedette !
12. ____________ *(After eating)* des bonbons, mon amie a mangé une glace !
13. Je pouvais passer des heures ____________ *(watching)* cet acteur ____________ *(playing)* son rôle favori.

The Causative Construction

The causative construction is used to express the idea of *having someone do something* or *having something done.* It is composed of two parts: a tense of **faire** + *infinitive.*

Je ferai réparer ma stéréo.
I will have my stereo repaired.

Comme il fait travailler ses acteurs !
How he has (makes) his actors work!

The causative construction may have one or two objects.

The Causative with One Object

When the causative has only one object, the object is a direct object.

Je vais faire enregistrer votre belle voix.
I'm going to have your beautiful voice taped.

Il fait partir les journalistes.
He has (makes) the reporters leave.

Note that the objects follow the infinitive in French, but come between the two verbs in English.

The Causative with Two Objects

When the causative has two objects, one object is usually a person and the other a thing. The person is the indirect object and the thing the direct object.

Il fait analyser le film aux étudiants.
He has the film analyzed by the students. OR: *He has the students analyze the film.*

Nous avons fait composer la musique à un musicien de premier ordre.
We had the music composed by a first-rate musician. OR:
We had a first-rate musician compose the music.

Object Pronouns with the Causative

Position

Direct and indirect objects are placed before **faire.**

Je le fais envoyer demain.
I'm having it sent tomorrow.

Je la lui fais composer.
I'm having it composed by him.

Agreement of past participle

The past participle **fait** is invariable in the causative construction.

Je les ai fait venir.
I had them come. OR: *I made them come.*

EXERCICES

A. Créez un dialogue en employant une des expressions de la colonne de droite.

MODELE — Qu'est-ce qu'une comédie vous fait faire ?
— *Elle me fait rire.*

1. — Qu'est-ce qu'un film d'épouvante vous fait faire ?
2. — Qu'est-ce qu'un film de science-fiction vous fait faire ?
3. — Qu'est-ce qu'un film policier vous fait faire ?
4. — Qu'est-ce qu'un film tragique vous fait faire ?
5. — Qu'est-ce qu'un film de guerre vous fait faire ?
6. — Qu'est-ce qu'un film de propagande vous fait faire ?
7. — Qu'est-ce qu'une comédie musicale vous fait faire ?
8. — Qu'est-ce que le rock vous fait faire ?
9. — Qu'est-ce qu'une chanson sentimentale vous fait faire ?

sourire
danser
rêver
rire
penser à l'avenir
réfléchir longuement
pleurer
tenir la main de mon ami(e)
bâiller *(to yawn)*
crier *(to scream)*
frissonner *(to shudder)*
chanter
sursauter *(to jump)*
perdre la tête

B. A quel acteur, à quelle actrice ou à quel réalisateur est-ce que la musique ou les films suivants vous font penser ? Répondez selon le modèle.

MODELE le jazz
Le jazz me fait penser à John Coltrane (Miles Davis, Ella Fitzgerald, etc.).

1. le rock
2. les comédies musicales
3. les films d'épouvante
4. les westerns
5. le rap
6. les chansons sentimentales
7. les films de science-fiction
8. les films d'action

C. Traduisez en français.

1. We are having the movie dubbed in France.
2. The director had the star leave.
3. What! They're having that bad actress play this difficult role?
4. Our professor is having us analyze Truffaut's film *Jules et Jim.*

Le chanteur Patrick Bruel

5. The director had the movie criticized before filming the last shot.
6. Watch out! *(Fais attention !)* He's having your voice taped!
7. If you refuse we'll have the soundtrack composed by a younger composer.
8. The director had one of the actors make the coffee!
9. Why is she having the class listen to that awful (*affreux*) tape?
10. Did you hear that Anne is having her songs recorded?

Exercices d'ensemble

I. Répondez en employant une ou deux phrases complètes.

1. Avez-vous jamais été scandalisé(e) par un film ? Si oui, lequel ?
2. Jouez-vous d'un instrument de musique ? Si oui, lequel ? Répétez-vous souvent ?
3. Allez-vous voir des films avant d'en lire les critiques dans le journal ?
4. Avez-vous jamais vu tourner un film ?
5. Avez-vous jamais vu jouer votre musicien favori (vos musiciens favoris) en personne ?
6. Qu'est-ce qui ou qui est-ce qui vous fait rire ?
7. Pouvez-vous étudier en regardant la télévision ?
8. Est-ce que la musique vous fait changer d'humeur *(mood)* ?
9. Qu'est-ce que vous aimez faire après avoir vu un film le samedi soir ?
10. Préférez-vous la musique moderne ou la musique classique ?
11. Avez-vous jamais quitté la salle de cinéma sans avoir vu le film jusqu'au bout ? Si oui, pourquoi ?
12. Avez-vous une collection intéressante de CD ou de cassettes ? Quels sont vos CD préférés (vos cassettes préférées) ?
13. Louez-vous des vidéos ? En louez-vous souvent ?

II. Traduisez en français.

1. The composer spent only one hour composing this song.
2. The movie will be made by a very famous French director.
3. I've heard she likes to hear the audience applaud.
4. Leaving the movie theater, she heard a deafening sound.
5. Instead of jazz, rock-and-roll was being played in that nightclub.
6. While waiting in line, I saw the director of the film enter the movie theater.
7. The new cinematographic techniques in that film will certainly be applauded by movie fans.
8. The musicians spent the evening *(la soirée)* recording the song.
9. Our professor had us analyze the meaning *(la signification)* of the film.
10. He began to appreciate music after studying harmony and rhythm.
11. I'm surprised you've heard of Belmondo.

Sujets de discussion ou de composition

1. Décrivez un film que vous avez vu (genre, réalisateur, acteurs, personnages, intrigue, atmosphère, etc.). Faites deviner *(guess)* le titre du film aux autres étudiants.
2. Quel rôle la musique joue-t-elle dans votre vie ? Quel genre préférez-vous — le rap, le rock, le blues, le jazz, la musique classique, folklorique, populaire, etc. ? Qui sont vos musiciens et vos compositeurs préférés ? Où et quand aimez-vous écouter de la musique ?
3. Remarquez-vous une différence entre les films américains et les films étrangers ? Expliquez.

Appendix

Useful Expressions

Numbers

Cardinal numbers

1	un/une	**23**	vingt-trois	**80**	quatre-vingts
2	deux	**24**	vingt-quatre	**81**	quatre-vingt-un
3	trois	**25**	vingt-cinq	**82**	quatre-vingt-deux
4	quatre	**26**	vingt-six	**90**	quatre-vingt-dix
5	cinq	**27**	vingt-sept	**91**	quatre-vingt-onze
6	six	**28**	vingt-huit	**92**	quatre-vingt-douze
7	sept	**29**	vingt-neuf	**100**	cent
8	huit	**30**	trente	**101**	cent un
9	neuf	**31**	trente et un	**200**	deux cents
10	dix	**32**	trente-deux	**201**	deux cent un
11	onze	**40**	quarante	**1000**	mille
12	douze	**41**	quarante et un	**1001**	mille un
13	treize	**42**	quarante-deux	**1700**	dix-sept cents, mille sept cents
14	quatorze	**50**	cinquante	**1720**	dix-sept cent vingt, mille sept cent vingt
15	quinze	**51**	cinquante et un	**5000**	cinq mille
16	seize	**52**	cinquante-deux	**10,000**	dix mille
17	dix-sept	**60**	soixante	**100,000**	cent mille
18	dix-huit	**61**	soixante et un	**1,000,000**	un million
19	dix-neuf	**62**	soixante-deux	**1,000,000,000**	un milliard
20	vingt	**70**	soixante-dix		
21	vingt et un	**71**	soixante et onze		
22	vingt-deux	**72**	soixante-douze		

1. The numbers *81* and *91* do not take **et.**
2. **Quatre-vingts** and multiples of **cent** require **s** except when followed by another number: **quatre-vingts, quatre-vingt-un; deux cents, deux cent un. Mille** never takes **s: cinq mille.**

3. The decimal point and comma are reversed in English and French: *10,000* in English = **10.000** in French; *1.5* in English = **1,5** in French.

Ordinal numbers

Ordinal numbers are formed by adding the suffix **-ième** to cardinal numbers. If a cardinal number ends in mute **e,** the **e** is dropped before adding the suffix. The ordinal numbers **premier (première), cinquième,** and **neuvième** are exceptions.

premier/première	*first*	huitième	*eighth*
deuxième	*second*	neuvième	*ninth*
troisième	*third*	dixième	*tenth*
quatrième	*fourth*	vingtième	*twentieth*
cinquième	*fifth*	vingt et unième	*twenty-first*
sixième	*sixth*	centième	*one hundredth*
septième	*seventh*		

Collective numbers

Collective numbers indicate approximate value. They are equivalent to the expression *about, around* + number in English. Collective numbers are formed by adding the suffix **-aine** to cardinal numbers (the number **dizaine** is an exception). If a cardinal number ends in mute **e,** the **e** is dropped before adding the suffix. Collective numbers are feminine with the exception of **un millier** *(about, around a thousand).*

une dizaine	*about, around 10*
une vingtaine	*about, around 20*
une cinquantaine	*about, around 50*
une centaine	*about, around 100*
un millier	*about, around 1,000*

Fractions

1/2 la moitié, demi(e)	**1/5** un cinquième
1/3 un tiers	**1/6** un sixième
1/4 un quart	**7/8** sept huitièmes
3/4 trois quarts	**3/10** trois dixièmes

Note that 1/2 used as a noun is expressed by **la moitié** and as an adjective by **demi(e): la moitié de la classe, une demi-heure.**

Dates

Days		Months			
lundi	*Monday*	janvier	*January*	juillet	*July*
mardi	*Tuesday*	février	*February*	août	*August*
mercredi	*Wednesday*	mars	*March*	septembre	*September*
jeudi	*Thursday*	avril	*April*	octobre	*October*
vendredi	*Friday*	mai	*May*	novembre	*November*
samedi	*Saturday*	juin	*June*	décembre	*December*
dimanche	*Sunday*				

Quel jour sommes-nous aujourd'hui ?
What is the day today?

C'est aujourd'hui { lundi, le 15 septembre. / le lundi 15 septembre. }
Today is Monday, September 15.

Quand êtes-vous né(e) ?
When were you born?

Je suis né(e) le 2 août 1963.

Je suis né(e) le deux août { dix-neuf cent soixante-trois. / mil neuf cent soixante-trois. }
I was born on August 2, 1963.

1. Days and months are masculine in gender and are written in lowercase letters in French.
2. In dates the form **mil** (not **mille**) is used: **en mil soixante-six.**
3. Dates of the month are expressed by cardinal numbers except *first*, which requires the ordinal number: **le premier janvier, le deux janvier.**

Weather Expressions

Weather expressions with *faire*

Il fait beau.	*The weather is fine.*	Il fait du vent.	*It is windy.*
Il fait mauvais.	*The weather is bad.*	Il fait du soleil.	*It is sunny.*
Il fait chaud.	*It is warm.*	Il fait jour.	*It is daylight.*
Il fait frais.	*It is cool.*	Il fait nuit.	*It is dark.*

Il fait doux.	*It is mild.*	Il fait clair.	*It is clear.*
Il fait sec.	*It is dry.*	Il se fait tard.	*It is getting late.*
Il fait humide.	*It is humid.*	Il fait de l'orage.	*It is stormy.*
Il fait bon.	*It is nice.*	Il fait brumeux.	*It is misty.*

Weather expressions with other verbs

Il neige.	*It is snowing.*	Il gèle.	*It is freezing.*
Il pleut.	*It is raining.*	Il grêle.	*It is hailing.*
Il tonne.	*It is thundering.*		

Seasons

été *summer*	en été *in the summer*
automne *fall*	en automne *in the fall*
hiver *winter*	en hiver *in the winter*
printemps *spring*	au printemps *in the spring*

Note that the seasons are masculine in gender and are written in lowercase letters in French.

Time

Quelle heure est-il?
What time is it?

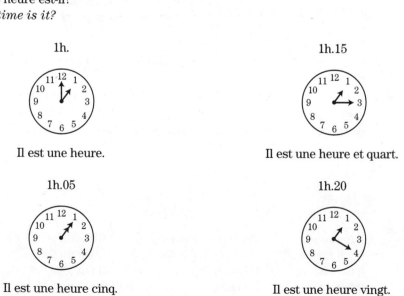

1h.

Il est une heure.

1h.15

Il est une heure et quart.

1h.05

Il est une heure cinq.

1h.20

Il est une heure vingt.

1h.30

Il est une heure et demie.

1h.53

Il est deux heures moins sept.

1h.35

Il est deux heures moins vingt-cinq.

2h.

Il est deux heures.

1h.45

Il est deux heures moins le quart.

12h.

Il est midi (minuit).

Note that A.M. and P.M. are expressed by **du matin** *(in the morning)*, **de l'après-midi** *(in the afternoon)*, and **du soir** *(in the evening)*.

Verbs

Literary Tenses

In addition to the **passé simple** French possesses three other literary tenses: the *past anterior*, the *imperfect subjunctive*, and the *pluperfect subjunctive*. These literary tenses, which almost never appear in the spoken language, are presented here so that students will be able to recognize them in the literature they read.

Past Anterior

Formation of the past anterior

passé simple of the auxiliary + past participle

parler	**venir**
j' eus parlé	je fus venu(e)
tu eus parlé	tu fus venu(e)
il / elle / on eut parlé	il fut venu / elle fut venue / on fut venu
nous eûmes parlé	nous fûmes venu(e)s
vous eûtes parlé	vous fûtes venu(e)(s)
ils / elles eurent parlé	ils furent venus / elles furent venues

Use of the past anterior

The *pluperfect tense* is usually used to express a past action that precedes another past action. The past anterior, however, is used to express a past action that immediately precedes another past action which is expressed by the **passé simple.** It usually appears after the conjunctions **quand, lorsque, dès que, aussitôt que,** and **après que.**

Dès que le criminel eut commis le crime, on l'arrêta.
As soon as the criminal had committed the crime, he was arrested.

Nous commençâmes à bavarder après que le professeur fut sorti.
We began to chat after the professor had gone out.

Note that the past anterior has the same English translation as the pluperfect tense.

Imperfect Subjunctive

Formation of the imperfect subjunctive

The *imperfect subjunctive* is formed by dropping the endings of the **passé simple** and adding the imperfect subjunctive endings. Like the **passé simple,** the imperfect subjunctive has three sets of endings. The pairings that follow show the corresponding **passé simple** and imperfect subjunctive endings.

Passé simple endings	Imperfect subjunctive endings
parler	
je parl**ai**	que je parl**asse**
tu parl**as**	que tu parl**asses**
il / elle / on parl**a**	qu'il / elle / on parl**ât**
nous parl**âmes**	que nous parl**assions**
vous parl**âtes**	que vous parl**assiez**
ils / elles parl**èrent**	qu'ils / elles parl**assent**
finir	
je fin**is**	que je fin**isse**
tu fin**is**	que tu fin**isses**
il / elle / on fin**it**	qu'il / elle / on fin**ît**
nous fin**îmes**	que nous fin**issions**
vous fin**îtes**	que vous fin**issiez**
ils / elles fin**irent**	qu'ils / elles fin**issent**
connaître	
je conn**us**	que je conn**usse**
tu conn**us**	que tu conn**usses**
il / elle / on conn**ut**	qu'il / elle / on conn**ût**
nous conn**ûmes**	que nous conn**ussions**
vous conn**ûtes**	que vous conn**ussiez**
ils / elles conn**urent**	qu'ils / elles conn**ussent**

Use of the imperfect subjunctive

The *imperfect subjunctive* is translated like the *imperfect indicative*. It can also correspond to the *present conditional*.

Indicative: Je savais qu'elle venait me rendre visite.
I knew she was coming to visit me.

Subjunctive:	Je doutais qu'elle vînt me rendre visite. *I doubted that she was coming to visit me.*
Conditional:	Nous savions qu'il se sentirait à l'aise en France. *We knew that he would feel at ease in France.*
Subjunctive:	Nous doutions qu'il se sentît à l'aise en France. *We doubted that he would feel at ease in France.*

In the spoken language, the *imperfect subjunctive* is usually replaced by the *present subjunctive.*

Pluperfect Subjunctive

Formation of the pluperfect subjunctive

imperfect subjunctive of the auxiliary + past participle

finir		**aller**	
que j'	eusse fini	que je	fusse allé(e)
que tu	eusses fini	que tu	fusses allé(e)
qu'il / elle / on	eût fini	qu'il / elle / on	fût allé / allée / allé
que nous	eussions fini	que nous	fussions allé(e)s
que vous	eussiez fini	que vous	fussiez allé(e)(s)
qu'ils / elles	eussent fini	qu'ils / elles	fussent allés / allées

Use of the pluperfect subjunctive

The *pluperfect subjunctive* is translated like the *pluperfect indicative.* It can also correspond to the *past conditional.*

Indicative:	Je savais qu'ils s'étaient mariés ! *I knew they had gotten married!*
Subjunctive:	Je craignais qu'ils ne se fussent mariés ! *I was afraid that they had gotten married!*
Conditional:	J'étais sûr qu'on l'aurait condamné sans votre témoignage. *I was sure that he would have been convicted without your testimony.*

Subjunctive: J'étais étonné qu'on l'eût condamné sans votre témoignage.
I was astounded that he would have been convicted without your testimony.

The *pluperfect subjunctive* may replace the *pluperfect indicative* or the *past conditional*, or both, in conditional sentences.

Si elle avait suivi un régime, elle aurait été plus séduisante.
Si elle eût suivi un régime, elle aurait été plus séduisante.
Si elle avait suivi un régime, elle eût été plus séduisante.
Si elle eût suivi un régime, elle eût été plus séduisante.
If she had gone on a diet, she would have been more attractive.

In the spoken language, the *pluperfect subjunctive* is usually replaced by the *past subjunctive.*

Verbes Réguliers (-er, -ir, -re)

Infinitif Participes	Indicatif				
	Présent	**Imparfait**	**Passé composé**		**Futur**
parler	parle	parlais	ai	parlé	parlerai
	parles	parlais	as	parlé	parleras
	parle	parlait	a	parlé	parlera
parlant	parlons	parlions	avons	parlé	parlerons
parlé	parlez	parliez	avez	parlé	parlerez
	parlent	parlaient	ont	parlé	parleront
finir	finis	finissais	ai	fini	finirai
	finis	finissais	as	fini	finiras
	finit	finissait	a	fini	finira
finissant	finissons	finissions	avons	fini	finirons
fini	finissez	finissiez	avez	fini	finirez
	finissent	finissaient	ont	fini	finiront
perdre	perds	perdais	ai	perdu	perdrai
	perds	perdais	as	perdu	perdras
	perd	perdait	a	perdu	perdra
perdant	perdons	perdions	avons	perdu	perdrons
perdu	perdez	perdiez	avez	perdu	perdrez
	perdent	perdaient	ont	perdu	perdront

Conditionnel	Impératif	Subjonctif	Temps littéraires	
Présent		Présent	Passé simple	Imparfait du Subjonctif
parlerais		parle	parlai	parlasse
parlerais	parle	parles	parlas	parlasses
parlerait		parle	parla	parlât
parlerions	parlons	parlions	parlâmes	parlassions
parleriez	parlez	parliez	parlâtes	parlassiez
parleraient		parlent	parlèrent	parlassent
finirais		finisse	finis	finisse
finirais	finis	finisses	finis	finisses
finirait		finisse	finit	finît
finirions	finissons	finissions	finîmes	finissions
finiriez	finissez	finissiez	finîtes	finissiez
finiraient		finissent	finirent	finissent
perdrais		perde	perdis	perdisse
perdrais	perds	perdes	perdis	perdisses
perdrait		perde	perdit	perdît
perdrions	perdons	perdions	perdîmes	perdissions
perdriez	perdez	perdiez	perdîtes	perdissiez
perdraient		perdent	perdirent	perdissent

Verbes Irréguliers

Infinitif Participes	Indicatif				
	Présent	Imparfait	Passé composé		Futur
accueillir (voir **cueillir**)					
acheter	achète	achetais	ai	acheté	achèterai
	achètes	achetais	as	acheté	achèteras
	achète	achetait	a	acheté	achètera
achetant	achetons	achetions	avons	acheté	achèterons
acheté	achetez	achetiez	avez	acheté	achèterez
	achètent	achetaient	ont	acheté	achèteront
admettre (voir **mettre**)					
aller	vais	allais	suis	allé(e)	irai
	vas	allais	es	allé(e)	iras
	va	allait	est	allé(e)	ira
allant	allons	allions	sommes	allé(e)s	irons
allé	allez	alliez	êtes	allé(e)(s)	irez
	vont	allaient	sont	allé(e)s	iront
apparaître (voir **paraître**)					
appeler	appelle	appelais	ai	appelé	appellerai
	appelles	appelais	as	appelé	appelleras
	appelle	appelait	a	appelé	appellera
appelant	appelons	appelions	avons	appelé	appellerons
appelé	appelez	appeliez	avez	appelé	appellerez
	appellent	appelaient	ont	appelé	appelleront

Conditionnel	Impératif	Subjonctif	Temps littéraires	
Présent		Présent	Passé simple	Imparfait du Subjonctif
achèterais		achète	achetai	achetasse
achèterais	achète	achètes	achetas	achetasses
achèterait		achète	acheta	achetât
achèterions	achetons	achetions	achetâmes	achetassions
achèteriez	achetez	achetiez	achetâtes	achetassiez
achèteraient		achètent	achetèrent	achetassent
irais		aille	allai	allasse
irais	va	ailles	allas	allasses
irait		aille	alla	allât
irions	allons	allions	allâmes	allassions
iriez	allez	alliez	allâtes	allassiez
iraient		aillent	allèrent	allassent
appellerais		appelle	appelai	appelasse
appellerais	appelle	appelles	appelas	appelasses
appellerait		appelle	appela	appelât
appellerions	appelons	appelions	appelâmes	appelassions
appelleriez	appelez	appeliez	appelâtes	appelassiez
appelleraient		appellent	appelèrent	appelassent

Infinitif Participes	**Indicatif**				
	Présent	**Imparfait**	**Passé composé**		**Futur**
apprendre (voir **prendre**)					
s'asseoir[1]	assieds	asseyais	suis	assis(e)	assiérai
	assieds	asseyais	es	assis(e)	assiéras
	assied	asseyait	est	assis(e)	assiéra
asseyant	asseyons	asseyions	sommes	assis(es)	assiérons
assis	asseyez	asseyiez	êtes	assis(e)(s)	assiérez
	asseyent	asseyaient	sont	assis(es)	assiéront
s'asseoir	assois	assoyais	suis	assis(e)	assoirai
	assois	assoyais	es	assis(e)	assoiras
	assoit	assoyait	est	assis(e)	assoira
assoyant	assoyons	assoyions	sommes	assis(es)	assoirons
assis	assoyez	assoyiez	êtes	assis(e)(s)	assoirez
	assoient	assoyaient	sont	assis(es)	assoiront
atteindre (voir **peindre**)					
avoir	ai	avais	ai	eu	aurai
	as	avais	as	eu	auras
	a	avait	a	eu	aura
ayant	avons	avions	avons	eu	aurons
eu	avez	aviez	avez	eu	aurez
	ont	avaient	ont	eu	auront
battre	bats	battais	ai	battu	battrai
	bats	battais	as	battu	battras
	bat	battait	a	battu	battra
battant	battons	battions	avons	battu	battrons
battu	battez	battiez	avez	battu	battrez
	battent	battaient	ont	battu	battront
boire	bois	buvais	ai	bu	boirai
	bois	buvais	as	bu	boiras
	boit	buvait	a	bu	boira
buvant	buvons	buvions	avons	bu	boirons
bu	buvez	buviez	avez	bu	boirez
	boivent	buvaient	ont	bu	boiront
commencer	commence	commençais	ai	commencé	commencerai
	commences	commençais	as	commencé	commenceras
	commence	commençait	a	commencé	commencera
commençant	commençons	commencions	avons	commencé	commencerons
commencé	commencez	commenciez	avez	commencé	commencerez
	commencent	commençaient	ont	commencé	commenceront

[1]The verb *s'asseoir* has two acceptable variations, both of which are given here.

Conditionnel	**Impératif**	**Subjonctif**	**Temps littéraires**	
Présent		**Présent**	**Passé simple**	**Imparfait du Subjonctif**
assiérais		asseye	assis	assisse
assiérais	assieds-toi	asseyes	assis	assisses
assiérait		asseye	assit	assît
assiérions	asseyons-nous	asseyions	assîmes	assissions
assiériez	asseyez-vous	asseyiez	assîtes	assissiez
assiéraient		asseyent	assirent	assissent
assoirais		assoie	assis	assisse
assoirais	assois-toi	assoies	assis	assisses
assoirait		assoie	assit	assît
assoirions	assoyons-nous	assoyions	assîmes	assissions
assoiriez	assoyez-vous	assoyiez	assîtes	assissiez
assoiraient		assoient	assirent	assissent
aurais		aie	eus	eusse
aurais	aie	aies	eus	eusses
aurait		ait	eut	eût
aurions	ayons	ayons	eûmes	eussions
auriez	ayez	ayez	eûtes	eussiez
auraient		aient	eurent	eussent
battrais		batte	battis	battisse
battrais	bats	battes	battis	battisses
battrait		batte	battit	battît
battrions	battons	battions	battîmes	battissions
battriez	battez	battiez	battîtes	battissiez
battraient		battent	battirent	battissent
boirais		boive	bus	busse
boirais	bois	boives	bus	busses
boirait		boive	but	bût
boirions	buvons	buvions	bûmes	bussions
boiriez	buvez	buviez	bûtes	bussiez
boiraient		boivent	burent	bussent
commencerais		commence	commençai	commençasse
commencerais	commence	commences	commenças	commençasses
commencerait		commence	commença	commençât
commencerions	commençons	commencions	commençâmes	commençassions
commenceriez	commencez	commenciez	commençâtes	commençassiez
commenceraient		commencent	commencèrent	commençassent

Infinitif Participes	Indicatif				
	Présent	Imparfait	Passé composé		Futur
comprendre (voir **prendre**)					
conduire	conduis	conduisais	ai	conduit	conduirai
	conduis	conduisais	as	conduit	conduiras
	conduit	conduisait	a	conduit	conduira
conduisant	conduisons	conduisions	avons	conduit	conduirons
conduit	conduisez	conduisiez	avez	conduit	conduirez
	conduisent	conduisaient	ont	conduit	conduiront
connaître	connais	connaissais	ai	connu	connaîtrai
	connais	connaissais	as	connu	connaîtras
	connaît	connaissait	a	connu	connaîtra
connaissant	connaissons	connaissions	avons	connu	connaîtrons
connu	connaissez	connaissiez	avez	connu	connaîtrez
	connaissent	connaissaient	ont	connu	connaîtront
construire (voir **conduire**)					
courir	cours	courais	ai	couru	courrai
	cours	courais	as	couru	courras
	court	courait	a	couru	courra
courant	courons	courions	avons	couru	courrons
couru	courez	couriez	avez	couru	courrez
	courent	couraient	ont	couru	courront
couvrir (voir **ouvrir**)					
craindre	crains	craignais	ai	craint	craindrai
	crains	craignais	as	craint	craindras
	craint	craignait	a	craint	craindra
craignant	craignons	craignions	avons	craint	craindrons
craint	craignez	craigniez	avez	craint	craindrez
	craignent	craignaient	ont	craint	craindront
croire	crois	croyais	ai	cru	croirai
	crois	croyais	as	cru	croiras
	croit	croyait	a	cru	croira
croyant	croyons	croyions	avons	cru	croirons
cru	croyez	croyiez	avez	cru	croirez
	croient	croyaient	ont	cru	croiront

Conditionnel	Impératif	Subjonctif	Temps littéraires	
Présent		Présent	Passé simple	Imparfait du Subjonctif
conduirais		conduise	conduisis	conduisisse
conduirais	conduis	conduises	conduisis	conduisisses
conduirait		conduise	conduisit	conduisît
conduirions	conduisons	conduisions	conduisîmes	conduisissions
conduiriez	conduisez	conduisiez	conduisîtes	conduisissiez
conduiraient		conduisent	conduisirent	conduisissent
connaîtrais		connaisse	connus	connusse
connaîtrais	connais	connaisses	connus	connusses
connaîtrait		connaisse	connut	connût
connaîtrions	connaissons	connaissions	connûmes	connussions
connaîtriez	connaissez	connaissiez	connûtes	connussiez
connaîtraient		connaissent	connurent	connussent
courrais		coure	courus	courusse
courrais	cours	coures	courus	courusses
courrait		coure	courut	courût
courrions	courons	courions	courûmes	courussions
courriez	courez	couriez	courûtes	courussiez
courraient		courent	coururent	courussent
craindrais		craigne	craignis	craignisse
craindrais	crains	craignes	craignis	craignisses
craindrait		craigne	craignit	craignît
craindrions	craignons	craignions	craignîmes	craignissions
craindriez	craignez	craigniez	craignîtes	craignissiez
craindraient		craignent	craignirent	craignissent
croirais		croie	crus	crusse
croirais	crois	croies	crus	crusses
croirait		croie	crut	crût
croirions	croyons	croyions	crûmes	crussions
croiriez	croyez	croyiez	crûtes	crussiez
croiraient		croient	crurent	crussent

Infinitif Participes	Indicatif				
	Présent	Imparfait	Passé composé		Futur
cueillir	cueille	cueillais	ai	cueilli	cueillerai
	cueilles	cueillais	as	cueilli	cueilleras
	cueille	cueillait	a	cueilli	cueillera
cueillant	cueillons	cueillions	avons	cueilli	cueillerons
cueilli	cueillez	cueilliez	avez	cueilli	cueillerez
	cueillent	cueillaient	ont	cueilli	cueilleront
décevoir (voir **voir**)					
découvrir (voir **ouvrir**)					
décrire (voir **écrire**)					
déplaire (voir **plaire**)					
détruire (voir **conduire**)					
devenir (voir **venir**)					
devoir	dois	devais	ai	dû	devrai
	dois	devais	as	dû	devras
	doit	devait	a	dû	devra
devant	devons	devions	avons	dû	devrons
dû, due	devez	deviez	avez	dû	devrez
	doivent	devaient	ont	dû	devront
dire	dis	disais	ai	dit	dirai
	dis	disais	as	dit	diras
	dit	disait	a	dit	dira
disant	disons	disions	avons	dit	dirons
dit	dites	disiez	avez	dit	direz
	disent	disaient	ont	dit	diront
disparaître (voir **paraître**)					
dormir	dors	dormais	ai	dormi	dormirai
	dors	dormais	as	dormi	dormiras
	dort	dormait	a	dormi	dormira
dormant	dormons	dormions	avons	dormi	dormirons
dormi	dormez	dormiez	avez	dormi	dormirez
	dorment	dormaient	ont	dormi	dormiront

Conditionnel	Impératif	Subjonctif	Temps littéraires	
Présent		Présent	Passé simple	Imparfait du Subjonctif
cueillerais		cueille	cueillis	cueillisse
cueillerais	cueille	cueilles	cueillis	cueillisses
cueillerait		cueille	cueillit	cueillît
cueillerions	cueillons	cueillions	cueillîmes	cueillissions
cueilleriez	cueillez	cueilliez	cueillîtes	cueillissiez
cueilleraient		cueillent	cueillirent	cueillissent
devrais		doive	dus	dusse
devrais	dois	doives	dus	dusses
devrait		doive	dut	dût
devrions	devons	devions	dûmes	dussions
devriez	devez	deviez	dûtes	dussiez
devraient		doivent	durent	dussent
dirais		dise	dis	disse
dirais	dis	dises	dis	disses
dirait		dise	dit	dît
dirions	disons	disions	dîmes	dissions
diriez	dites	disiez	dîtes	dissiez
diraient		disent	dirent	dissent
dormirais		dorme	dormis	dormisse
dormirais	dors	dormes	dormis	dormisses
dormirait		dorme	dormit	dormît
dormirions	dormons	dormions	dormîmes	dormissions
dormiriez	dormez	dormiez	dormîtes	dormissiez
dormiraient		dorment	dormirent	dormissent

Infinitif Participes	Indicatif				
	Présent	**Imparfait**	**Passé composé**		**Futur**
écrire	écris	écrivais	ai	écrit	écrirai
	écris	écrivais	as	écrit	écriras
	écrit	écrivait	a	écrit	écrira
écrivant	écrivons	écrivions	avons	écrit	écrirons
écrit	écrivez	écriviez	avez	écrit	écrirez
	écrivent	écrivaient	ont	écrit	écriront
émouvoir (voir **voir**)					
s'endormir (voir **voir**)					
entretenir (voir **tenir**)					
envoyer	envoie	envoyais	ai	envoyé	enverrai
	envoies	envoyais	as	envoyé	enverras
	envoie	envoyait	a	envoyé	enverra
envoyant	envoyons	envoyions	avons	envoyé	enverrons
envoyé	envoyez	envoyiez	avez	envoyé	enverrez
	envoient	envoyaient	ont	envoyé	enverront
éteindre (voir **peindre**)					
être	suis	étais	ai	été	serai
	es	étais	as	été	seras
	est	était	a	été	sera
étant	sommes	étions	avons	été	serons
été	êtes	étiez	avez	été	serez
	sont	étaient	ont	été	seront
faire	fais	faisais	ai	fait	ferai
	fais	faisais	as	fait	feras
	fait	faisait	a	fait	fera
faisant	faisons	faisions	avons	fait	ferons
fait	faites	faisiez	avez	fait	ferez
	font	faisaient	ont	fait	feront
falloir	il faut	il fallait	il a	fallu	il faudra
fallu					
s'inscrire (voir **écrire**)					

Conditionnel	Impératif	Subjonctif	Temps littéraires	
Présent		Présent	Passé simple	Imparfait du Subjonctif
écrirais		écrive	écrivis	écrivisse
écrirais	écris	écrives	écrivis	écrivisses
écrirait		écrive	écrivit	écrivît
écririons	écrivons	écrivions	écrivîmes	écrivissions
écririez	écrivez	écriviez	écrivîtes	écrivissiez
écriraient		écrivent	écrivirent	écrivissent
enverrais		envoie	envoyai	envoyasse
enverrais	envoie	envoies	envoyas	envoyasses
enverrait		envoie	envoya	envoyât
enverrions	envoyons	envoyions	envoyâmes	envoyassions
enverriez	envoyez	envoyiez	envoyâtes	envoyassiez
enverraient		envoient	envoyèrent	envoyassent
serais		sois	fus	fusse
serais	sois	sois	fus	fusses
serait		soit	fut	fût
serions	soyons	soyons	fûmes	fussions
seriez	soyez	soyez	fûtes	fussiez
seraient		soient	furent	fussent
ferais		fasse	fis	fisse
ferais	fais	fasses	fis	fisses
ferait		fasse	fit	fît
ferions	faisons	fassions	fîmes	fissions
feriez	faites	fassiez	fîtes	fissiez
feraient		fassent	firent	fissent
il faudrait		il faille	il fallut	il fallût

Infinitif Participes	Indicatif				
	Présent	Imparfait	Passé composé		Futur
joindre	joins	joignais	ai	joint	joindrai
	joins	joignais	as	joint	joindras
	joint	joignait	a	joint	joindra
joignant	joignons	joignions	avons	joint	joindrons
joint	joignez	joigniez	avez	joint	joindrez
	joignent	joignaient	ont	joint	joindront
lire	lis	lisais	ai	lu	lirai
	lis	lisais	as	lu	liras
	lit	lisait	a	lu	lira
lisant	lisons	lisions	avons	lu	lirons
lu	lisez	lisiez	avez	lu	lirez
	lisent	lisaient	ont	lu	liront
manger	mange	mangeais	ai	mangé	mangerai
	manges	mangeais	as	mangé	mangeras
	mange	mangeait	a	mangé	mangera
mangeant	mangeons	mangions	avons	mangé	mangerons
mangé	mangez	mangiez	avez	mangé	mangerez
	mangent	mangeaient	ont	mangé	mangeront
mentir	mens	mentais	ai	menti	mentirai
	mens	mentais	as	menti	mentiras
	ment	mentait	a	menti	mentira
mentant	mentons	mentions	avons	menti	mentirons
menti	mentez	mentiez	avez	menti	mentirez
	mentent	mentaient	ont	menti	mentiront
mettre	mets	mettais	ai	mis	mettrai
	mets	mettais	as	mis	mettras
	met	mettait	a	mis	mettra
mettant	mettons	mettions	avons	mis	mettrons
mis	mettez	mettiez	avez	mis	mettrez
	mettent	mettaient	ont	mis	mettront
mourir	meurs	mourais	suis	mort(e)	mourrai
	meurs	mourais	es	mort(e)	mourras
	meurt	mourait	est	mort(e)	mourra
mourant	mourons	mourions	sommes	mort(e)s	mourrons
mort	mourez	mouriez	êtes	mort(e)(s)	mourrez
	meurent	mouraient	sont	mort(e)s	mourront

Conditionnel	Impératif	Subjonctif	Temps littéraires	
Présent		Présent	Passé simple	Imparfait du Subjonctif
joindrais		joigne	joignis	joignisse
joindrais	joins	joignes	joignis	joignisses
joindrait		joigne	joignit	joignît
joindrions	joignons	joignions	joignîmes	joignissions
joindriez	joignez	joigniez	joignîtes	joignissiez
joindraient		joignent	joignirent	joignissent
lirais		lise	lus	lusse
lirais	lis	lises	lus	lusses
lirait		lise	lut	lût
lirions	lisons	lisions	lûmes	lussions
liriez	lisez	lisiez	lûtes	lussiez
liraient		lisent	lurent	lussent
mangerais		mange	mangeai	mangeasse
mangerais	mange	manges	mangeas	mangeasses
mangerait		mange	mangea	mangeât
mangerions	mangeons	mangions	mangeâmes	mangeassions
mangeriez	mangez	mangiez	mangeâtes	mangeassiez
mangeraient		mangent	mangèrent	mangeassent
mentirais		mente	mentis	mentisse
mentirais	mens	mentes	mentis	mentisses
mentirait		mente	mentit	mentît
mentirions	mentons	mentions	mentîmes	mentissions
mentiriez	mentez	mentiez	mentîtes	mentissiez
mentiraient		mentent	mentirent	mentissent
mettrais		mette	mis	misse
mettrais	mets	mettes	mis	misses
mettrait		mette	mit	mît
mettrions	mettons	mettions	mîmes	missions
mettriez	mettez	mettiez	mîtes	missiez
mettraient		mettent	mirent	missent
mourrais		meure	mourus	mourusse
mourrais	meurs	meures	mourus	mourusses
mourrait		meure	mourut	mourût
mourrions	mourons	mourions	mourûmes	mourussions
mourriez	mourez	mouriez	mourûtes	mourussiez
mourraient		meurent	moururent	mourussent

Infinitif Participes	Indicatif				
	Présent	Imparfait	Passé composé		Futur
naître	nais	naissais	suis	né(e)	naîtrai
	nais	naissais	es	né(e)	naîtras
	naît	naissait	est	né(e)	naîtra
naissant	naissons	naissions	sommes	né(e)s	naîtrons
né	naissez	naissiez	êtes	né(e)(s)	naîtrez
	naissent	naissaient	sont	né(e)s	naîtront
offrir	offre	offrais	ai	offert	offrirai
	offres	offrais	as	offert	offriras
	offre	offrait	a	offert	offrira
offrant	offrons	offrions	avons	offert	offrirons
offert	offrez	offriez	avez	offert	offrirez
	offrent	offraient	ont	offert	offriront
ouvrir	ouvre	ouvrais	ai	ouvert	ouvrirai
	ouvres	ouvrais	as	ouvert	ouvriras
	ouvre	ouvrait	a	ouvert	ouvrira
ouvrant	ouvrons	ouvrions	avons	ouvert	ouvrirons
ouvert	ouvrez	ouvriez	avez	ouvert	ouvrirez
	ouvrent	ouvraient	ont	ouvert	ouvriront
paraître	parais	paraissais	ai	paru	paraîtrai
	parais	paraissais	as	paru	paraîtras
	paraît	paraissait	a	paru	paraîtra
paraissant	paraissons	paraissions	avons	paru	paraîtrons
paru	paraissez	paraissiez	avez	paru	paraîtrez
	paraissent	paraissaient	ont	paru	paraîtront
partir	pars	partais	suis	parti(e)	partirai
	pars	partais	es	parti(e)	partiras
	part	partait	est	parti(e)	partira
partant	partons	partions	sommes	parti(e)s	partirons
parti	partez	partiez	êtes	parti(e)(s)	partirez
	partent	partaient	sont	parti(e)s	partiront
payer	paie	payais	ai	payé	paierai
	paies	payais	as	payé	paieras
	paie	payait	a	payé	paiera
payant	payons	payions	avons	payé	paierons
payé	payez	payiez	avez	payé	paierez
	paient	payaient	ont	payé	paieront

Conditionnel	Impératif	Subjonctif	Temps littéraires	
Présent		Présent	Passé simple	Imparfait du Subjonctif
naîtrais		naisse	naquis	naquisse
naîtrais	nais	naisses	naquis	naquisses
naîtrait		naisse	naquit	naquît
naîtrions	naissons	naissions	naquîmes	naquissions
naîtriez	naissez	naissiez	naquîtes	naquissiez
naîtraient		naissent	naquirent	naquissent
offrirais		offre	offris	offrisse
offrirais	offre	offres	offris	offrisses
offrirait		offre	offrit	offrît
offririons	offrons	offrions	offrîmes	offrissions
offririez	offrez	offriez	offrîtes	offrissiez
offriraient		offrent	offrirent	offrissent
ouvrirais		ouvre	ouvris	ouvrisse
ouvrirais	ouvre	ouvres	ouvris	ouvrisses
ouvrirait		ouvre	ouvrit	ouvrît
ouvririons	ouvrons	ouvrions	ouvrîmes	ouvrissions
ouvririez	ouvrez	ouvriez	ouvrîtes	ouvrissiez
ouvriraient		ouvrent	ouvrirent	ouvrissent
paraîtrais		paraisse	parus	parusse
paraîtrais	parais	paraisses	parus	parusses
paraîtrait		paraisse	parut	parût
paraîtrions	paraissons	paraissions	parûmes	parussions
paraîtriez	paraissez	paraissiez	parûtes	parussiez
paraîtraient		paraissent	parurent	parussent
partirais		parte	partis	partisse
partirais	pars	partes	partis	partisses
partirait		parte	partit	partît
partirions	partons	partions	partîmes	partissions
partiriez	partez	partiez	partîtes	partissiez
partiraient		partent	partirent	partissent
paierais		paie	payai	payasse
paierais	paie	paies	payas	payasses
paierait		paie	paya	payât
paierions	payons	payions	payâmes	payassions
paieriez	payez	payiez	payâtes	payassiez
paieraient		paient	payèrent	payassent

Infinitif Participes	Indicatif				
	Présent	Imparfait	Passé composé		Futur
peindre	peins	peignais	ai	peint	peindrai
	peins	peignais	as	peint	peindras
	peint	peignait	a	peint	peindra
peignant	peignons	peignions	avons	peint	peindrons
peint	peignez	peigniez	avez	peint	peindrez
	peignent	peignaient	ont	peint	peindront
permettre (voir **mettre**)					
plaindre (voir **craindre**)					
plaire	plais	plaisais	ai	plu	plairai
	plais	plaisais	as	plu	plairas
	plaît	plaisait	a	plu	plaira
plaisant	plaisons	plaisions	avons	plu	plairons
plu	plaisez	plaisiez	avez	plu	plairez
	plaisent	plaisaient	ont	plu	plairont
pleuvoir	il pleut	il pleuvait	il a	plu	il pleuvra
pleuvant					
plu					
pouvoir	peux, puis	pouvais	ai	pu	pourrai
	peux	pouvais	as	pu	pourras
	peut	pouvait	a	pu	pourra
pouvant	pouvons	pouvions	avons	pu	pourrons
pu	pouvez	pouviez	avez	pu	pourrez
	peuvent	pouvaient	ont	pu	pourront
préférer	préfère	préférais	ai	préféré	préférerai
	préfères	préférais	as	préféré	préféreras
	préfère	préférait	a	préféré	préférera
préférant	préférons	préférions	avons	préféré	préférerons
préféré	préférez	préfériez	avez	préféré	préférerez
	préfèrent	préféraient	ont	préféré	préféreront
prendre	prends	prenais	ai	pris	prendrai
	prends	prenais	as	pris	prendras
	prend	prenait	a	pris	prendra
prenant	prenons	prenions	avons	pris	prendrons
pris	prenez	preniez	avez	pris	prendrez
	prennent	prenaient	ont	pris	prendront

Conditionnel	Impératif	Subjonctif	Temps littéraires	
Présent		Présent	Passé simple	Imparfait du Subjonctif
peindrais		peigne	peignis	peignisse
peindrais	peins	peignes	peignis	peignisses
peindrait		peigne	peignit	peignît
peindrions	peignons	peignions	peignîmes	peignissions
peindriez	peignez	peigniez	peignîtes	peignissiez
peindraient		peignent	peignirent	peignissent
plairais		plaise	plus	plusse
plairais	plais	plaises	plus	plusses
plairait		plaise	plut	plût
plairions	plaisons	plaisions	plûmes	plussions
plairiez	plaisez	plaisiez	plûtes	plussiez
plairaient		plaisent	plurent	plussent
il pleuvrait		il pleuve	il plut	il plût
pourrais		puisse	pus	pusse
pourrais		puisses	pus	pusses
pourrait		puisse	put	pût
pourrions		puissions	pûmes	pussions
pourriez		puissiez	pûtes	pussiez
pourraient		puissent	purent	pussent
préférerais		préfère	préférai	préférasse
préférerais	préfère	préfères	préféras	préférasses
préférerait		préfère	préféra	préférât
préférerions	préférons	préférions	préférâmes	préférassions
préféreriez	préférez	préfériez	préférâtes	préférassiez
préféreraient		préfèrent	préférèrent	préférassent
prendrais		prenne	pris	prisse
prendrais	prends	prennes	pris	prisses
prendrait		prenne	prit	prît
prendrions	prenons	prenions	prîmes	prissions
prendriez	prenez	preniez	prîtes	prissiez
prendraient		prennent	prirent	prissent

Infinitif Participes	Indicatif				
	Présent	Imparfait	Passé composé		Futur
prévoir (voir **voir**)					
produire (voir **conduire**)					
promettre (voir **mettre**)					
recevoir	reçois	recevais	ai	reçu	recevrai
	reçois	recevais	as	reçu	recevras
	reçoit	recevait	a	reçu	recevra
recevant	recevons	recevions	avons	reçu	recevrons
reçu	recevez	receviez	avez	reçu	recevrez
	reçoivent	recevaient	ont	reçu	recevront
reconnaître (voir **connaître**)					
rejoindre (voir **joindre**)					
repeindre (voir **peindre**)					
retenir (voir **tenir**)					
revenir (voir **venir**)					
revoir (voir **voir**)					
rire	ris	riais	ai	ri	rirai
	ris	riais	as	ri	riras
	rit	riait	a	ri	rira
riant	rions	riions	avons	ri	rirons
ri	riez	riiez	avez	ri	rirez
	rient	riaient	ont	ri	riront
savoir	sais	savais	ai	su	saurai
	sais	savais	as	su	sauras
	sait	savait	a	su	saura
sachant	savons	savions	avons	su	saurons
su	savez	saviez	avez	su	saurez
	savent	savaient	ont	su	sauront

Conditionnel	Impératif	Subjonctif	Temps littéraires	
Présent		Présent	Passé simple	Imparfait du Subjonctif
recevrais		reçoive	reçus	reçusse
recevrais	reçois	reçoives	reçus	reçusses
recevrait		reçoive	reçut	reçût
recevrions	recevons	recevions	reçûmes	reçussions
recevriez	recevez	receviez	reçûtes	reçussiez
recevraient		reçoivent	reçurent	reçussent
rirais		rie	ris	risse
rirais	ris	ries	ris	risses
rirait		rie	rit	rît
ririons	rions	riions	rîmes	rissions
ririez	riez	riiez	rîtes	rissiez
riraient		rient	rirent	rissent
saurais		sache	sus	susse
saurais	sache	saches	sus	susses
saurait		sache	sut	sût
saurions	sachons	sachions	sûmes	sussions
sauriez	sachez	sachiez	sûtes	sussiez
sauraient		sachent	surent	sussent

Infinitif Participes	Indicatif				
	Présent	Imparfait	Passé composé		Futur
sentir	sens	sentais	ai	senti	sentirai
	sens	sentais	as	senti	sentiras
	sent	sentait	a	senti	sentira
sentant	sentons	sentions	avons	senti	sentirons
senti	sentez	sentiez	avez	senti	sentirez
	sentent	sentaient	ont	senti	sentiront
servir	sers	servais	ai	servi	servirai
	sers	servais	as	servi	serviras
	sert	servait	a	servi	servira
servant	servons	servions	avons	servi	servirons
servi	servez	serviez	avez	servi	servirez
	servent	servaient	ont	servi	serviront
sortir	sors	sortais	suis	sorti(e)	sortirai
	sors	sortais	es	sorti(e)	sortiras
	sort	sortait	est	sorti(e)	sortira
sortant	sortons	sortions	sommes	sorti(e)s	sortirons
sorti	sortez	sortiez	êtes	sorti(e)(s)	sortirez
	sortent	sortaient	sont	sorti(e)s	sortiront
souffrir (voir **offrir**)					
sourire (voir **rire**)					
se souvenir (voir **venir**)					
suivre	suis	suivais	ai	suivi	suivrai
	suis	suivais	as	suivi	suivras
	suit	suivait	a	suivi	suivra
suivant	suivons	suivions	avons	suivi	suivrons
suivi	suivez	suiviez	avez	suivi	suivrez
	suivent	suivaient	ont	suivi	suivront
surprendre (voir **prendre**)					
se taire	tais	taisais	suis	tu(e)	tairai
	tais	taisais	es	tu(e)	tairas
	tait	taisait	est	tu(e)	taira
taisant	taisons	taisions	sommes	tu(e)s	tairons
tu	taisez	taisiez	êtes	tu(e)(s)	tairez
	taisent	taisaient	sont	tu(e)s	tairont

Conditionnel	**Impératif**	**Subjonctif**	**Temps littéraires**	
Présent		**Présent**	**Passé simple**	**Imparfait du Subjonctif**
sentirais		sente	sentis	sentisse
sentirais	sens	sentes	sentis	sentisses
sentirait		sente	sentit	sentît
sentirions	sentons	sentions	sentîmes	sentissions
sentiriez	sentez	sentiez	sentîtes	sentissiez
sentiraient		sentent	sentirent	sentissent
servirais		serve	servis	servisse
servirais	sers	serves	servis	servisses
servirait		serve	servit	servît
servirions	servons	servions	servîmes	servissions
serviriez	servez	serviez	servîtes	servissiez
serviraient		servent	servirent	servissent
sortirais		sorte	sortis	sortisse
sortirais	sors	sortes	sortis	sortisses
sortirait		sorte	sortit	sortît
sortirions	sortons	sortions	sortîmes	sortissions
sortiriez	sortez	sortiez	sortîtes	sortissiez
sortiraient		sortent	sortirent	sortissent
suivrais		suive	suivis	suivisse
suivrais	suis	suives	suivis	suivisses
suivrait		suive	suivit	suivît
suivrions	suivons	suivions	suivîmes	suivissions
suivriez	suivez	suiviez	suivîtes	suivissiez
suivraient		suivent	suivirent	suivissent
tairais		taise	tus	tusse
tairais	tais	taises	tus	tusses
tairait		taise	tut	tût
tairions	taisons	taisions	tûmes	tussions
tairiez	taisez	taisiez	tûtes	tussiez
tairaient		taisent	turent	tussent

Infinitif Participes	**Indicatif**				
	Présent	**Imparfait**	**Passé composé**		**Futur**
tenir	tiens	tenais	ai	tenu	tiendrai
	tiens	tenais	as	tenu	tiendras
	tient	tenait	a	tenu	tiendra
tenant	tenons	tenions	avons	tenu	tiendrons
tenu	tenez	teniez	avez	tenu	tiendrez
	tiennent	tenaient	ont	tenu	tiendront
traduire (voir **conduire**)					
valoir	vaux	valais	ai	valu	vaudrai
	vaux	valais	as	valu	vaudras
	vaut	valait	a	valu	vaudra
valant	valons	valions	avons	valu	vaudrons
valu	valez	valiez	avez	valu	vaudrez
	valent	valaient	ont	valu	vaudront
venir	viens	venais	suis	venu(e)	viendrai
	viens	venais	es	venu(e)	viendras
	vient	venait	est	venu(e)	viendra
venant	venons	venions	sommes	venu(e)s	viendrons
venu	venez	veniez	êtes	venu(e)(s)	viendrez
	viennent	venaient	sont	venu(e)s	viendront
vivre	vis	vivais	ai	vécu	vivrai
	vis	vivais	as	vécu	vivras
	vit	vivait	a	vécu	vivra
vivant	vivons	vivions	avons	vécu	vivrons
vécu	vivez	viviez	avez	vécu	vivrez
	vivent	vivaient	ont	vécu	vivront
voir	vois	voyais	ai	vu	verrai
	vois	voyais	as	vu	verras
	voit	voyait	a	vu	verra
voyant	voyons	voyions	avons	vu	verrons
vu	voyez	voyiez	avez	vu	verrez
	voient	voyaient	ont	vu	verront
vouloir	veux	voulais	ai	voulu	voudrai
	veux	voulais	as	voulu	voudras
	veut	voulait	a	voulu	voudra
voulant	voulons	voulions	avons	voulu	voudrons
voulu	voulez	vouliez	avez	voulu	voudrez
	veulent	voulaient	ont	voulu	voudront

Conditionnel	Impératif	Subjonctif	Temps littéraires	
Présent		Présent	Passé simple	Imparfait du Subjonctif
tiendrais		tienne	tins	tinsse
tiendrais	tiens	tiennes	tins	tinsses
tiendrait		tienne	tint	tînt
tiendrions	tenons	tenions	tînmes	tinssions
tiendriez	tenez	teniez	tîntes	tinssiez
tiendraient		tiennent	tinrent	tinssent
vaudrais		vaille	valus	valusse
vaudrais	vaux	vailles	valus	valusses
vaudrait		vaille	valut	valût
vaudrions	valons	valions	valûmes	valussions
vaudriez	valez	valiez	valûtes	valussiez
vaudraient		vaillent	valurent	valussent
viendrais		vienne	vins	vinsse
viendrais	viens	viennes	vins	vinsses
viendrait		vienne	vint	vînt
viendrions	venons	venions	vînmes	vinssions
viendriez	venez	veniez	vîntes	vinssiez
viendraient		viennent	vinrent	vinssent
vivrais		vive	vécus	vécusse
vivrais	vis	vives	vécus	vécusses
vivrait		vive	vécut	vécût
vivrions	vivons	vivions	vécûmes	vécussions
vivriez	vivez	viviez	vécûtes	vécussiez
vivraient		vivent	vécurent	vécussent
verrais		voie	vis	visse
verrais	vois	voies	vis	visses
verrait		voie	vit	vît
verrions	voyons	voyions	vîmes	vissions
verriez	voyez	voyiez	vîtes	vissiez
verraient		voient	virent	vissent
voudrais		veuille	voulus	voulusse
voudrais	veuille	veuilles	voulus	voulusses
voudrait		veuille	voulut	voulût
voudrions	veuillons	voulions	voulûmes	voulussions
voudriez	veuillez	vouliez	voulûtes	voulussiez
voudraient		veuillent	voulurent	voulussent

Answers to Chapter at a Glance Sections

Chapter 2

I. 1. vous flirtez
2. nous finissons
3. vous mentez
4. ils répondent
5. je bois
6. ils vont
7. ils craignent
8. nous mettons
9. vous apprenez
10. nous divorçons
11. tu achètes
12. elles emploient

II. 1. b
2. a
3. b

III. 1. *Depuis quand* Christine flirte-t-elle avec mon petit ami ?
2. *Depuis combien de temps* sortez-vous avec Alain ?

IV. 1. Brigitte vient de trouver une maison.
2. Ils viennent de se marier.

V. 1. *Choisis* (*Choisissez*) une carrière !
2. *Réponds* (*Répondez*) tout de suite !
3. *Faisons* la vaisselle.
4. *Suivons* un régime.

VI. 1. *N'*allons *pas* au cinéma !
2. *Ne* faites *pas* votre lit !

VII. 1. *Tiens !* J'ai une bonne idée !
2. *Voyons !* Vous n'êtes pas vraiment sérieuse !
3. *Tiens !* Il pleut !

VIII. 1. Louise *les* déteste.
2. Elle n'*en* parle jamais.
3. Elles veulent *y* habiter.
4. Ne *lui* parlez pas !

IX. 1. Robert *lui en* donne.
2. Laure *le leur* a annoncé.

X. 1. Je suis sûr que Madeleine est amoureuse de *lui !*
2. *Vous et moi* (OR *Toi et moi*), nous sommes toujours en retard.

XI. 1. Votre sœur est-elle indépendante ? — Oui, *elle l'est.*
2. Hélène et Barbara sont-elles ambitieuses ? — Non, *elles ne le sont pas.*

Chapter 3

I.
1. communication/*féminin*
2. biologie/*féminin*
3. latin/*masculin*
4. Californie/*féminin*
5. promesse/*féminin*
6. travail/*masculin*
7. moment/*masculin*
8. symbolisme/*masculin*

II.
1. l'ami l'*amie*
2. l'oncle la *tante*
3. l'acteur l'*actrice*
4. le chat la *chatte*

III.
1. la mère/*les mères*
2. l'œil/*les yeux*
3. le fils/*les fils*
4. le bijou/*les bijoux*
5. le journal/*les journaux*
6. le feu/*les feux*

IV.
1. *Le peuple* américain respecte la famille.
2. Il y avait dix *personnes* à notre réunion de famille.
3. Ces vieilles *gens* sont très sympathiques.

V.
1. *Les parents* devraient-ils jouer avec leurs enfants ?
2. *Le petit Robert* est impossible *le matin.*

VI.
1. Paris se trouve *en* France.
2. La Nouvelle-Orléans se trouve *en* Louisiane.
3. New York se trouve *aux* Etats-Unis.
4. Londres se trouve *en* Angleterre.
5. Les Champs-Elysées se trouvent *à* Paris.
6. Tokyo se trouve *au* Japon.

VII.
1. *Les* enfants ont-ils *des* obligations envers leurs parents ?
2. J'ai *des* tantes qui adorent *les* chats.

VIII.
1. Il a deux sœurs mais il n'a pas *de* frères.
2. Les Mercier font beaucoup *de* sacrifices pour leurs enfants.
3. Je connais *des* enfants qui n'obéissent pas à leurs parents.
4. Ma camarade de chambre a *de* bons rapports avec sa famille.
5. Avez-vous souvent *des* disputes avec vos parents ?

IX.
1. Quand votre famille va-t-elle revenir *de* France ?
2. Mon avion part *des* Etats-Unis la semaine prochaine.
3. Mon camarade de chambre vient *du* Canada.
4. Ma cousine vient *de* Saint-Louis.

Chapter 4

I. 1. je me lave
2. tu te couches
3. elle s'habille
4. nous nous parlons
5. vous vous endormez
6. ils se téléphonent

II. 1. *Ne* vous asseyez *pas.*
2. *Ne* te dépêche *pas !*
3. *Ne* nous marions *pas !*

III. 1. Ils s'écoutent.
2. Nous nous regardons.

IV. 1. *Nous nous rappelons* (OR *Nous nous souvenons de)* la pollution à Los Angeles.
2. Oui, *je me souviens de* (OR *je me rappelle)* Geneviève !

V. 1. nous avons visité
2. ils ont entendu
3. j'ai fini
4. nous avons dit
5. j'ai fait
6. tu as pris
7. elle est allée
8. elles se sont promenées
9. ils se sont parlé

VI. 1. je dansais
2. tu allais
3. elle choisissait
4. nous étions
5. vous aviez
6. elles nageaient

VII. 1. Elle *a entendu* un oiseau chanter dans les arbres.
2. Ils *parlaient* de l'ambiance poétique de Paris.
3. Quand il *était* plus jeune, il *regardait* ce lac pendant des heures !
4. Hier le ciel *était* bleu et l'air *était* frais.
5. Oui, nous *avons vu* un artiste célèbre à Montmartre !
6. Ils *attendaient* depuis une heure quand ils ont vu le train arriver.

VIII. Le mois dernier ma famille et moi *sommes allés*[1] à la campagne. Il *faisait*[2] beau et le ciel *était*[3] bleu. Alors nous *avons décidé*[4] de faire un pique-nique dans le bois. Pendant que nous *déjeunions,*[5] nous *avons entendu*[6] un bruit étrange derrière nous. Nous *nous sommes retournés*[7] et nous *avons vu*[8] un ours qui s'*approchait*[9] de nous ! Il *était*[10] très grand et *avait*[11] l'air méchant ! Nous *nous sommes levés*[12] tout de suite et nous *avons couru*[13] jusqu'à la voiture. L'ours *a mangé*[14] tous les sandwiches !

IX. 1. *Nous sommes sorti(e)s* du bar à trois heures du matin.
2. Où *avez-vous laissé* votre chapeau ?
3. Nous *avons quitté* la ville à cause du bruit.

X. 1. Ils *venaient de finir* (OR *venaient de terminer*) l'examen quand le professeur a ramassé les copies.
2. Nous *venions de visiter* New York quand il a commencé à pleuvoir.

Chapter 5

I. 1. *Respecte-t-il* les pauvres ?
2. Ces ouvriers *vont-ils* faire la grève ?
3. Cette jeune fille *a-t-elle* de la classe ?
4. Ses parents *ont-ils gagné* beaucoup d'argent ?

II. 1. *Est-ce qu'il respecte* les pauvres ? Il respecte les pauvres, *n'est-ce pas ?*
2. *Est-ce qu'une société* sans classes *est* possible ? Une société sans classes est possible, *n'est-ce pas ?*
3. *Est-ce que cette jeune fille a* de la classe ? Cette jeune fille a de la classe, *n'est-ce pas ?*
4. *Est-ce que ses parents ont gagné* beaucoup d'argent ? Ses parents ont gagné beaucoup d'argent, *n'est-ce pas ?*

III. 1. *Pourquoi ira-t-il* loin ? OR *Pourquoi est-ce qu'il ira* loin ?
2. *Comment est* ce vendeur ? OR *Comment* ce vendeur *est-il ?*
3. *Où* ce snob *habite-t-il ?* OR *Où est-ce que* ce snob *habite ?* OR *Où habite* ce snob ?
4. *Quand* le patron *est-il arrivé ?* OR *Quand est-ce que* le patron *est arrivé ?*

IV. 1. *Qu'est-ce qu'il est devenu* après ses études ?
OR *Qu'est-il devenu* après ses études ?
2. *Qu'est-ce qui l'intéresse* beaucoup ?
3. *Qui (*OR *Qui est-ce qui)* a une grande fortune ?

V. 1. *Quel* mauvais patron !
2. *Laquelle* de ces jeunes filles a de si bonnes manières ?

VI. 1. *Qu'est-ce que (*OR *Qu'est-ce que c'est que)* la bourgeoisie ?
2. *Quelle est* la date aujourd'hui ?

VII. 1. Elle *n'*est *pas* vendeuse.
2. *Ne* jouent-ils *pas* au bridge ce soir ?
3. Je *n'*aime *pas* critiquer les gens.
4. Pourquoi *ne* suis-je *pas* né riche ?
5. Il est important de *ne pas* être snob.

VIII. 1. Je *ne* suis *jamais* allé à l'opéra.
2. Je *ne* veux *plus* de bière.

IX. 1. Ce millionnaire *n'*a *rien* fait pour aider les pauvres.
2. *Personne ne* veut vivre dans la misère.

X. 1. Elle *n'*est vulgaire *qu'*avec ses amies.
2. Elle *n'*aime *que* les gens cultivés.

XI. 1. Ils *n'*ont *aucune* intention de partir.
2. *Aucune* classe sociale *n'*est parfaite.
3. Il *ne* veut devenir *ni* médecin *ni* avocat.

XII. 1. Je crois que non.
2. Il n'y a rien d'intéressant ici !
3. Merci. — De rien.
OR Merci. — Il n'y a pas de quoi.

Chapter 6

I. 1. responsable/*responsable*
2. privé/*privée*
3. ambitieux/*ambitieuse*
4. lucratif/*lucrative*
5. long/*longue*
6. blanc/*blanche*
7. gros/*grosse*
8. doux/*douce*
9. gentil/*gentille*
10. beau/*belle*

II. 1. les employés ambitieux
2. les candidats qualifiés
3. les nouveaux directeurs
4. les sénateurs libéraux

III. 1. un ministre *intelligent*
2. une *bonne* ambiance
3. l'*ancien* président
4. une *vieille* usine *italienne*

IV. 1. des réformes *sociales*
2. un homme et une femme *honnêtes*
3. une *demi*-heure

V. 1. Cet homme d'affaires a l'air raisonnable.
2. L'argent la rend heureuse.

VI. 1. facile/*facilement*
2. sérieux/*sérieusement*
3. patient/*patiemment*
4. meilleur/*mieux*
5. bon/*bien*

VII. 1. On parle beaucoup de ce sénateur.
2. On l'a déjà acheté.
3. On est moralement responsable de ses actions.

VIII. 1. Peut-être votre travail est-il permanent.
OR Peut-être que votre travail est permanent.
2. Peut-être le directeur a-t-il compris son erreur.
OR Peut-être que le directeur a compris son erreur.

IX. 1. Je pense que *tous* les employés sont compétents.
2. Il a perdu *toute* sa fortune.
3. *Tout* le monde est venu.

X. 1. Les députés sont *tous* venus.
2. Les secrétaires sont *toutes* allées au restaurant.

XI. 1. La faillite est *moins* agréable que la fortune.
2. Le travail est *plus* souhaitable *que* le chômage.

XII. 1. la plus jeune femme d'affaires
2. l'homme politique le plus libéral

XIII. 1. Mon ordinateur marche *mieux* que le vôtre.
2. Bien sûr, c'est le *meilleur* ouvrier de l'usine !

Chapter 7

I.

	le futur	le conditionnel
1.	je mangerai	je mangerais
2.	tu sortiras	tu sortirais
3.	elle vendra	elle vendrait
4.	nous ferons	nous ferions
5.	vous serez	vous seriez
6.	elles auront	elles auraient

II.

	le futur antérieur	le conditionnel passé	le plus-que-parfait
1.	j'aurai visité	j'aurais visité	j'avais visité
2.	tu auras menti	tu aurais menti	tu avais menti
3.	il aura attendu	il aurait attendu	il avait attendu
4.	nous aurons promis	nous aurions promis	nous avions promis
5.	vous serez venu(e)(s)	vous seriez venu(e)(s)	vous étiez venu(e)(s)
6.	ils seront partis	ils seraient partis	ils étaient partis

III. 1. Je suis sûr que notre recette *gagnera* le prix.
2. Quand j'*irai* à Tours, je visiterai les châteaux de la Loire.
3. Ce garçon *aura dépensé* tout son argent avant d'être payé !

IV. 1. Si j'étais à votre place, je *ne sortirais pas* avec elle.
2. Henri ne savait pas que Renée *avait déjà acheté* le vin.
3. Si ce couturier *avait fait* cela, il *n'aurait pas vendu* une seule robe !

V. 1. Quand ce chef était jeune, il *parlait* toujours de cuisine.
2. L'architecte a dit qu'il *arriverait* à dix heures.

VI. 1. Non, elle n'est pas obligée d'acheter ces vêtements en solde, mais elle *devrait* le faire !
2. Cet ambassadeur *devait* faire beaucoup de voyages à Washington.
3. Il *a dû* (OR *devait*) mettre un chapeau parce qu'il faisait froid.
4. Un gourmet *ne devrait pas* être un glouton !
5. Janine *n'aurait pas dû* prendre cette photo.
6. Un professeur *doit* avoir beaucoup de patience.
7. Isabelle *devait* servir du caviar, mais ça coûte trop cher !
8. Pourquoi as-tu fait ça ? Tu *dois* être fou !
9. J'ai mal au ventre. J'*ai dû* manger trop de fromage.
10. Je *dois* partir tout de suite.
11. Le président *doit* arriver bientôt.

Chapter 8

I. 1. Comment ! Nous avons perdu les chèques de voyage *qui* étaient dans nos valises ?
2. Voilà la belle étrangère *que* nous avons vue à Versailles.

II. 1. Expliquez-nous *ce que* vous avez vu en France.
2. Quel gourmand ! La cuisine française est tout *ce qui* l'intéresse !

III. 1. Je vous présente Anne-Marie, la femme avec *qui* je compte visiter le Sénégal.
2. Voici l'argent avec *lequel* je vais acheter les souvenirs.

IV. 1. Je sais à *quoi* vous pensez.
2. Elle m'a dit « Bonjour » au moment *où* elle m'a vu.

V. 1. Voici le touriste désagréable *dont* je parlais.
2. C'est *ce dont* il est si fier !

VI. 1. Il est francophone ? *Qu'est-ce que* cela signifie ?
2. Voici *ce qu*'on a trouvé dans sa chambre !
3. Voilà la femme bizarre *que* j'ai rencontrée au Louvre.
4. *Qui* avez-vous vu pendant les vacances ?

VII. 1. Idiot ! *N'importe qui* pourrait lire cette carte !
2. Ce francophile ferait *n'importe quoi* pour visiter la Martinique.

VIII. 1. *cette* dame
2. *cet* étranger
3. *Ces coutumes-ci* nous sont familières mais *ces coutumes-là* nous sont étrangères.
4. *ce* livre
5. *ces* maisons

IX. 1. *Celui* qui a l'esprit ouvert n'aura pas de problèmes.
2. Geneviève et Marguerite sont des touristes très différentes : *celle-ci* est gentille tandis que *celle-là* est insolente !
3. Quelles photos préférez-vous, *celles* de Gisèle ou *celles* de Marc ?

X. 1. *Ça* (OR *Cela)* m'est égal.
2. Faisons un échange ! Si vous me donnez *ceci* (OR *cela)* je vous donne *cela* (OR *ceci).*

XI. 1. Sont-*elles* françaises ou canadiennes ?
2. *C'*est une excursion qu'il faut faire !
3. *Ce* sont les beaux souvenirs dont nous avons parlé.
4. *C'*est ma carte d'identité.

XII. 1. *Il est* (OR *C'est*) intéressant *de* comparer deux cultures différentes.
2. Vous êtes-vous jamais senti seul ? — Oui, et *c'est* difficile *à* supporter !

XIII. 1. Nous avons rendu visite à nos parents *ce matin-là.*
2. Nous passons *ce mois-ci* à la Guadeloupe.
3. Il est parti *le lendemain.*
4. Moi, je pars *demain.*

Chapter 9

I. 1. parler
   a. que je parle
   b. que tu parles
   c. qu'elle parle
   d. que nous parlions
   e. que vous parliez
   f. qu'elles parlent
2. que je fasse
3. que tu réfléchisses
4. qu'il réponde
5. que nous criions
6. que vous veniez
7. qu'ils viennent

II. 1. bavarder
   a. que j'aie bavardé
   b. que tu aies bavardé
   c. qu'elle ait bavardé
   d. que nous ayons bavardé
   e. que vous ayez bavardé
   f. qu'elles aient bavardé
2. partir
   a. que je sois parti(e)
   b. que tu sois parti(e)
   c. qu'elle soit partie
   d. que nous soyons parti(e)s
   e. que vous soyez parti(e)(s)
   f. qu'elles soient parties

III. 1. Faut-il que nous *parlions* français pour bien comprendre la culture française ?
2. Je voudrais que vous *allumiez* la télé.
3. Je suis contente qu'il *fasse* plus beau demain.
4. Il est désolé que vous *n'ayez pas perfectionné* votre accent à Paris l'année dernière.

IV. 1. Je suis étonnée que vous ne *compreniez* pas l'argot. (*subj*)
2. Elle sait que nous nous *fâcherons* quand nous apprendrons cette nouvelle ! (*ind*)
3. Je suis heureux que vous *soyez venu(e)(s)* hier. (*subj*)
4. Il est vrai qu'on *apprécie* mieux sa propre langue après avoir étudié une langue étrangère. (*ind*)
5. Il faut que vous vous *exprimiez* lentement mais correctement. (*subj*)
6. Bien que nous nous *disputions* de temps en temps, nous nous tutoyons toujours. (*subj*)
7. Je suis certain que *nous sommes* abonnés à *L'Express.* (*ind*)
8. Vous n'apprendrez pas une langue en une semaine, qui que vous *soyez.* (*subj*)
9. Je pense que cette émission *est* bête. (*ind*)
10. Croyez-vous que ce journaliste *soit* malhonnête ? (*subj*)
11. Y a-t-il un étudiant qui *sache* toute la grammaire française ? (*subj*)
12. Est-ce la meilleure plaisanterie que *vous ayez jamais entendue ?* (*subj*)

V. 1. Je voudrais *être* polyglotte un jour.
2. Je voudrais que vous *lisiez* l'éditorial de ce journal.
3. Faut-il que nous *payions* la publicité ?
4. Il faut *manger* pour vivre et non pas vivre pour manger !
5. Parlez plus fort pour que je *puisse* vous entendre !
6. Il est parfois important de *parler* couramment une langue étrangère.

Chapter 10

I. 1. *mon* livre
2. *sa* maison
3. *son* imagination
4. *notre* bibliothèque
5. *vos* (OR *tes*) romans
6. *leurs* idées

II. 1. Cette actrice ne se lave jamais *les* cheveux !
2. *Son* poète favori est Baudelaire.

III. 1. L'imagination de cet écrivain est moins riche que *la vôtre* (OR *la tienne*).
2. Cet auteur aime bien critiquer les romans des autres, mais il ne veut pas qu'on critique *les siens* !

IV. 1. Voyons ! Ce roman policier *n'est pas à vous* (OR *à toi*) !
2. Mais si ! Il *est à moi* !

V. 1. *La pièce de Racine* est une tragédie.
2. *Les idées de vos amis* (OR *de tes amis*) me scandalisent !

VI. 1. Je crois qu'elle *a mal à la tête.*
2. L'acteur n'a pas joué parce qu'il *était* (OR *a été*) *malade.*

VII. 1. derrière l'arbre
2. contre la maison
3. entre nous
4. au milieu de sa chambre
5. près de la bibliothèque

VIII. 1. Mon livre est *sur la table à côté de la fenêtre.*
2. Je peux lire ce best-seller *en une heure !*
3. Cette actrice *aux yeux bruns* est très gentille.

IX. 1. Nous avons trois romans *à* lire cette semaine.
2. Ce romancier a essayé *de* scandaliser le public mais il n'a pas réussi *à* le faire.
3. Voulez-vous assister au spectacle avec moi ? (*no preposition*)
4. Dans ce roman il s'agit d'un homme qui refuse *de* mentir.
5. Mon ami m'a conseillé *de* suivre un cours de littérature.

X. 1. Je *cherche* un livre de poche intéressant.
2. *Nous nous intéressons à* la littérature moderne.
3. Les spectateurs *rient de* vous parce que vous *ressemblez à* Charlie Chaplin !

XI. 1. Que pensez-vous *de* Balzac ?
2. Un acteur pense toujours *à* son public.
3. La littérature pornographique manque souvent *de* valeur artistique.
4. Juliette manque beaucoup *à* Roméo.

XII. 1. Ils vont au spectacle *à* bicyclette.
2. Nous allons au festival d'Avignon *en* bateau.

Chapter 11

I. 1. Cette chanson folklorique *est chantée par* un groupe sensationnel.
2. Le morceau de Debussy *sera joué par* un pianiste américain.
3. Cette farce *a été écrite* au Moyen Age.

II. 1. Le grand public a été scandalisé par ce documentaire violent.
2. Deux rôles seront joués par cet acteur.

III. 1. On a filmé cette scène en noir et blanc.
2. Comment ! On a censuré le dessin animé de Disney ?

IV. 1. Ça se fait facilement.
2. Cela (Ça) ne se dit pas en français.

V. 1. écouter/*écoutant*
2. finir/*finissant*
3. vendre/*vendant*
4. faire/*faisant*
5. avoir/*ayant*
6. vouloir/*voulant*

VI. 1. *Etant* amateur de musique, il est allé au concert.
2. Ce compositeur buvait de la bière *en composant* une chanson à boire.
3. Quelle chanson *touchante !*

VII. 1. Il passe plus de temps à *regarder* les westerns à la télévision qu'à *étudier !*
2. Comment peut-elle regarder ce film *sans rire ?*
3. Je l'ai entendu *chanter* une chanson sentimentale au cabaret.

VIII. 1. Il fait laver sa voiture.
2. Le fait-il faire tout de suite ?
OR Est-ce qu'il le fait faire tout de suite ?
3. Il a fait sortir (partir) son ami(e).

Vocabularies

French-English Vocabulary

This vocabulary contains French words and expressions found in the exercises and the *Vocabulaire du thème*. Cognates and other easily recognizable words have not been included.

Abbreviations

adj	adjective	*inv*	invariable	*pp*	past participle
adv	adverb	*m*	masculine	*pron*	pronoun
f	feminine	*n*	noun	*subj*	subjunctive
fam	familiar	*pl*	plural	*v*	verb
inf	infinitive				

An asterisk (*) indicates a word beginning with an aspirate *h*.

A

l' **abeille** *f* bee
abolir to abolish
s' **abonner à** to subscribe to
abuser to abuse
accueillant hospitable
accueillir to welcome
l' **accusé** *m* defendant; *adj* accused
achats *m*: **faire des** ___ to go shopping
acheter to buy
acquitter to acquit
l' **acteur** *m* actor
l' **actrice** *f* actress
les **actualités** *f* news
actuel (actuelle) present
actuellement presently, now
s' **adapter à** to adapt to
l' **addition** *f* check
l' **adversaire** *m, f* opponent
l' **affaire** *f* affair, deal; *pl* business
affreux (affreuse) frightful
afin: ___ **de** (+ *inf*) in order to, to; ___ **que** (+ *subj*) in order that, so that
l' **agence** *f* **de voyages** travel bureau
l' **agent** *m* **de police** police officer
l' **agent** *m* **de voyages** travel agent
agir to act; **il s'agit de** it is a question of
agréable pleasant
aimable likeable
l' **aîné (aînée)** *m, f* the elder, the eldest

l' **aise** *f* ease; **se sentir à l'** ___ to feel at ease
aisé well-to-do
allemand German
aller to go; **s'en** ___ to leave
allumer to turn on
l' **ambiance** *f* atmosphere
ambitieux (ambitieuse) ambitious
améliorer to improve
l' **ami** *m* friend, boyfriend; **le petit** ___ boyfriend
l' **amie** *f* friend, girlfriend; **la petite** ___ girlfriend
l' **amitié** *f* friendship; **lier** ___ **avec** to make friends with
l' **amour** *m* love
amoureux (amoureuse) loving; **être** ___ **de** to be in love with; **tomber** ___ **de** to fall in love with
l' **amphithéâtre** *m* amphitheatre
amusant amusing
amuser to amuse; **s'**___ to amuse, enjoy oneself; **s'**___ **bien** to have a good time
anglais English
l' **anglicisme** *m* Anglicism
angoissé anguished
animé lively
l' **anniversaire** *m* anniversary; birthday
l' **annonce** *f* announcement; **l'** ___ **publicitaire** advertisement
anonyme anonymous
l' **anthropologie** *f* anthropology
appareil (appareil-photo) *m* camera
appeler to call; **s'**___ to be called, named
applaudir to applaud
apprécier to appreciate
apprendre to learn
s' **approcher de** to approach
l' **appui** *m* support
l' **après-midi** *m, f* afternoon
arbitraire arbitrary
l' **argent** *m* money
l' **argot** *m* slang
arrêter to stop, arrest
l' **arriviste** *m, f* social climber
l' **aspirateur** *m* vacuum cleaner; **passer l'**___ to vacuum
assassiner to assassinate
asseoir to sit, seat; **s'**___ sit down
assez enough
l' **assiette** *f* dish, plate
assister à to attend
assourdir to deafen
assuré assured
assurer to assure
attendre to wait for
l' **attention** *f* attention, care; **faire** ___ **à** to pay attention to, be careful
aucun any; **ne...** ___ no, not any
l' **auditeur (auditrice)** *m, f* listener (radio)
l' **augmentation** *f* **de salaire** raise
aussi also; ___**... que** as . . . as; ___ (+ *inverted verb*) therefore, and so
aussitôt que as soon as
l' **auteur** *m* author
autoritaire overbearing
l' **autorité** *f* authority
avant before; ___ **de** (+ *inf*) before
avare greedy
avaricieux (avaricieuse) greedy
l' **avenir** *m* future
aventureux (aventureuse) adventuresome
l' **avion** *m* plane
l' **avis** *m* opinion; **à mon** ___ in my opinion
l' **avocat** *m* lawyer

avoir to have; ___ **besoin de** to need; ___ **du mal à** (+ *inf*) to have trouble; ___ **envie de** to feel like; ___ **l'air** to seem
l' **avortement** *m* abortion

B

le **bain** bath; **prendre un** ___ **de soleil** to sunbathe
la **bande** tape
la **banlieue** suburbs
le **banquier** banker
la **barbe** beard
la **barre** bar
le **bâtiment** building
bâtir to build
battre to beat, hit; **se** ___ to fight
bavarder to chat
beau (bel), (belle) beautiful
le **beau-frère** brother-in-law
le **bénéfice du doute** benefit of the doubt
le **besoin** need; **avoir** ___ **de** to need
le **best-seller** bestseller
bête stupid
la **bêtise** stupidity; **dire des** ___**s** to speak nonsense
la **bicyclette** bicycle; **faire de la** ___ to go bicycle riding
bien well; ___ **que** (+ *subj*) although; ___ **sûr** certainly; ___ **sûr que non** certainly not
le **bien** (the) good
bientôt soon
le **bijou** jewel
bilingue bilingual
blaguer to kid
blâmer to blame
blanc (blanche) white
boire to drink
le **bois** woods
la **boîte** box, can; **la** ___ **(de nuit)** (night) club
bon (bonne) good
le **bonbon** candy
le **bonheur** happiness
bon marché inexpensive
la **bonté** goodness
le **bord** edge, shore
bouger to move
le **bouquin** *fam* book
la **bourgeoisie** middle class
la **boutique** shop
le **bouton** button
bref (brève) short
la **Bretagne** Brittany
brillamment brilliantly
briller to shine
bronzé tanned
la **brosse à dents** toothbrush
le **bruit** noise
la **brusquerie** abruptness
bruyant noisy
bûcher *fam* to cram
le **bureau** office

C

le **cadeau** gift
le **cadet (la cadette)** the younger, the youngest
le **cafard** roach; **avoir le** ___ to feel blue
le **calmant** tranquilizer
le, la **camarade de chambre** roommate
la **caméra** movie camera
le **campagnard (la campagnarde)** country dweller
la **campagne** country
le **camping** camping; **faire du** ___ to go camping
le **cancre** bad student, dunce
le **candidat (la candidate)** candidate

la **candidature** candidacy; **poser sa** ___ to run for office
la **carte** menu; card; map; **jouer aux** ___**s** to play cards; ___ **d'identité** ID card
la **carte postale** postcard
la **cassette** cassette
la **cause** cause; **à** ___ **de** because of
causer to chat, talk
le **CD** *inv* compact disc
ceci this
la **ceinture** belt
cela (ça) that
célèbre famous
célibataire single
censé supposed; **être** ___ (+ *inf*) to be supposed to
censurer to censor *v*
le **centre-ville** downtown
cependant however
cesser (de + *inf*) to stop, cease
ceux these, those
chacun each (person)
la **chaîne** channel
chaleureusement warmly
la **chambre** room
le **champ** field
la **chance** luck; **avoir de la** ___ to be lucky
la **chanson** song; ___ **à boire** drinking song
le **chansonnier** songwriter
le **chant** song
le **chanteur (la chanteuse)** singer
charmant charming
le **chat** cat
châtain brown-haired; ___ **clair** light brown
chauvin chauvinistic (fanatically patriotic)
le **chêne** oak
le **chèque de voyage** traveler's check
cher (chère) dear; expensive
chercher to look for
le **cheval** horse; ___ **de bois** flying horse
les **cheveux** *m* hair
chez at the home, place of
le **choix** choice
le **chômage** unemployment; **être au** ___ to be unemployed
le **chômeur (la chômeuse)** unemployed person
choquant shocking
la **chose** thing
chuchoter to whisper
le **ciel (***pl* **cieux)** sky
le **cinéma** movies, cinema
cinématographique cinematographic
le, la **cinéphile** movie fan
la **circonstance** circumstance: ___ **atténuante** extenuating circumstance
la **circulation** traffic
le **citadin** city dweller
le, la **citoyen (citoyenne)** citizen
la **classe** class: **avoir de la** ___ to have class
la **clé** key
le **client (la cliente)** client, customer
le **clochard** bum
le **cochon** pig
le **code** code; ___ **de la route** highway code
le **cœur** heart; **avoir mal au** ___ to feel nauseous
la **colère** anger; **se mettre en** ___ to become angry
le, la **collègue** colleague
coller to glue, stick
combien (de) how much, how many
la **comédie** comedy
comme like, as; ___ **il faut** proper
comment how, what; ___ + **être**

what is (someone or something) like
le **commentateur (la commentatrice)** commentator
le **commerce** business
commettre to commit
le **communisme** communism
le, la **communiste** communist
compatissant compassionate
compétent competent
complaisant accommodating
composer to compose
le **compositeur** composer
comprendre to understand
compromettant compromising
compromettre to compromise
le **compromis** compromise
compter to count on, intend
la **comtesse** countess
le **concert** concert
le, la **concierge** building caretaker
la **concurrence** competition
le, la **concurrent(e)** competitor
le **condamné** convict
condamner to condemn
condition *f* condition; **à ___ que** (+ *subj*) on condition that
conduire to drive
la **confiance** confidence; **avoir ___ en** to have confidence in
confus confused
connaître to know, be acquainted with
le **conseil** advice
le **conseiller (la conseillère)** adviser
conseiller (à + *n* + **de** + *inf*) to advise someone to do something
consentir to consent
conservateur (conservatrice) conservative
le **consommateur (la consommatrice)** consumer
constamment constantly
consulter to consult
le **conte** short story
le **conteur (la conteuse)** short-story writer
le **contraire** contrary; **au ___** on the contrary
le **contraste** contrast; **faire ___ avec** to contrast with
convaincre to convince
convenable proper
le **copain (la copine)** *fam* friend, buddy
la **copie** paper
coquet (coquette) coquettish
corriger to correct
le **côté** side; **à ___ de** beside, next to
se **coucher** to go to bed
coupable guilty
couper to cut
couramment fluently
le **courant** current; **être au ___** to be in the know, be up on
courir to run
le **courriel** e-mail
le **courrier du cœur** lonely hearts column
le **cours** course; **___ obligatoire** required course; **au ___ de** in the course of, during; **le ___ facultatif** elective
la **course** run, race, outing; **faire des ___s** to go shopping
court short
le **couteau** knife
coûter to cost; **___ cher** to be expensive
la **coutume** custom
la **couture** fashion; **la haute ___** high fashion
le **couturier (la couturière)** dress designer, dressmaker
couvrir to cover

craindre to fear, be afraid of
la **crèche** day-care center
créer to create
le **cri** cry, shout
le **crime** crime; ___ **passionnel** crime of passion; ___ **prémédité** premeditated crime
le **criminel** criminal
la **crise** crisis
la **critique** criticism
le **critique** critic
critiquer to criticize
la **croix** cross
cueillir to pick, harvest
la **cuisine** kitchen; **faire la** ___ to do the cooking, cook
la **cuisse de grenouille** frog's leg
curieux (curieuse) curious; odd, unusual

D

d'ailleurs besides
la **dame** lady
d'après according to
se **débrouiller** to get along, manage
le, la **débutant(e)** beginner
décevoir to deceive
le **décor** decor, scenery
décrire to describe
déjà already
déjeuner to have lunch
démissionner to resign
la **démocratie** democracy
se **démoder** to go out of fashion, become outdated
dénoncer to denounce
le **dénouement** ending; ___ **heureux** happy ending
le **départ** departure
dépaysé lost, homesick
se **dépêcher** to hurry up
dépenser to spend
se **déplacer** to move about, travel
déprimé depressed
le **député** representative
dériver to derive
dernier (dernière) last
le **derrière** behind
dès from . . . on; ___ **maintenant** from now on; ___ **que** as soon as
désagréable unpleasant
désobéir à to disobey
désolé very sorry, grieved
le **dessert** dessert
le **dessin animé** cartoon
se **détendre** to relax
détruire to destroy
devenir to become
deviner to guess
le **devoir** duty; *pl* homework
le **dialecte** dialect
le **dictateur** dictator
la **dictature** dictatorship
diffuser to broadcast
le **dimanche** Sunday
le **diplôme** degree; **obtenir son** ___ to graduate
dire to say, tell; ___ **des bêtises** to speak nonsense; ___ **du bien (mal) de** to speak well (badly) of
le **directeur (la directrice)** director
la **discothèque** discothèque
le **discours** speech; **faire un** ___ to make a speech
discret (discrète) discreet
discuter to discuss, chat
disparaître to disappear
la **dispute** quarrel
se **disputer** to quarrel
le **disque** record; ___ **compact** compact disc
distingué distinguished

la **distraction** entertainment
divertir to entertain, amuse; **se ___** to amuse, enjoy oneself
le **divorce** divorce
divorcer to divorce; **___ d'avec quelqu'un** to divorce someone
le **documentaire** documentary
le **domaine** domain; **dans le ___ de** in the area, sphere of
le **dommage** damage; injury; **il est, c'est ___** it's a pity
donc therefore
la **douane** customs; **passer la ___** to pass through customs
le **douanier** customs officer
doubler to dub
la **douche: prendre une ___** to take a shower
le **doute** doubt; **mettre en ___** to question
douteux (douteuse) doubtful
doux (douce) sweet
le **droit** law (the profession, the study); right (moral, legal); **avoir le ___ de** + *inf* to have the right to
la **droite** right; **de ___** rightist
d'une part... d'autre part on one hand . . . on the other hand

E

l' **eau** *f* water
l' **échange** *m* exchange
échouer à to fail
l' **écolier (écolière)** *m, f* schoolchild
l' **économie** *f* economy
l' **écran** *m* screen
écraser to smash
les **écrits** *m* writings
l' **écrivain** *m* writer
l' **éducation** *f* upbringing
égal equal; **cela m'est ___** I don't mind, it's all the same to me
l' **égalité** *f* equality
l' **égard** *m* consideration, respect: **à l'___ de** regarding; **manquer d'___s envers** to lack consideration, respect for
égoïste selfish
l' **élève** *m, f* student
élevé brought up; **bien ___** well brought up; **mal ___** badly brought up
élever to raise, bring up
éloigné distant, remote
élu (*pp of* **élire)** elected
embrasser to kiss
l' **émission** *f* telecast
émouvoir to move, touch
l' **emploi** *m* job
l' **emploi** *m* **du temps** schedule
l' **employé(e)** *m, f* employee
l' **emprisonnement** *m* imprisonment; **l'___ perpétuel** life imprisonment
l' **emprunt** *m* borrowing
emprunter to borrow
enceinte pregnant
encore again; still, yet
s' **endormir** to fall asleep
l' **endroit** *m* place
énerver to get on one's nerves; **s'___** to get excited, irritated
l' **enfant** *m, f* child; **___ unique** only child
engager to hire
enlever to take off
l' **ennui** *m* trouble, problem; boredom
ennuyer to bore, trouble: **s'___** to be bored
ennuyeux (ennuyeuse) boring
énorme enormous
enragé out-and-out, radical

l' **enregistrement** *m* recording
enregistrer to record
l' **enseignement** *m* teaching; ___ **supérieur** higher education
enseigner to teach
ensemble together
ensuite then; afterwards
entendre to hear; **s'___ avec** to get along with
enthousiaste enthusiastic
entourer to surround
l' **entracte** *m* intermission
l' **entrée** *f* second course
l' **entreprise** *f* firm
envers toward
l' **envie** *f* wish, desire; **avoir ___ de** to feel like
l' **époque** *f* age, era, time
épouser to marry
l' **épouvante** *f* horror
l' **époux (épouse)** *m, f* spouse
érotique erotic
l' **escargot** *m* snail
l' **espagnol** *m* Spanish language; *adj* Spanish
espérer to hope
l' **espion** *m* spy
espionner to spy
l' **esprit** *m* mind, spirit; **avoir l'___ ouvert** to have an open mind
l' **essai** *m* essay
essayer (de + *inf***)** to try (to)
l' **essayiste** *m* essayist
essuyer to wipe
établir to establish
l' **étoile** *f* star; **coucher à la belle ___** to sleep outdoors
étonné astonished, amazed, surprised
étonner to astonish, amaze, surprise
étouffer to stifle, suffocate
étrange strange
l' **étranger (étrangère)** *m, f* foreigner; *adj* foreign
être to be; ___ **au courant de** to be in the know about; ___ **en train de** to be in the process of
étroit close, narrow
l' **étude** *f* study; **faire ses ___s** to go to college
étudier to study
éviter to avoid
exceptionnel (exceptionnelle) exceptional
l' **excursion** *f* tour, trip; ___ **accompagnée** guided tour
l' **exemple** *m* example; **par ___** for example
exigeant demanding
exploiter to exploit
exprimer to express; **s'___** to express oneself
l' **externe** *m, f* off-campus student
extirper to extirpate, eradicate

F

la **face** face; **en ___ de** opposite; **faire ___ à** to face
fâché angry
se **fâcher** to get angry
facile easy
la **faillite** bankruptcy; **faire ___** to go bankrupt
faim: avoir ___ to be hungry
faire to make; **il fait beau** it is a beautiful day
falloir to be necessary
fauché *fam* broke
faut: il ___ it is necessary
la **faute** error
faux (fausse) false

la **femme** woman, wife
la **femme au foyer** housewife
la **ferme** farm
fermé closed
le **fermier (la fermière)** farmer
la **fessée** spanking
la **fête** feast, festival; party
le **feu** fire
fidèle faithful
fier (fière) proud
se **fier à** to trust
le **film** film
filmer to film
finir (**de** + *inf*) to finish
flâner to stroll
flatter to flatter
flirter to flirt
le **flirteur (flirteuse)** flirt
la **foi** faith
le **foie** liver
la **fois** time
folklorique folk
le, la **fonctionnaire** civil servant
fonder to set up
le **fonds** fund
formidable *fam* great, fantastic
fort strong
le **forum** forum; **le ___ de discussion** chatroom
le **fossé** ditch, trench; **___ entre les générations** generation gap
fou (fol), (folle) crazy
fouiller to search (a person, a suitcase, etc.)
la **foule** crowd
le **four** flop (theater)
la **fourchette** fork
le **foyer** (the) home, household
frais (fraîche) fresh, cool
le **franc** franc
franc (franche) frank
français French
franchement frankly
le, la **francophile** Francophile (one who is extremely fond of the French)
le, la **francophobe** Francophobe (one who hates the French)
le, la **francophone** Francophone (one who normally speaks French)
frapper to hit
frénétiquement wildly
fréquenter to frequent
le **frère** brother
fumer to smoke
la **fusée** rocket

G

gagner to earn
gai gay, lively
le **garçon** boy; waiter
garder to keep
garer to park
gaspiller to waste
gâté spoiled
la **gauche** left; **de ___** leftist
geler to freeze
gênant embarrassing, awkward
gêné bothered
gêner to bother
le **génie** genius
le **genou** knee
le **genre** type
les **gens** *m, f* people
gentil (gentille) nice
la **gentillesse** graciousness
la **géographie** geography
gérer to manage
gesticuler to gesticulate
gifler to slap
la **glace** mirror; ice cream
le **glouton (la gloutonne)** glutton
le, la **gosse** *fam* kid
le, la **gourmand(e)** gourmand; glutton

le **goût** taste
goûter to taste
grandir to grow
gras (grasse) fat; **faire la grasse matinée** to sleep late
le **gratte-ciel** skyscraper
la **grenouille** frog
la **grève** strike; **faire la ___** to go on strike, strike
le, la **gréviste** striker
gris gray; drunk
gronder to scold
gros (grosse) big, fat; **la grosse tête** nerd, brain
grossier (grossière) gross, coarse
grossir to get fat
guère: ne... ___ hardly, scarcely
la **guerre** war
le **guide** tour guide; guidebook
la **guillotine** guillotine

H

s' **habiller** to get dressed
s' **habituer à** to get used to
l' **haleine** *f* breath
le ***harcèlement sexuel** sexual harassment
***hardi** hardy, daring
l' **harmonie** *f* harmony
***haut** high, tall
***hautain** condescending
la ***haute couture** high fashion
la ***haute société** high society
hebdomadaire weekly
l' **herbe** *f* grass
l' **héroïne** *f* heroine
le ***héros** hero
l' **heure** *f* hour, time; **à l'___** on time; **de bonne ___** early
heureusement happily, luckily, fortunately
hier yesterday; **___ soir** last night
l' **histoire** *f* history; story
l' **hiver** *m* winter
l' **homme** man; **___ d'affaires** businessman; **___ politique** politician
***honteux (honteuse)** shameful
l' **horreur** *f* horror; **faire ___ à** to horrify
les ***hors-d'œuvre** *m, inv* first course
***huer** to boo
l' **humeur** *f* mood; **être de bonne (mauvaise) ___** to be in a good (bad) mood
l' **humour** *m* humor

I

idiot stupid
l' **idiotisme** *m* idiom
l' **île** *f* island
importer to be important; **n'importe où** anywhere (at all); **n'importe quand** anytime (at all); **n'importe qui** anyone (at all); **n'importe quoi** anything (at all)
impressionné impressed
impressionner to impress
inconnu unknown
indépendant independent
l' **indigène** *m, f* native
indulgent indulgent, lenient
l' **informatique** *f* computer science
l' **ingénieur** *m* engineer
ingrat ungrateful
inhumain inhuman
injuste unjust, unfair; **être ___ envers** to be unfair to

inquiet (inquiète) worried
inquiéter to worry
l' **instituteur (institutrice)** *m, f* teacher (elementary school)
insulter to insult
insupportable unbearable, intolerable
l' **intention** *f* intention: **avoir l'___ de** to intend to
s' **intéresser à** to be interested in
l' **interne** *m, f* on-campus student
l' **Internet** *m* Internet
l' **interprétation** *f* interpretation
interpréter to interpret
interroger to question
intrépide intrepid, fearless
l' **intrigue** *f* plot
isolé isolated
ivre drunk

J

jaloux (jalouse) jealous
jamais ever, never; **ne... ___** never
la **jambe** leg
le **jardin** garden
le **jargon** jargon
jeter to throw
le **jeu** game
la **jeune fille** girl
la **jeunesse** youth
joindre to join
joli pretty
le **jouet** toy
le **journal** newspaper; **le ___ parlé** radio news
la **journée** day
le **juge** judge
juif (juive) Jewish
le **jumeau (la jumelle)** twin
le **juré (la jurée)** jury member, juror
le **jury** jury
jusqu'à until, as far as; **___ ce que** (+ *subj*) until
juste just, fair; **être ___ envers** to be fair to

K

le **kilo(gramme)** kilogram (= 2.2 lbs)

L

là-bas there, over there
le **lac** lake
lâche loose; cowardly
laid ugly
lancer to throw; **___ un nouveau produit** to launch a new product; **se ___ dans la politique** to go into politics
le **langage** language (of an individual; vocabulary)
la **langue** language (of a people); **___ étrangère** foreign language; **___ maternelle** native language; **___ vivante, morte** living, dead language
le **lapsus** slip, mistake; **faire un ___** to make a slip of the tongue
se **laver** to wash up
le **lecteur (la lectrice)** reader
le **lecteur de disque compact** compact disc player
le **légume** vegetable
le **lendemain** the next day; **___ matin** (the) next morning
lent slow

lentement slowly
lever to lift, raise; **se** ___ to get up
libéral liberal
libéré liberated
la **liberté** freedom
libre free
le **licenciement** layoff
licencier to lay off
le **lien** tie
le **lieu** place; ___ **commun** commonplace; **au** ___ **de** instead of; **avoir** ___ to take place; **s'il y a** ___ if necessary
le **linge** linen; underwear
la **liqueur** after-dinner drink
le **lit** bed
la **littérature** literature
le **livre** book; ___ **de chevet** bedside book; ___ **de poche** paperback
le **logement** lodging, housing
la **loi** law (rule, statute)
loin far; **de** ___ by far
long (longue) long
longuement for a long time
louche shady, suspicious
louer to praise
lourd heavy
lucratif (lucrative) lucrative
la **lune** moon
la **lutte** fight, struggle; **la** ___ **des classes** class struggle
le **luxe** luxury

M

la **machine à écrire** typewriter
le **machisme** (male) chauvinism
le **magasin** store; **grand** ___ department store
le **magnétophone** tape recorder
le **magnétoscope** VCR
maigrir to lose weight, slim down
le **maillot de bain** bathing suit
maintenant now
maintenir to maintain, uphold
la **mairie** city hall
mais but
la **maison** house
la **maîtresse de maison** housewife
le **mal** evil; *adv* badly
malgré in spite of
malheureusement unhappily, unluckily, unfortunately
malin (maligne) evil, wicked
la **malle** trunk; **faire sa** ___ to pack one's trunk
malsain sick, unhealthy
manger to eat
les **manières** *f* manners; **faire des** ___ to put on airs
la **manifestation** demonstration
le **manque** lack
manquer to miss, lack; ___ **à sa parole** to go back on one's word; ___ **d'égards envers** to be inconsiderate of
le **manteau** coat
le **manuel** textbook
le **maquillage** makeup
se **maquiller** to make up (one's face)
le **marbre** marble
marcher to walk; to work, function
le **mari** husband
marié married
marier: se ___ to get married; **se** ___ **avec** to marry
la **marque** brand
les **mathématiques** *f* mathematics
mauvais bad
méchant mean
le **médecin** doctor
la **médecine** medicine
le **médicament** medicine

méditer to meditate
se **méfier de** to distrust
meilleur *adj* better; **le** ___ the best
le **mel** e-mail
la **mélodie** melody, tune
le **melon** melon
même even
menacer to threaten
le **ménage** housework
le, la **mendiant(e)** beggar
mener to lead
le **mensonge** lie
mensuel (mensuelle) monthly
le **menteur (la menteuse)** liar; *adj* lying
mentir to lie
le **menu** menu
mériter to deserve, earn
la **météorologie** weather report
le **métier** trade
le **métro** subway
le **metteur en scène** director
mettre to put, place; **se** ___ **à** to begin; **se** ___ **en colère** to get angry
le **meurtre** murder
le **meurtrier (la meurtrière)** murderer
le **micro-ordinateur** microcomputer
mieux *adv* better; **le** ___ the best
le **milieu** milieu, environment
mince thin
le **ministre** minister
la **mise en scène** production, staging
mi-temps: à ___ part-time
la **mode** fashion
moindre lesser; **le** ___ the least
moins less, fewer; **à** ___ **que** (+ *subj*) unless
le **moment** moment; **au** ___ **où** at the moment when
la **monarchie** monarchy
le **monde** world, people; **tout le** ___ everybody
monoparental single-parent
la **montagne** mountain
montrer to show
se **moquer de** to make fun of
moralement morally
le **morceau** piece
mou (mol), (molle) soft
la **mouche** fly
le **mouchoir** handkerchief
mourir to die
le **moustique** mosquito
le **moyen** means; **moyen (moyenne)** middle; average
mûr mature
le **musée** museum
le **musicien (la musicienne)** musician
le **mythe** myth

N

nager to swim
naïf (naïve) naive
la **naissance** birth; **limitation** *f* **des** ___**s** birth control
naître to be born
le **navet** flop (movie)
né (*pp of* **naître**) born
négligé neglected
neiger to snow
le **néologisme** neologism (a new word, or new meaning for an established word)
nerveux (nerveuse) nervous
nettement clearly
nettoyer to clean
le **neveu** nephew
le **nez** nose

ni neither; **ne... ___... ___** neither . . . nor
la **nièce** niece
le **nom** name; **au ___ de** in the name of
la **nostalgie** nostalgia
la **note** grade
la **notice nécrologique** obituary
la **nourriture** food
nouveau (nouvel), (nouvelle) new
la **nouvelle** short story; *pl* news
nucléaire nuclear

O

obéir à to obey
objectif (objective) objective
obligé obligated; **être ___ de** (+ *inf*) to be obligated to, have to
obsédé obsessed
l' **occasion** *f* opportunity, chance; **avoir l'___ de** to have the opportunity, chance to
l' **œil** *m* (*pl* **yeux**) eye
l' **œuf** *m* egg
l' **oignon** *m* onion
l' **oiseau** *m* bird
l' **oncle** *m* uncle
l' **onglier** *m* manicure set
opprimer to oppress
l' **orchestre** *m* orchestra
l' **ordinateur** *m* computer
l' **oreiller** *m* pillow
l' **ornement** *m* ornament, decoration
l' **orphelin(e)** *m, f* orphan
osé daring
oublier (**de** + *inf*) to forget
l' **ours** *m* bear
ouvertement openly
l' **ouvrage** *m* work
l' **ouvrier (ouvrière)** *m, f* worker
ouvrir to open

P

le **pain** bread
paisible peaceful
la **paix** peace
par by; **___ exemple** for example; **___ terre** on the ground
paraître to appear
pareil (pareille) such a
le **parent** parent, relative
paresseux (paresseuse) lazy
parfait perfect
parfois sometimes
le **parfum** perfume
parler to speak; **___ bas (fort)** speak softly (loudly)
parmi among
la **parole** word (spoken); **manquer à sa ___** to go back on one's word
partager to share
le **parti** political party
la **partie** party; **___ de billard** game of billiards
partir to leave
le, la **partisan(e)** supporter
passé last
le **passeport** passport
le **passe-temps** pastime
passionnant exciting, fascinating
passionner to excite; **se ___ pour** to be crazy about
la **patrie** homeland
le **patron (la patronne)** boss
le, la **pauvre** poor (person); *adj* poor
la **pauvreté** poverty
le **pays** country
le **paysan (la paysanne)** peasant, hick

la **pêche** fishing; **aller à la ___** to go fishing
peindre to paint
peine: à ___ hardly, scarcely
la **peine de mort** death penalty
le **peintre** painter
la **pelouse** lawn
pendant during, for
pénible hard, painful
penser to think; **___ à, de** to think of
perceptif (perceptive) perceptive
percer to pierce
perdre to lose; **se ___** to get lost
perfectionner to improve
le **personnage** character (in a play, book, etc.)
la **personne** person
personne no one, nobody; **ne... ___, ___ ne** no one, nobody
peser to weigh
petit small
les **petites annonces** *f* classifieds
peu little, a few
le **peuple** (the) people
la **peur** fear; **avoir ___ de** to be afraid of
peut-être perhaps
le **phallocrate** *fam* male chauvinist
la **photo** photograph
la **phrase** sentence
la **pièce** play, room
la **pilule** pill
le **pipi** *fam* urine; **faire pipi** to urinate
le **pique-nique** picnic; **faire un ___** to have a picnic
piquer to sting
pire worse; **le ___** the worst
la **piste sonore** soundtrack
la **pitié** pity; **avoir ___ de** to have pity for
pittoresque picturesque
la **place** square, seat: **à la ___** in its place
plaider to plead
plaire to please
plaisanter to joke, kid
la **plaisanterie** joke
le **plaisir** pleasure
le **plan** shot (film)
le **plat** course, dish; **le ___ principal** main course
le **plateau** tray
plein full
plein temps: à ___ full time
pleuvoir to rain
plus more, most; **de ___** furthermore; **en ___ de** in addition to; **moi non ___** neither do I; **ne... ___** no more, no longer
la **poésie** poetry
le **poète** poet
le **point** point, period; **ne... ___** not
le **poisson** fish
poli polite
la **politesse** politeness, good manners
polyglotte polyglot (speaking or writing several languages)
la **pomme** apple; **___ de terre** potato
poser to put, place; **___ sa candidature** to run for office
le **poste** position, job; (TV) set
le **pot-de-vin** bribe
pour in order to, to; **___ que** (+ *subj*) in order that, so that
le **pourboire** tip
poursuivre to pursue
pourtant however
pourvu provided; **___ que** (+ *subj*) provided that
pouvoir to be able; **il se peut** it is possible; *m* power
pratique practical
précis precise

le **préjugé** prejudice
prématuré premature
premier (première) first
prendre to take
les **préparatifs** *m* preparations
le, la **président(e)** president
presque almost
pressé pressed, hurried
prétendre to claim, maintain
prêter to lend
la **prison** prison
le **prisonnier (la prisonnière)** prisoner
le **prix** price
le **procès** trial; **faire le ___ de** to take action against
le **produit** product
profond deep
le **programme** program, platform
le **projet** plan, project
la **promenade** walk; **faire une ___** to take a walk
se **promener** to walk; **se ___ en voiture** to ride around in a car
la **promesse** promise
promettre to promise
la **promotion** promotion
prononcer to pronounce
propre (*after n*) clean; (*before n*) own
protégé protected
protéger to protect
prouver to prove
le **proverbe** proverb
prudent prudent
la **psychologie** psychology
le **public** audience, public; **le grand ___** the general public
la **publicité** advertising, advertisement; **faire de la ___** to advertise
puisque since
puissant powerful
punir to punish
la **punition** punishment

Q

qualifié qualified
quand when; **___ même** anyway
quant à as for
le **quartier** district, neighborhood
que that, which, who, whom; **___... ou non** whether . . . or not; **ne... ___** only
quelquefois sometimes
la **queue** line; **faire la ___** to wait in line
quitter to leave
quoique (+ *subj*) although
quotidien (quotidienne) daily

R

raconter to tell (a story, etc.)
raffiné refined
la **raison** reason
raisonnable reasonable
ramasser to gather, pick up
le **rang** rank
le **rapport** rapport, relationship
se **raser** to shave
rater to flunk (an exam)
ravi delighted, overjoyed
réactionnaire reactionary
le **réalisateur** director
réaliser to carry out
réaliste realistic
récemment recently
la **recette** recipe
recevoir to receive
la **réclame** advertisement
reçu (*pp of* **recevoir**) received;

bien (mal) ___ well (badly) received
la **rédaction** composition
réduit reduced
le **réfectoire** dining hall
réfléchir to think, reflect
la **réforme** reform
refuser (de + *inf*) to refuse
le **régime** diet; **suivre un** ___ to be (go) on a diet
la **règle** rule; **en** ___ in order
regretter to regret, be sorry
rejeter to reject
remarquer to remark, notice
remercier (de + *inf*) to thank (for)
remettre to put back; to put off
rempli filled
rencontrer to meet
le **rendez-vous** meeting, date, appointment; **avoir** ___ **avec** to have a date with
rendre to return (something); ___ (+ *adj*) to make; ___ **visite à** to visit (a person); **se** ___ **compte de** to realize
se **renseigner** to inform oneself
renvoyer to fire
le **repas** meal
répéter to repeat; to rehearse, practice
la **répétition** rehearsal
répondre to answer
reposant restful
se **reposer** to rest, relax
la **représentation** performance
représenter to represent, perform
réserver to reserve
la **résidence** dormitory
respirer to breathe
responsable responsible
ressembler à to resemble
rester to remain, stay
rétablir to reestablish
le **retard** delay; **avoir du** ___ to be late, not on time; **être en** ___ to be late
se **retourner** to turn around
la **retraite** retirement; **prendre sa** ___ to go into retirement
réussir (à + *inf*) to succeed; ___ **à un examen** to pass an exam
le **rêve** dream
le **réveil** alarm clock
réveiller to awaken; **se** ___ to wake up
rêver to dream; ___ **de** to dream about, of
rêveur (rêveuse) dreamy
révoltant revolting
se **révolter** to revolt
rien nothing; **ne...** ___, ___ **ne** nothing
rire to laugh
la **rivière** small river
le **roi** king
le **rôle** role
le **roman** novel; **le** ___ **policier** mystery
le **romancier (la romancière)** novelist
rompre to break
la **rubrique** heading
la **ruche** beehive
rusé sly
russe Russian
rustique rustic
le **rythme** rhythm

S

sage well-behaved; wise
sain healthy
le **salaire** salary
sale dirty

sans without; ___ **que** (+ *subj*) without
le, la **sans-abri** *inv* homeless person
la **santé** health; **à votre** ___ to your health
sauf except
sauter to jump
se **sauver** *fam* to leave, flee
savoir to know (a fact), know how
le **savon** soap
le **scandale** scandal
scandaliser to scandalize, shock
le **scénario** script, scenario
la **scène** stage, scene
sec (sèche) dry
sécher to skip (a class)
le **secret** secret
le, la **secrétaire** secretary
le **secteur** sector
séduire to seduce
séduisant attractive, sexy
le **séjour** stay
selon according to
le **sénateur** senator
sensible sensitive
la **sentence** sentence
sentir to smell, feel; **se** ___ to feel
sérieux (sérieuse) serious; **prendre au** ___ to take seriously
le **serpent** snake
le **serveur (la serveuse)** waiter, waitress
sévère strict, stern
siffler to hiss, boo; to whistle
la **signification** meaning
signifier to mean
le **site** site
la **situation** job
le **socialisme** socialism
le, la **socialiste** socialist
la **sœur** sister
la **soif** thirst; **avoir** ___ to be thirsty
soigner to care for, take care of
soigneusement carefully
le **soin** care
le **soir** evening
la **soirée** evening; party
le **solde** sale; **en** ___ on sale
le **soleil** sun
solitaire lonely
le **sommeil** sleep; **avoir** ___ to be sleepy
somptueux (somptueuse) luxurious
la **sonate** sonata
sonner to sound, go off
la **sortie** outing; ___ **en famille** family outing
sortir to go out, leave; ___ **à deux** to go out as a couple; ___ **en groupe** to go out in a group; ___ **seul** to go out alone
le **souffle** breath
souffrir to suffer
souhaitable desirable
souhaiter to wish
le **sourire** smile; to smile
sous under
le **sous-titre** subtitle
sous-titrer to subtitle
le **souvenir** souvenir; **se** ___ **de** to remember
souvent often
se **spécialiser en** to major in
le **spectacle** show
stationner to park
la **stéréo** stereo
stimulant stimulating
le **succès** hit
suffisant sufficient
suivant according to
suivre to follow; ___ **un cours** to take a course
supporter to bear, stand
sur on

surfer to surf; ___ **sur le net** to surf the net
surprenant surprising
surprendre to surprise
surpris surprised
le **suspect** suspect
le **suspens** suspense
sympathique nice
le **syndicat** union

T

le **tableau** blackboard; painting
se **taire** to be quiet
tandis que whereas
la **tante** aunt
le **tapis** rug
tard late
les **taudis** *m* slums
teindre to dye
la **teinture** dye
télécharger: ___ un fichier to download a file
la **télécopie** fax
le **téléspectateur (la téléspectatrice)** television viewer
tellement so, so much
le **témoignage** testimony
le **témoin** witness
le **temps** time, weather; **de ___ en ___** from time to time; **quel ___ fait-il ?** what is the weather?
la **tendance** tendency; **avoir ___ à** to have a tendency to
tendre tender
tenir to hold; ___ **compte de** to take into account
tenter to tempt
terminer to finish
la **terre** earth; **par ___** on the ground
terrestre earthly
le, la **terroriste** terrorist
le **texte** text, lines
le **thème** theme
timide timid
tirer to pull; ___ **au but** to shoot
le **tiret** dash
tituber to stagger
le **ton** tone
tondre to mow, cut
la **tortue** turtle
tôt early
toujours always, still
la **tour** tower
le **tour** tour
le, la **touriste** tourist
le **tourne-disque** record player
tourner to turn; ___ **un film** to make a film
tout: tout, tous, toute, toutes *adj* all, every, any; *adv* all, quite; *pron* all, everything; ___ **à fait** totally; ___ **de suite** right away; **pas du ___** not at all
le **trac** stage fright; **avoir le ___** to have stage fright
traduire to translate
la **tragédie** tragedy
le **traitement de texte** word processor, word processing
traiter to treat
tranquille tranquil, calm
le **transport** transportation; **le moyen de ___** means of transportation
le **travail** work; **les travaux ménagers** household chores
travailler to work; ___ **à mi-temps, à plein temps** to work part-time, full-time
travailleur (travailleuse) hardworking
le **tribunal** court
tricher to cheat
triste sad

tromper to cheat on, deceive; **se** ___ to make a mistake
la **trompette** trumpet
le **trompeur (la trompeuse)** cheater, deceiver
trop too much, too many
trouver to find; **se** ___ to be located
tuer to kill
tutoyer to say **tu** to someone
le **type** *fam* guy, fellow

U

l' **union** *f* **libre** living together out of wedlock, common-law marriage
l' **usine** *f* factory
utile useful

V

les **vacances** *f* vacation; **les grandes** ___ summer vacation
la **vache** cow
le **va-et-vient** coming-and-going
la **vaisselle** dishes; **faire la** ___ to do the dishes
la **valise** suitcase; **faire la** ___ to pack the suitcase
valoir to be worth; **il vaut mieux** it is better
la **vedette** movie star
le **vendeur (la vendeuse)** salesperson
vendre to sell
venir to come; ___ **de** to have just, just
le **ventre** stomach; **avoir mal au** ___ to have a stomachache
le **verdict** verdict
véritablement truly
le **verre** glass; **prendre un verre** to have a drink
la **version** version; **en** ___ **originale** in the original
le **vêtement** garment; *pl* clothing, clothes
la **viande** meat
la **victime** victim
la **vidéo** video
la **vie** life; **la** ___ **active** work force
la **vieillesse** old age
vieux (vieil), (vieille) old; **mon vieux** *fam* old man
vilain *adj* nasty, bad; **le** ___ bad person, guy
le **viol** rape
violer to rape
le **visage** face
la **visite** visit; **la** ___ **guidée** guided tour
visiter to visit (a place)
le **vitrail** stained-glass window
vivant lively
vivre to live
voir to see
le, la **voisine** neighbor
la **voiture** car
le **vol** theft
voler to steal
voter to vote
le **vôtre** *pron* yours
vouvoyer to say **vous** to someone
le **voyage** trip
le **voyou** hoodlum
vulgaire vulgar

Z

zut ! darn it!

English-French Vocabulary

This vocabulary contains English words and expressions in the exercises and the *Vocabulaire du thème.*

Abbreviations

adj	adjective	*inf*	infinitive	*pp*	past participle
adv	adverb	*lit*	literally	*prep*	preposition
conj	conjunction	*m*	masculine	*pron*	pronoun
f	feminine	*n*	noun	*subj*	subjunctive
fam	familiar	*pl*	plural	*v*	verb

An asterisk (*) indicates a word beginning with an aspirate *h*.

A

abortion l'avortement *m*
abuse abuser de
accept accepter
accommodating complaisant
according to selon, suivant, d'après
accuse accuser
accused accusé
acquit acquitter
act agir; **__ a role** jouer un rôle
action l'action *f*
actor l'acteur *m*
actress l'actrice *f*
adapt oneself to s'adapter à
addition l'addition *f;* **in ___** de plus; **in ___ to** en plus de
admire admirer
adopt adopter
advertise faire de la publicité
advertisement la publicité
advertising la publicité
advise conseiller (à + *n* + de + *inf*)
adviser le conseiller
afraid: to be ___ of avoir peur de
African *n* l'Africain *m*, l'Africaine *f;* africain, africaine *adj*
after après
again encore
against contre
agree être d'accord
agreed d'accord
air l'air *m;* **to put on ___s** faire des manières
alarm: ___ clock le réveil
all tout, tous, toute, toutes *adj;* tout, toute(s) *adv;* tout, tous, toute, toutes *pron*
already déjà
always toujours
ambition l'ambition *f*
ambitious ambitieux, ambitieuse
American *n* l'Américain *m*, l'Américaine *f;* américain, américaine *adj*
among parmi
amphitheatre l'amphithéâtre *m*
amusing amusant
analyze analyser

Anglicism l'anglicisme *m*
angry fâché *adj;* **to be** ___ être en colère contre; **to get** ___ se fâcher
announce annoncer
anonymous anonyme
another un autre
anthropology l'anthropologie *f*
anywhere (at all) n'importe où
apartment l'appartement *m*
appearance l'apparence *f*
applaud applaudir
appreciate apprécier
approach s'approcher de
April avril *m*
arbitrary arbitraire
arrest arrêter
arrive arriver
article l'article *m*
as comme; ___ **for** quant à
ask demander (à + *n* + de + *inf*); ___ **for** demander
aspirin l'aspirine *f*
assassin l'assassin *m*
assassinate assassiner
atmosphere l'ambiance *f*
attack attaquer
attend assister à; ___ **to** s'occuper de
attentively soigneusement
attitude l'attitude *f*
attractive séduisant
audience le public
author l'auteur *m*
avoid éviter

B

back le dos
bankrupt: to go ___ faire faillite
bankruptcy la faillite
bath le bain
be être; ___ **in the know about** être au courant de; ___ **in the process of** être en train de; ___ **sick** être malade
bear l'ours *m*
beautiful beau (bel), belle
because parce que; ___ **of** à cause de
become devenir
bee l'abeille *f*
before avant (de + *inf*)
beggar le mendiant, la mendiante
begin commencer (à *or* de + *inf*)
beginner le débutant, la débutante
beginning le commencement, le début
behind le derrière; derrière *prep*
believable croyable
belong être à, appartenir à
benefit le bénéfice
besides d'ailleurs
best le meilleur *adj;* le mieux *adv*
bestseller le best-seller
better meilleur *adj;* mieux *adv;* **it is** ___ il vaut mieux
between entre
bicycle la bicyclette; **to go** ___ **riding** faire de la bicyclette
bilingual bilingue
birth control la limitation des naissances
blue: to feel ___ avoir le cafard
blues le blues
boat le bateau
boo *huer, siffler
book le livre; le bouquin *fam;* **bedside** ___ le livre de chevet; **paperback** ___ le livre de poche; **text**___ le manuel
bore ennuyer; **to be bored** s'ennuyer
boredom l'ennui *m*
boring ennuyeux, ennuyeuse
boss le patron, la patronne
brand la marque
brave courageux, courageuse
break away se séparer de

breakfast le petit déjeuner
bribe le pot-de-vin
brilliant brillant
broadcast diffuser *v;* la diffusion *n*
brother le frère
brown brun
brush: to ___ one's teeth se brosser les dents
buddy le copain, la copine
build construire
bum le clochard, la clocharde
business le commerce, les affaires *f;* **a ___** une entreprise
businessman l'homme *m* d'affaires
businesswoman la femme d'affaires
busy occupé; **to ___ oneself with** s'occuper de; **to be ___ doing something** être en train de + *inf;*
but mais
buy acheter

C

camera l'appareil (appareil-photo) *m;* **movie ___** la caméra
camping le camping; **to go ___** faire du camping
candidate le candidat, la candidate
car la voiture, l'auto *f*
career la carrière
care for soigner
cassette la cassette
cat le chat, la chatte
cease cesser (de + *inf*)
censor censurer
certainly certainement
change changer de
channel la chaîne
character le caractère; le personnage *(in a play, book, etc.)*
chat bavarder, causer, discuter; **___room** le forum de discussion
chauvinism (male) le machisme
chauvinist (male) le macho
cheat tricher; **___ on someone** tromper quelqu'un
check le chèque; l'addition *f (restaurant)*
child l'enfant *m, f;* **only ___** l'enfant unique
chore: household ___s les travaux *m* ménagers
cinematographic cinématographique
circumstance la circonstance
citizen le citoyen, la citoyenne
city la ville
city dweller le citadin, la citadine
civil servant le, la fonctionnaire
class la classe; **high ___** la haute société; **middle ___** la bourgeoisie; **working ___** la classe ouvrière; **to have ___** avoir de la classe
classical classique
classifieds les petites annonces *f*
clean propre *adj;* nettoyer *v*
clearly nettement
client le client, la cliente
club: (night) club la boîte (de nuit)
coarse grossier, grossière
coffee le café
cold froid; **it is ___** il fait froid
come venir
comedy la comédie
comics les bandes dessinées *f*
commentator le commentateur, la commentatrice
commit commettre
commonplace le lieu commun
communism le communisme
communist communiste *adj;* le, la communiste *n*
compact disc le disque compact; **___ player** le lecteur de disque compact

company l'entreprise *f*
competent compétent
competition la concurrence
competitor le concurrent, la concurrente
compose composer
composer le compositeur
computer l'ordinateur *m;* ___ **science** l'informatique *f*
concerning en ce qui concerne
concert le concert
conclusion la conclusion; **in** ___ en conclusion
condemn condamner
confused confus
consequently par conséquent
conservative conservateur, conservatrice *adj;* le conservateur *n*
consumer le consommateur, la consommatrice
continue continuer (à *or* de + *inf*)
contrary le contraire; **on the** ___ au contraire
convict le condamné
cooking: to do the ___, to cook faire la cuisine
coquettish coquet, coquette
correct corriger
costume le costume
country le pays
country dweller le campagnard, la campagnarde
courageous courageux, courageuse
course le cours; **elective** ___ le cours facultatif; **required** ___ le cours obligatoire; le plat *(meal)*
court le tribunal
cousin le cousin, la cousine
cram bûcher *fam*
crazy fou (fol), folle; **to be** ___ **about** se passionner pour
create créer
crime le crime; ___ **of passion** le crime passionnel
criminal le criminel
crisis la crise
critic le critique
criticism la critique
criticize critiquer
cultural culturel, culturelle
cup la tasse
curious curieux, curieuse
custom la coutume
customer le client, la cliente
customs la douane; ___ **officer** le douanier, la douanière; **to pass through** ___ passer la douane
cut: to ___ the lawn tondre la pelouse

D

daily quotidien, quotidienne
dangerous dangereux, dangereuse
dare oser
darling chéri *nm*, chérie *nf*
darn it! zut !, zut alors !
date la date, le rendez-vous; **to have a** ___ **with** avoir rendez-vous avec
day le jour, la journée; **all** ___ **long** toute la journée; **the next** ___ le lendemain
day-care center la crèche
deal l'affaire *f*
dear cher, chère; **my** ___ mon cher, ma chère
death penalty la peine de mort
deceive tromper
decide décider (de + *inf*)
declare déclarer
decor le décor
defendant l'accusé *m*, l'accusée *f*
demanding exigeant
democracy la démocratie

democratic démocratique
demonstration la manifestation
denounce dénoncer
depend dépendre; ___ **on** dépendre de
describe décrire
deserve mériter
desirable souhaitable
dessert le dessert
detective l'inspecteur *m*, le détective
dialect le dialecte
dictator le dictateur
dictatorship la dictature
diet le régime; **to be on a** ___ suivre un régime
difficult difficile
dining hall le réfectoire
director le réalisateur, le metteur en scène
dirty sale
discothèque la discothèque
discrimination la discrimination
dish l'assiette *f;* le plat
dishes: to do the ___ faire la vaisselle
disobey désobéir à
distress la misère
distrust se méfier de
divorce le divorce *n;* divorcer (d'avec quelqu'un) *v*
doctor le médecin
documentary le documentaire
dollar le dollar
dormitory la résidence universitaire
doubt le doute *n;* douter de *v*
download: to ___ **a file** télécharger un fichier
downtown le centre-ville
dream le rêve *n;* rêver de *v*
dress s'habiller *v*
drink boire; **to have a** ___ prendre un verre
drunk ivre
dub doubler
dunce le cancre
during pendant
dynamic dynamique

E

earn mériter, gagner
ease l'aise *f;* **to feel at** ___ se sentir à l'aise
easily facilement
eat manger
economics les sciences *f* économiques
economy l'économie *f*
editorial l'éditorial *m*
elder l'aîné *m*, l'aînée *f*
elected élu (*pp of* élire)
election l'élection *f*
e-mail le mel, le courriel
employee l'employé *m*, l'employée *f*
encourage encourager (à + *inf*)
end la fin
ending le dénouement *(play, film);* **happy** ___ le dénouement heureux
English l'anglais *m;* anglais, anglaise *adj;* ___**man** l'Anglais *m;* ___**woman** l'Anglaise *f*
enough assez
entertain divertir; **to** ___ **oneself** se divertir
entertainment la distraction
enthusiastic enthousiaste
environment le milieu
equal égal *adj;* l'égal *m*, l'égale *f*
equality l'égalité *f*
error l'erreur *f*
essay l'essai *m*
essayist l'essayiste *m*
evening la soirée
every tout (toute, *etc.*); chaque

everyone tout le monde
exam l'examen *m;* **to fail, flunk an ___** échouer à, rater un examen; **to pass an ___** réussir à un examen; **to take an ___** passer un examen
example l'exemple *m;* **for ___** par exemple
except sauf
expensive cher, chère
express exprimer
extended élargi
extenuating atténuant

F

face le visage
fact le fait; **in ___** en effet
factory l'usine *f*
fair juste
faithful fidèle
family la famille *n;* familial *adj;* **___ outing** la sortie en famille
famous célèbre
fan le, la cinéphile *(movie)*
far loin; **as ___ as** jusqu'à; **___ from** loin de
farm la ferme
farmer le fermier, la fermière
fascinating fascinant
fashion la couture; la mode; **high ___** la *haute couture; **to be in ___** être à la mode
fat gras, grasse; gros, grosse; **to become ___** grossir
father le père
fax la télécopie *n;* **to send, receive a ___** envoyer, recevoir une télécopie
February février
feel se sentir (mal à l'aise, dépaysé, etc.)
feminine féminin
feminist le, la féministe
field le champ
fight se battre
file: to download a ___ télécharger un fichier
film le film *n;* filmer *v;* **to make a ___** tourner un film
finally enfin, finalement
find trouver
finish finir
fire renvoyer *(from job)*
firm l'entreprise *f*
first premier, première
fish le poisson
fishing: to go ___ aller à la pêche
five cinq
flirt flirter *v;* le flirteur, la flirteuse
flop le four (*theater*); le navet (*cinema*)
fluently couramment
fly voler *v;* la mouche *n*
folk folklorique
follow suivre
food la nourriture
foot le pied
for pour, pendant, depuis
forbid défendre (à + *n* + de + *inf*)
foreign étranger, étrangère
foreigner l'étranger *m;* l'étrangère *f*
forget oublier (de + *inf*)
fortunately heureusement
free libre
French le français; français, française *adj;* **___man** le Français; **___woman** la Française
frequent fréquenter
friend l'ami *m*, l'amie *f;* **to make ___s with** lier amitié avec
frightful affreux, affreuse
frog la grenouille; **___'s legs** les cuisses *f* de grenouille
frustrated frustré
full-time à plein temps
furthermore de plus

G

game le jeu; **video ___** le jeu vidéo
generation gap le fossé entre les générations
geography la géographie
get obtenir; **___ ahead** aller loin; **___ along** s'entendre, se débrouiller; **___ angry** se fâcher, se mettre en colère; **___ lost** se perdre; **___ married** se marier; **___ sick** tomber malade; **___ used to** s'habituer à
ghetto le ghetto
girl la jeune fille
girlfriend la petite amie, l'amie *f*
give donner; **to ___ a speech** faire un discours
glass le verre
glutton le glouton, la gloutonne
go aller; **___ away** s'en aller; **___ in** entrer dans; **___ out** sortir
good bon, bonne *adj*
grade la note
graduate obtenir son diplôme
grass l'herbe *f*
great formidable *fam*, génial *fam*
gross grossier, grossière
group le groupe, la bande
guide le guide
guidebook le guide
guillotine la guillotine
guilty coupable

H

hand la main; **on one ___ . . . on the other ___** d'une part... d'autre part
happen arriver, se passer
happy heureux, heureuse; content
hard difficile, dur, pénible *(work)*
hardworking travailleur, travailleuse
harmony l'harmonie *f*
hat le chapeau
headache le mal de tête *n;* **to have a ___** avoir mal à la tête
heading la rubrique
hear entendre
help aider (à + *inf*)
hero le *héros
heroine l'héroïne *f*
hesitate hésiter (à + *inf*)
hick le paysan, la paysanne
high society la *haute société
hire engager
his son, sa, ses
hiss siffler
hit frapper *v;* le coup *n;* le succès *(play, show, etc.)*
hitchhike faire de l'auto-stop
home la maison; **the ___** le foyer; **to be ___** être à la maison
homeland la patrie
homeless: ___ person le, la sans-abri *inv*
homesick dépaysé; **to be ___** avoir le mal du pays
homework les devoirs *m*
honest honnête
honeymoon la lune de miel *n;* passer la lune de miel *v*
hoodlum le voyou
hope l'espoir *m;* espérer *v*
horoscope l'horoscope *m*
horror l'épouvante *f*
hospitable accueillant
hour l'heure *f*
housewife la femme au foyer
housework: to do the ___ faire le ménage
however cependant, pourtant; **___** + *adj* si + *adj* + que (+ *subj*)
humanly humainement
hungry: to be ___ avoir faim

hurry (up) se dépêcher (de + *inf*)
husband le mari
hypocrite hypocrite *adj;* l'hypocrite *m, f*

I

ice cream la glace
ID card la carte d'identité
idiom l'idiotisme *m*
if si
image l'image *f*
imagination l'imagination *f*
importance l'importance *f*
important important
impossible impossible
impress impressionner
imprisonment l'emprisonnement *m;* **life ___** l'emprisonnement perpétuel
improve améliorer, perfectionner
in dans, en, à; ___ + *temporal expression* dans, en
inconsiderate: to be ___ of manquer d'égards envers
independent indépendant
indulgent indulgent
inexpensive bon marché
influence l'influence *f;* influencer *v*
in front of devant
inhuman inhumain
injustice l'injustice *f*
innocent innocent
insect l'insecte *m*
instead of au lieu de
insult l'insulte *f;* insulter *v*
intelligence l'intelligence *f*
intelligent intelligent
intention l'intention *f*
interest l'intérêt *m*
interested intéressé; **to be ___ in** s'intéresser à
interesting intéressant
intermission l'entracte *m*
Internet l'Internet *m*
interpretation l'interprétation *f*
irresponsible irresponsable
isolated isolé

J

jam la confiture
jargon le jargon
jazz le jazz
jealous jaloux, jalouse
job la situation, l'emploi *m*
joke la plaisanterie
journalist le, la journaliste
judge le juge
juror le juré, la jurée
jury le jury
just juste; **to have ___ done something** venir de + *inf*

K

keep tenir; garder; **___ one's word** tenir, garder sa parole
kid le, la gosse *fam*
kill tuer
king le roi
kiss embrasser *v*

L

lack le manque *n;* manquer de *v*
lake le lac
language la langue *(of a people);* le langage *(of an individual, vocabulary);* **foreign ___** la langue étrangère; **living,**

dead ___ la langue vivante, morte; **native** ___ la langue maternelle
last dernier, dernière; ___ **night** hier soir
late en retard
Latin Quarter le Quartier latin
laugh le rire *n;* rire *v,* rigoler *fam;* ___ **at** rire de
law le droit *(the profession, the study);* la loi *(rule, statute)*
lawn la pelouse
lawyer l'avocat *m,* l'avocate *f*
layoff le licenciement *n*
lay off licencier *v*
lazy paresseux, paresseuse
learn apprendre (à + *inf*)
leave partir, sortir, quitter, s'en aller; laisser
leftist de gauche
leg la jambe
lenient indulgent
less moins
let que (+ *subj*); laisser (+ *inf*)
liar le menteur, la menteuse
liberal libéral *adj;* le libéral *n*
liberated libéré
library la bibliothèque
lie mentir *v;* le mensonge *n*
life la vie
like aimer *v;* **to feel** ___ avoir envie de; comme *prep*
likeable aimable
line la queue, la file; **to wait in** ___ faire la queue
lines le texte
listen to écouter
literature la littérature
live habiter
lively animé
logical logique
lonely hearts column le courrier du cœur
long long, longue; **as** ___ **as** tant que
look regarder; ___ **at** regarder; ___ **for** chercher
lose perdre; **to** ___ **weight** maigrir
lost perdu, dépaysé
lot: a ___ **of** beaucoup de
lucrative lucratif, lucrative
luxurious somptueux, somptueuse
luxury le luxe
lyrics les paroles *f*

M

magazine le magazine, la revue
maintain maintenir
major la spécialisation *n;* se spécialiser en *v*
make faire; ___ + *adj* = rendre + *adj;* **to** ___ **a film** tourner un film
makeup le maquillage *n;* maquiller *v*
male chauvinism le machisme
man l'homme *m*
manage gérer (une entreprise)
manners les manières *f*
many beaucoup
map la carte
marriage le mariage
married marié
marry se marier avec; **to get married** se marier
mathematics les mathématiques *f*
mature mûr
meal le repas
mean méchant
meat la viande
meditate méditer; ___ **about** méditer sur
meeting le rendez-vous
melody la mélodie
menu la carte, le menu
Mexico le Mexique
microcomputer le micro-ordinateur

middle le milieu; ___ **class** la classe moyenne; **in the ___ of** au milieu de
milk le lait
millionaire le, la millionnaire
mind l'esprit *m;* **to have an open ___** avoir l'esprit ouvert
minister le ministre
minute la minute
miserable misérable
misery la misère
miss manquer
mistrust se méfier de
modest modeste
monarchy la monarchie
Monday lundi *m* **on ___s** le lundi
money l'argent *m*
month le mois
monthly mensuel, mensuelle
moon la lune
morally moralement
more plus
moreover de plus
morning matin *m;* **in the ___** le matin
mosquito le moustique
mountain la montagne
movies le cinéma
mow tondre
mug attaquer
murder le meurtre *n;* commettre un meurtre *v;* **to ___ French** parler français comme une vache espagnole *(lit, to speak French like a Spanish cow)*
murderer le meurtrier, la meurtrière
music la musique
musician le musicien, la musicienne
must devoir
mystery novel le roman policier

N

name le nom; **my ___ is . . .** je m'appelle...
native l'indigène *m, f*
near près de
necessary nécessaire; **to be ___** falloir, être nécessaire
need avoir besoin de *v*
neglect négliger *v*
neglected négligé
neither ni; **___ . . . nor** ne... ni... ni
neologism le néologisme
nerd la grosse tête
never jamais; ne... jamais
news les nouvelles *f;* le journal télévisé, le journal parlé, les actualités *f*
next prochain; **___ to** à côté de
nice gentil, gentille; sympathique
night club la boîte de nuit
no non; **___ more, longer** ne... plus; ___ + *n* aucun; **___ one** personne ne, ne... personne
nobody personne; ne... personne, personne ne
noise le bruit
north le nord
nose le nez
not pas, ne... pas; **___ at all** pas du tout
nothing rien, ne... rien, rien ne
nouveau riche le nouveau riche
novel le roman *n*
novelist le romancier, la romancière
nuclear nucléaire

O

obey obéir à
objective objectif, objective
offer offrir
office le bureau
often souvent
on sur; **___ the ground** par terre
only seulement, ne... que
open ouvrir *v;* ouvert *adj;* **to have an ___ mind** avoir l'esprit ouvert

opera l'opéra *m*
opinion l'opinion *f*, l'avis *m;* **in my** ___ à mon avis
opponent l'adversaire *m, f*
opposite en face de
oppress opprimer
orchestra l'orchestre *m*
order ordonner (à + *n* + de + *inf*)
original original; **in the** ___ en version originale
orphan l'orphelin *m*, l'orpheline *f*
others les autres, autrui
outing la sortie; **family** ___ la sortie en famille
overbearing autoritaire
owe devoir

P

painful pénible
pal le copain, la copine
parent le parent
park garer
part-time à mi-temps
party la soirée, la fête; le parti *(political)*
pass passer; **to** ___ **through customs** passer la douane
passport le passeport
pay for payer
peaceful paisible
peasant le paysan, la paysanne
pen le stylo
people les personnes *f*, les gens *m, f*, le monde, le peuple, on
perfect parfait
perform représenter
performance la représentation
perfume le parfum
permit permettre (à + *n* + de + *inf*) *v*
person la personne
pessimistic pessimiste
phone le téléphone *n;* téléphoner à *v*
picnic le pique-nique; **to have a** ___ faire un pique-nique
picture la photo
picturesque pittoresque
pill la pilule
place l'endroit *m*, le lieu; **at the** ___ **of** chez
plan le projet
plane l'avion *m*
platform le programme
play la pièce *n;* jouer *v;* ___ **a game or sport** jouer à + *game or sport;* ___ **an instrument** jouer de + *instrument*
playwright l'auteur dramatique *m*
plead plaider
pleasant agréable
please s'il vous plaît, veuillez *(formal);* plaire à *v*
plot l'intrigue *f*
poet le poète
poetry la poésie
police la police
policeman l'agent *m* de police
polite poli
political science les sciences *f* politiques
politician l'homme *m* politique, la femme politique
politics la politique; **to go into** ___ se lancer dans la politique
pollution la pollution
polyglot polyglotte
poor pauvre
popcorn le pop-corn
popular populaire
postcard la carte postale
pound la livre
power le pouvoir
practice répéter (un rôle, un morceau de musique)
praise louer
prefer préférer

pregnant enceinte
prejudice le préjugé
premeditated prémédité
preparations les préparatifs *m;* **to make ___** faire les préparatifs
president le président, la présidente
press la presse
prison la prison
prisoner le prisonnier, la prisonnière
private privé
probably probablement, sans doute
product le produit; **to launch a new ___** lancer un nouveau produit
production la mise en scène
profession la profession
professor le professeur
program le programme; l'émission *f (television)*
progress le progrès; **to make ___** faire des progrès
promise promettre (à + *n* + de + *inf*) *v*
promotion la promotion
pronounce prononcer
proper comme il faut
proud fier, fière
prove prouver
proverb le proverbe
prudent prudent, sage
psychology la psychologie
public public, publique *adj;* le public; **the general ___** le grand public
punish punir
punishment la punition
pursue poursuivre; **to ___ a career** poursuivre une carrière

Q

qualified qualifié
quarrel la dispute *n;* se disputer *v*
question la question *n;* interroger, poser une question *v*
quickly vite, rapidement
quiet tranquille *adj;* **to be ___** se taire

R

raise l'augmentation *f*
rap le rap
rape le viol *n;* violer *v*
reactionary réactionnaire *adj;* le, la réactionnaire *n*
reader le lecteur, la lectrice
reading la lecture
ready prêt
realize se rendre compte (de)
really vraiment, réellement
reasonable raisonnable
reasonably raisonnablement
received reçu (*pp of* recevoir)
recipe la recette
record le disque *n;* enregistrer *v*
recording l'enregistrement *m*
record player le tourne-disque
refined raffiné
reform la réforme
refuse refuser (de + *inf*)
regarding à l'égard de
rehearsal la répétition
rehearse répéter
relationship le rapport
relax se détendre
remember se souvenir de, se rappeler
repair réparer
representative le député
republican le républicain *n;* républicain *adj*
resemble ressembler à
resign démissionner
resist résister à
respect respecter *v*

responsible responsable
rest se reposer
return revenir, retourner; ___ **home** rentrer
revolt la révolte *n;* se révolter *v*
rhythm le rythme
rich riche
right le droit; **to be** ___ avoir raison; **to have the** ___ **to** avoir le droit de
right away tout de suite
rightist de droite
river la rivière (*small*), le fleuve
rock and roll le rock
role le rôle
room la chambre, la pièce
roommate le, la camarade de chambre
run courir; ___ **for office** poser sa candidature
rustic rustique

S

sacrifice le sacrifice *n*
salad la salade
salary le salaire
sale le solde; **on** ___ en solde
satisfied content, satisfait
Saturday samedi *m*
say dire
scandal le scandale
scandalize scandaliser
scenario le scénario
scene la scène
scenery le décor
schedule l'emploi *m* du temps
science fiction la science-fiction
scold gronder
scream crier
screen l'écran *m*
script le scénario
search fouiller *v*
secret le secret
secretary le, la secrétaire
sector le secteur
see voir
seem sembler, avoir l'air + *adj*
selfish égoïste
sell vendre
semester le semestre
senator le sénateur
send envoyer
sentence la sentence *(prison)*
separate (from) se séparer (de)
set (TV) le poste
sexual harassment le *harcèlement sexuel
sexy séduisant
share partager
shine briller
shock scandaliser, étonner *v*
shop la boutique *n;* faire des courses *v*
shopping: to go ___ faire des courses, des achats
short bref, brève *adj;* court *adv;* **in** ___ (en) bref
short story la nouvelle, le conte
short-story writer le conteur, la conteuse
shot le plan (*film*)
show le spectacle *n;* montrer *v*
shower: to take a ___ prendre une douche
shut up se taire
sick malade
sincerity la sincérité
sinecure la sinécure (job or responsibility involving little or no work)
sing chanter
singer le chanteur, la chanteuse
single célibataire
site le site
skiing le ski; **to go** ___ faire du ski
skip: to ___ **a class** sécher *fam* un cours

skyscraper le gratte-ciel
slang l'argot *m*
slap gifler *v*
sleep le sommeil *n;* dormir *v;* ___ **outdoors** dormir à la belle étoile
slim down maigrir
slip: to make a ___ of the tongue faire un lapsus
slowly lentement
slums les taudis *m*
small petit
smile le sourire *n;* sourire *v*
snake le serpent
snob le, la snob
snow neiger *v;* la neige *n*
so si, tellement; ___ **much** tant, tellement
social climber l'arriviste *m, f*
socialism le socialisme
socialist socialiste; le, la socialiste *n*
softly doucement
solitary solitaire (person)
solution la solution
son le fils
soon bientôt; **as ___ as** dès que, aussitôt que
sorry: to be ___ regretter; **very ___** désolé *adj*
soundtrack la bande originale
south le sud
souvenir le souvenir
spaghetti les spaghettis *m*
spanking la fessée
speak parler; ___ **loudly** parler fort; ___ **nonsense** dire des bêtises; ___ **softly** parler bas; ___ **well, badly of someone** dire du bien, du mal de quelqu'un
spectator le spectateur, la spectatrice
speech le discours; **to give, make a ___** faire un discours
spend dépenser *(money);* passer *(time)* à + verbe
splendid splendide
spoiled gâté
spy l'espion *m;* espionner *v*
stage la scène; **to have ___ fright** avoir le trac
stagger tituber
star la vedette *(movie)*
status quo le statu quo
stay le séjour *n;* rester *v;* __ **home** rester à la maison
steal voler
step: ___father le beau-père; **___sister** la demi-sœur
stereo la stéréo
stereotype le stéréotype
stern sévère
stimulating stimulant
sting piquer
stomach l'estomac *m,* le ventre
stop arrêter, cesser (de + *inf*)
store le magasin; **department ___** le grand magasin
strange étrange, bizarre
strict sévère
strike la grève; **to go on ___** faire la grève
striker le, la gréviste
stroll flâner
student l'étudiant *m,* l'étudiante *f;* **bad ___** mauvais étudiant, le cancre; **off-campus ___** l'externe *m, f;* **on-campus ___** l'interne *m, f*
study étudier
stupid bête
style le style
subjective subjectif, subjective
subscribe to s'abonner à
subtitle le sous-titre *n;* sous-titrer *v*
suburbs la banlieue
subway le métro
sugar le sucre
suitcase la valise; **to pack the ___** faire la valise
sunbathe prendre un bain de soleil
supporter le partisan, la partisane

surf: to ___ the net surfer sur le net
surprised surpris, étonné
surrounded entouré; ___ **by** entouré de
suspect le suspect *n;* se douter de *v*
suspicious louche
sweet doux, douce

T

table la table
take prendre; ___ **a course** suivre un cours; ___ **an exam** passer un examen
talk parler; ___ **nonsense** dire des bêtises
tanned bronzé
tape la bande *n*
taste le goût *n;* **to have good (bad) ___** avoir bon (mauvais) goût
teach enseigner
teacher le professeur; l'instituteur *m*, l'institutrice *f* (*elementary school*)
technique la technique
telecast l'émission *f*
tell dire (à + *n* + de + *inf*); ___ **a story** raconter une histoire
tender tendre *adj*
terrorist le, la terroriste
testimony le témoignage
thank remercier; ___ **for** remercier de, pour
thanks merci
that ce, cet, cette, *adj;* cela *pron*
theft le vol
their leur, leurs
there y, là; ___ **is, are** il y a
therefore donc; aussi + *inverted verb*
thin mince
thing la chose
think penser, croire, réfléchir
thirsty avoir soif
this ce, cet, cette, *adj;* ceci *pron*
threaten menacer
time l'heure, le temps, la fois; **at the same ___** à la fois, en même temps; **from ___ to ___** de temps en temps; **what ___ is it?** quelle heure est-il ?
timid timide
tip le pourboire
tired fatigué
title le titre
today aujourd'hui
together ensemble
tomorrow demain
tonight ce soir
too much trop (de)
totally totalement, tout à fait
tour l'excursion *f;* **guided ___** la visite guidée
tourist le, la touriste
toward vers, envers
toy le jouet
trade le métier
traditional traditionnel, traditionnelle; traditionaliste
traffic la circulation
tragedy la tragédie
train le train
tranquil tranquille
travel voyager *v*
travel agent l'agent *m* de voyages
travel bureau l'agence *f* de voyages
traveler's check le chèque de voyage
tree l'arbre *m*
trial le procès
trip le voyage; **to take a ___** faire un voyage
true vrai, véritable
truly vraiment
trunk la malle; **to pack one's ___** faire sa malle
trust se fier à *v*
truth la vérité
try essayer (de + *inf*) *v*
tune la mélodie
turn around se retourner

turn on allumer; ___ **off** éteindre
turtle la tortue
twin le jumeau, la jumelle
typewriter la machine à écrire

U

unbearable insupportable
under sous
understand comprendre
unemployed au chômage; ___ **person** le chômeur, la chômeuse
unemployment le chômage
unfair injuste
ungrateful ingrat
unhealthy malsain
union le syndicat
unjustly injustement
unknown inconnu *adj;* ___ **to** à l'insu de *prep*
unpleasant désagréable
upbringing l'éducation *f*
use employer, utiliser, se servir de

V

vacation les vacances *f*
VCR le magnétoscope
vegetable le légume
verdict le verdict
very très
victim la victime
video la vidéo
viewer la téléspectateur, la téléspectatrice
visit visiter *(a place);* rendre visite à *(a person)*
voice la voix
vote voter *v;* le vote *n*
vulgar vulgaire

W

wait attendre; ___ **for** attendre; ___ **in line** faire la queue
waiter le garçon, le serveur
waitress la serveuse
walk la promenade *n;* marcher *v;* **to take a** ___ se promener, faire une promenade
want vouloir
war la guerre
warm chaud; **it is** ___ il fait chaud *(weather)*
warmly chaleureusement
wash laver *v*
waste gaspiller *v*
watch regarder *v;* la montre *n;* ___ **out** (faites) attention
wealthy riche, aisé
weather report la météo(rologie)
week la semaine
weigh peser
welcome accueillir, souhaiter la bienvenue à quelqu'un
well bien
well-behaved sage
well-bred bien élevé
well-to-do aisé
western le western
what! comment !
when quand, lorsque
whereas tandis que
wherever où que (+ *subj*)
whistle siffler *v*
whoever qui que (+ *subj*)
wholly totalement, tout à fait
whose dont
why pourquoi
wife la femme
wildly frénétiquement
win gagner
wish vouloir, désirer
with avec, de, à

witness le témoin
woods le bois
word le mot, la parole *(spoken)*
word processing le traitement de texte
word processor le traitement de texte
work le travail, l'ouvrage *m (of fiction etc.);* ___ **force** la vie active; **in the ___ of** chez; travailler *v;* **to ___ part time, full time** travailler à mi-temps, à plein temps
worker l'ouvrier *m*, l'ouvrière *f*
world le monde
worst le pire, le plus mauvais
write écrire
writer l'écrivain *m*
writings les écrits *m*
wrong: to be ___ avoir tort

Y

year l'an *m*, l'année *f*
yesterday hier
young jeune
youngest le cadet, la cadette *n*
youth la jeunesse

Index

A

H

I

O

P

Q

R

V

W

Y

Credits

Literary

Photo

Page 1, © Ulrike Welsch. **Page 4,** © Owen Franken/Stock Boston. **Page 6,** © Ulrike Welsch. **Page 9,** © Ulrike Welsch. **Page 12,** © Owen Franken/Stock Boston. **Page 15,** © Ulrike Welsch. **Page 21,** © P. Gontier/The Image Works. **Page 25,** © David Frazier. **Page 28,** © David Frazier. **Page 32,** © Ulrike Welsch. **Page 37,** © Michael A. Dwyer/Stock Boston. **Page 46,** © Peter Menzel/Stock Boston. **Page 57,** © Peter Menzel/Stock Boston. **Page 65,** © Ulrike Welsch. **Page 68,** © Ulrike Welsch. **Page 73,** © Ulrike Welsch. **Page 80,** © Ulrike Welsch. **Page 83,** © Michael Kagan/Monkmeyer Press. **Page 89,** (bottom) © Michael Dwyer/Stock Boston, (top) © Ben Simmons/SIPA Press. **Page 93,** © Gabor Demjen/Stock Boston. **Page 98,** © Nicolas Le Corre/Liaison Agency Inc. **Page 101,** © Corroon/Monkmeyer Press. **Page 109,** © Owen Franken/Stock Boston. **Page 114,** © Barbara Alper/Stock Boston. **Page 121,** (bottom) © Peter Menzel/Stock Boston, (top) © Marc Deville/Liaison Agency Inc. **Page 127,** © Edelhajt/Liaison Agency Inc. **Page 130,** © Ewa Rudling/SIPA Press. **Page 136,** © Jean-Michel Turpin/Liaison Agency Inc. **Page 142,** © David Boutard/Liaison Agency Inc. **Page 147,** © Owen Franken/Stock Boston. **Page 151,** © Gilles Bassignac/Liaison Agency Inc. **Page 155,** © Wide World Photos. **Page 159,** © Matthew Ford/Liaison Agency Inc. **Page 164,** © Christian Vioujard/Liaison Agency Inc. **Page 169,** © Liaison Agency Inc. **Page 179,** © Ulrike Welsch. **Page 183,** © Jean Guichard/Liaison Agency Inc. **Page 187,** Courtesy of the French Government Tourist Office. **Page 191,** © Mike Mazzaschi/Stock Boston. **Page 196,** © Owen Franken/Stock Boston. **Page 200,** © Alexis Duclos/Liaison Agency Inc. **Page 203,** © Michael A. Dwyer/Stock Boston. **Page 205,** © Owen Franken/Stock Boston. **Page 209,** © Peter Menzel/Stock Boston. **Page 212,** © Tom Hurst Photo. **Page 215,** © Owen Franken/Stock Boston. **Page 225,** © Chris Brown/Stock Boston. **Page 232,** © Lee Gregory/Stock Boston. **Page 237,** © Francis Apesteguy/Liaison Agency Inc. **Page 249,** © Witt/SIPA Press. **Page 254,** © David Frazier. **Page 256,** © Christian Vioujard/Liaison Agency Inc. **Page 261,** © Peter Menzel/Stock Boston. **Page 265,** © Arpajou/SIPA Press. **Page 269,** © Hugh Rogers/Monkmeyer Press. **Page 275,** © Barry King/Liaison Agency Inc. **Page 280,** © Hugh Rogers/Monkmeyer Press. **Page 286,** © J. F. Roussier/SIPA Press. **Page 292,** © Hugh Rogers/Monkmeyer Press. **Page 297,** © The Kobal Collection. **Page 301,** © P. Rouchon/SIPA Press. **Page 307,** © Hugh Rogers/Monkmeyer Press. **Page 310,** © The Kobal Collection. **Page 313,** © Laforet/Liaison Agency Inc. **Page 316,** © Behainous/Liaison Agency Inc.